Hans-Otto Thomashoff * Versuchung des Bösen

Hans-Otto Thomashoff

Versuchung
des Bösen

So entkommen wir
der Aggressionsspirale

Kösel

Verlagsgruppe Random House FSC-DEU-0100
Das für dieses Buch verwendete FSC-zertifizierte Papier
Munken Premium liefert Arctic Paper Munkedals AB, Schweden.

Copyright © 2009 Kösel-Verlag, München,
in der Verlagsgruppe Random House GmbH
Umschlag: 2005 Werbung, München
Umschlagmotiv: Fotolia
Druck und Bindung: GGP Media GmbH, Pößneck
Printed in Germany
ISBN: 978-3-466-34529-8

www.koesel.de

Gewidmet meinen beiden Töchtern
und allen Kindern dieser Erde

»Ich glaube – und es wäre Sache der Humanpsychologen, insbesondere der Tiefenpsychologen und Psychoanalytiker, dies zu prüfen –, dass der heutige Zivilisierte überhaupt unter ungenügendem Abreagieren aggressiver Triebhandlungen leidet. Es ist mehr als wahrscheinlich, dass die bösen Auswirkungen der menschlichen Aggressionstriebe, für deren Erklärung Sigmund Freud einen besonderen Todestrieb annahm, ganz einfach darauf beruhen, dass die intra-spezifische Selektion dem Menschen in grauer Vorzeit ein Maß von Aggressionstrieb angezüchtet hat, für das er in seiner heutigen Gesellschaftsordnung kein adäquates Ventil findet.«[1]

Konrad Lorenz 1955

Inhalt

Einleitung

Ich möchte Sie zu einer Reise einladen, einer Reise zu Bildern auf der dunklen Seite unserer Seele. Wir werden die unterschiedlichsten Orte besuchen, von Korallenriffen zu den Windungen unseres eigenen Gehirns schweifen, vom Bauch der werdenden Mutter in den Hochlanddschungel Papua Neuguineas und von dort hinein in die Versuchslabors der Neurobiologen und Neurobiochemiker, um am Schluss mehr zu wissen über uns selbst, über den Ursprung der Mächte, die unser Handeln bestimmen.

Doch wie kam es zu diesem Buch?

Anlass war eine Beobachtung: Als meine ältere Tochter etwa neun Monate alt war, begann ihr herzerfrischend gewinnendes Wesen eine eigenartige Wandlung zu durchlaufen. Wenn sie so dasaß mit ihrem blonden Haarschopf und mit ihren blauen Augen die Welt um sich herum aufsog, lief inmitten ihres lieblichen Lächelns, aus dem Nichts kommend, ein eigenartiger Schauer über ihr Gesicht, anfangs nur für Sekunden. Hätte ich mich damals bereits eingehender mit der Datierung der Aggressionsentwicklung in der Säuglingsforschung befasst gehabt, wäre mir ihre Wandlung vielleicht schon früher[2] aufgefallen. Ein gutes Jahr später dann war aus dieser ersten Ahnung das geworden, was die Amerikaner so treffend die »Terrible Twos« nennen.

Ein typischer Samstagvormittag: Die Winternacht hat ein wenig Neuschnee gebracht, der die Straßen und Plätze der Stadt überzuckert. Die Wolken haben sich mittlerweile verzogen, und die Sonne strahlt vom kalten Himmel herab. Alles strebt hinaus, warm eingepackt. Der Hund steht bereits aufgeregt an der Tür, wedelt in freudiger Erwartung mit seinem Schwanz. Auch unsere kleine Madame freut sich schon auf den frischen Schnee. Doch dann geschieht es. Ich ziehe ihr gerade die Schuhe an, beginne den rechten zuzubinden, da verfallen die Züge ihres rosigen Gesichts. Als habe sie der Blitz getroffen, wird ein von lautem Geheul begleiteter, langanhaltender theatralischer Wutanfall losgetreten. Alle Beschwichtigungsversuche, Belohnungsangebote, selbst (und ganz besonders) Drohungen scheitern. Sie wirft sich auf den Boden, schlägt um sich und brüllt, was ihre Lungen hergeben. Erst im Abebben ihres Gefühlssturms, noch zitternd und bebend, ist ihr zu entlocken: Der linke Schuh hätte zuerst zugebunden gehört.

Was tun?

Meine Frau und ich, wir gewöhnten uns an, sie vor dem Anziehen zu fragen, welcher Schuh es denn heute zuerst sein solle, und zur elterlichen Erleichterung ließ sich die Katastrophe vermeiden. Die Schuhe saßen. Doch halt, der linke Arm hätte zuerst in der Jacke sein sollen ...! Schon war es wieder geschehen.

Wozu das alles? Ergibt die Wut hier irgendeinen Sinn?

Szenenwechsel. Mir gegenüber sitzt ein depressiver Patient. Sein Blick ist starr auf mich gerichtet, wirkt matt. Er beschreibt seine quälende Freudlosigkeit, sein taubes Gefühl innerer Leere, die Hemmung jeglicher Aktivität, die ihm selbst die Bewältigung einfachster Alltagsanforderungen unmöglich macht. Einkaufen, Freunde treffen, ein Telefonanruf, nichts davon geht mehr. In seiner Phantasie, in seinen Träumen erscheint die Welt kahl, leergefegt, einer Mondlandschaft gleich. Und genau bei diesen Bildern gelingt es mir, mit ihm ins Gespräch zu kommen. Das totale Zerstörungsszenario wird verstehbar und schließlich auch einfühlbar als Ausdruck einer bislang verborgenen, alles vernichten wollenden Wut. Hintergründe, mögliche Ursachen in seiner Biographie, finden sich, und langsam entfaltet sich eine bis dahin im Unbewussten verborgene Gefühlswelt in der Beziehung zwischen uns, wird bewusst und ein Stück weit gemeinsam erlebbar. Er beginnt sich wieder zu spüren, und aus seiner unerklärlichen Lähmung werden Kräfte freigesetzt, die er nie für möglich gehalten hätte. Sie waren als schlummernde Aggression in seiner Depression gebunden gewesen.

12

Je mehr das Thema Besitz von mir ergriff, umso klarer traten mir Bilder aus meiner eigenen Vergangenheit vor Augen: Kriege und Katastrophen, Bombenattentate und Entführungen, Naher Osten, Balkan, Hungersnöte in Afrika, ETA, IRA, RAF, Schleyer, Moro ... Die Liste ließe sich beliebig lang fortsetzen, ist wohl allen meiner Generation vertraut. Über das Fernsehen wurden wir Zeugen, erlebten wir mit. Und an der Spitze allen Horrors standen die in Schwarz-Weiß gefilmten Leichenberge des Holocaust, statische, leicht verwackelte Einstellungen gebannten Grauens, jedes Vorstellungsvermögen übersteigend. Das Unbegreifliche, Unfassbare wurde uns ins Gehirn eingebrannt – eine wirklich plausible Erklärung dafür blieb man uns schuldig. Ich erinnere mich noch an einen meiner Geschichtslehrer im Gymnasium. Er stand kurz vor der Pensionierung und verharrte im Unterrichtsstoff wochenlang bei den Ereignissen des Jahres 1871. Als Hausaufgabe mussten wir immer wieder dieselben Seiten lesen. So gewann er Zeit, um sich bis zum Ende des Schuljahres nur ja nicht weiter als bis zu den Ereignissen von 1914 vorwagen zu müssen. Man munkelte, er habe seine Gründe dafür gehabt.

Als hätte ich unbewusst schon früh die Mosaiksteine für dieses Buch zu sammeln begonnen, erscheint mir rückblickend mein beruflicher Werdegang. Seit meiner Schulzeit verbrachte ich viel Zeit in der Natur. Ihre Gesetze schienen sinnlose Aggression nicht zu kennen. Ich beobachtete, fotografierte, reiste um die Welt. Den Grundlagen des Seins hoffte ich durch ein Biochemiestudium auf die Spur zu kommen. Ich trug weiße Kittel und untersuchte Amöben, sezierte mich über Flusskrebs und Frosch hinauf bis zur Ratte. Die meiste Zeit jedoch war erfüllt von Tropfenzählen im Labor, in der Hoffnung darauf, dass sich die klare Flüssigkeit im Reagenzglas trüben oder verfärben möge. Manchmal tat sie es. Auch waren die chemischen Formeln ästhetisch schön. Doch einer Klärung von Fragen brachte mich all das nicht näher. Ich behielt den Kittel an – vorläufig noch – und wechselte zur Medizin. Das Studium des menschlichen Körpers verband ich mit dem der Kunstgeschichte. Bot nicht die Kunst eine Gegenwelt zur Realität aus Krankheit, Siechtum und Sterben? Beinahe wie von selbst strebten die beiden Studien aufeinander zu, vereinten sich in einer Medizin des Geistes, in Psychiatrie und Psychoanalyse. Die Frage nach dem Warum unseres Denkens, Fühlens und Handelns wurde zum Kristallisationspunkt meiner Arbeit.

Ein letzter Schritt noch ging diesem Buch voraus: Ich begann Kriminalromane zu schreiben[3], Facetten des Bösen in der Phantasie durchzuspielen, mich spielerisch auf das Thema einzustimmen.

Zahlreiche, oft widersprüchliche Denkansätze zum Verständnis der menschlichen Aggression sind im Laufe der Zeit entwickelt worden. Ich werde unterschiedlichste von ihnen vorstellen, sie an den Schauplätzen ihrer Entstehung lebendig werden lassen und zu einem Gesamtkonzept integrieren. Die Ergebnisse, die ich bei meinen Recherchen fand, waren oft für mich selbst überraschend, zum Teil erschütternd, und geben doch jetzt, aus der gewonnenen Gesamtperspektive heraus, Anlass zu bislang ungeahnter Hoffnung.

Ein kleiner technischer Hinweis noch: Um die bunte Vielfalt an neuen Erkenntnissen, die mir oft erst während des Schreibens zuflogen und die nicht selten die gültige Lehrmeinung komplett auf den Kopf stellen, nicht zu verwirrend werden zu lassen, habe ich einzelnen Abschnitten kurze Zusammenfassungen (*Essenz* und *Konsequenz*) vorangestellt. So gewinnen Sie, liebe Leserin, lieber Leser, eine Ahnung von dem, was Sie erwartet.

Doch nun genug der Vorrede, stürzen wir uns hinein ins Getümmel.

1

Die
Allgegenwart
von Aggression

Alltagsbilder

Essenz: Aggression ist überall. Sie betrifft jeden von uns, und jeder hat sie. Das galt gestern, das gilt heute, in der Realität und in der Phantasie. Wenn wir uns dem Thema nicht stellen, droht uns die Hölle auf Erden bis hin zur totalen Selbstauslöschung.

Konsequenz: Lesen Sie dieses Buch.

Ein weiterer Arbeitstag geht seinem Ende entgegen. Noch schnell will ich einen Brief ausdrucken, doch der Drucker streikt. Nicht anders verhält es sich mit dem E-mail-Server. Dann eben morgen. Im Supermarkt um die Ecke schnappt mir ein anderer Kunde die letzte Packung Klopapier vor der Nase weg. Wie zum Ausgleich drängt er sich dann auch noch an der Kasse vor. Die Heimfahrt im Auto schluckt Zeit im alltäglichen Stau. Bewegt sich schließlich doch etwas, wird man gleich geschnitten, angehupt oder angepöbelt.

Ich schalte das Radio ein. Die Meldungen des Tages, heute, am 13. September 2006: Acht Tote bei einem Bombenanschlag in der Südosttürkei; drei Tote durch eine Autobombe in Bagdad; vier Tote bei einem missglückten Anschlag auf die US-Botschaft in Damaskus; der UN-Beauftragte für den Sudan berichtet, er habe bei seinem Abflug gesehen, wie eine Antonov mit Bomben beladen wurde; UN-Generalsekretär Kofi Anan verlangt einen Waffenstillstand zwischen Israel und der Hisbollah. Nur das Wetter ist frei von Mord und Totschlag (wie lange noch, mag man sich angesichts der angedrohten Klimakatastrophe fragen).

Zu Hause empfangen mich Rechnungen, Anrufe und das übliche Chaos. Der Versuch, vor dem Fernseher Entspannung zu finden, scheitert an einem grausigen Horrorfilm, der selbst die Berichte aus aller Welt noch mühelos in den Schatten stellt. Mein Bedarf an (mit)menschlicher Aggression für

16

diesen Tag ist gedeckt. Schlaf finde ich lange keinen; entsprechend gereizt wache ich am nächsten Morgen auf. Von allen Seiten prasseln Bilder voller Grausamkeit auf uns herein. Es gibt keinen Fernsehabend ohne Gewalt live und in Farbe. Allein schon die Nachrichten sollten eigentlich den Bedarf eines Durchschnittsbürgers mehr als abdecken. Doch auf den führenden Plätzen der Bestsellerlisten finden sich Thriller. »Sex and Crime« verkaufen sich gut (wobei »Crime and Sex« den Verkaufszahlen nach zu urteilen die korrektere Reihenfolge wäre). Filme zelebrieren das Töten. Videospiele imitieren Krieg. Die Grenze zwischen fiktivem und echtem Grauen ist längst nicht mehr klar auszumachen. Die Realität selbst strotzt vor Gewalt, nicht nur in den etablierten Krisenherden. So ist in den USA ein Mord die häufigste Todesursache bei Männern mittleren Alters.

Doch ein Blick in die Geschichte offenbart noch ganz andere Dimensionen: Hitler geschätzte sechs Millionen Tote, Stalin vierzig, Mao siebzig. Die Liste der Gewaltverbrechen von Menschen an Menschen sprengt jede Vorstellungskraft.

Ich möchte mich hier nicht mit erhobenem Zeigefinger hinstellen und auf die »Bösen« zeigen, das haben andere schon hinlänglich getan. Nein, ich will versuchen, mich an die wahren Wurzeln unseres selbst gemachten Grauens heranzuwagen. Zur Einstimmung ein rein zufällig zusammengestelltes Potpourri des Übels – davon, was Menschen so alles gemacht und sich erdacht haben, und davon, wo vielleicht unbemerkt weitaus mehr Aggression am Werk ist, als auf den ersten Blick ersichtlich.

Damals und heute

Die Begeisterung des Menschen für jahrelange kriegerische Auseinandersetzungen, die ganze Landstriche entvölkerten, lässt sich mühelos in Geschichtsbüchern nachlesen. Ich möchte hier einen Abstecher abseits der vertrauten Pfade machen und auch gar nicht bis zum dreißigjährigen Krieg zurückschweifen. »Sind Kinder Menschen?«, fragt man sich angesichts der folgenden Einblicke in die Erziehungsstile schlechterer Zeiten. Frankreich, 1780, »von den 21.000 im Stichprobenjahr in Paris geborenen Kindern ... wurden 19.000 in entlegene Teile des Landes mit entsetzlichen Zuständen deportiert, weil sie, oftmals aufs Geratewohl, ungebildeten Kinderhändlern ausgehändigt wurden, die sich an Straßenkreuzungen und auf den Marktplätzen der Hauptstadt drängelten. Einmal bei den Pflegeplätzen niedergelassen ... starben über die Hälfte von ihnen vor Erreichen des zweiten Lebensjahres. Und sie starben aus offensichtlicher Gleichgültigkeit ihrer Eltern ...« (de Mause, S. 234)

Im Nachbarland Italien, sicher nicht für einen Mangel an Mutterliebe bekannt, waren dennoch vor nicht allzu langer Zeit ganz andere Kräfte stärker. Einem Augenzeugenbericht aus dem Jahr 1865 zufolge, wurden in einem kleinen italienischen Bergdorf für eine Prozession »noch nicht abgestillte Säuglinge ... für ein paar Dukaten« auf einem Schauwagen als lebende kleine süße Engel in ein Abbild des Himmels einbezogen, mit Sonne, Mond und Gestirnen. »Wenn die riesige Maschine ihre durchrüttelnde Runde gemacht hat, werden diese hilflosen Kreaturen, ... die über einen Zeitraum von sieben Stunden immer wieder herumgewirbelt wurden, von der fatalen Maschine abgenommen, bereits tot, oder im Sterben begriffen ... Wenn die weniger glücklichen Mütter die toten Körper ihrer Säuglinge, oftmals schon kalt, überreicht bekommen, durchdringen ihre Scheinlamenti die Luft, jedoch hinweggetröstet durch die Sicherheit, dass Maria, bezaubert von ihrem Kind, es mit ins Paradies genommen hat.« (ebd., S. 230) Außerhalb von Europa lassen sich auch bis ins zwanzigste Jahrhundert hinein Mütter finden, die als Teil ihrer kulturellen Tradition ungewöhnlich liebten. So war es in Papua-Neuguinea durchaus üblich, dass Mütter ihre Kinder zum Fressen gern hatten.»Wenn die Yumu, Pindupi, Ngali oder Nambutji hungrig waren, aßen sie kleine Kinder ... [Meine Informanten] hatten, jeder von ihnen, einen ihrer Brüder gegessen ... Sie essen zuerst den Kopf, dann die Arme, Beine und zuletzt den Rumpf ... Wenn der fürchterliche Hunger nach Babyfleisch die Mutter vor oder nach einer Geburt überkam, wurde es ohne Rücksicht auf sein Geschlecht getötet und gekocht.« (Röheim, S. 195) Und wenn sie nicht gestorben sind, dann fressen sie noch heute? Oder heißt es: Und wenn sie nicht gefressen sind, dann leben sie noch heute?

Nun, diese Spuren menschlicher Grausamkeit liegen für uns in sicherer Ferne, sei es zeitlich (wenngleich sie möglicherweise noch nachwirken?) oder örtlich. In unserer westlichen Gesellschaft sind es Einzeltäter, die sich das Töten zur Lebensaufgabe machen. Warum? Unter dem Motto »Fragen Sie den Spezialisten« sind in der letzten Zeit gleich mehrere Bücher erschienen, die Mördern Raum geben, sich zu ihren Motiven zu äußern. Lassen wir sie also selbst sprechen:

»Die Leute (meine Eltern) wurden alt. Ich habe keine Wut auf sie. Ich habe nichts gegen sie«, sprach ein »sechzehnjähriger Oberschüler, der für seine guten Leistungen Auszeichnungen erhielt und in einem Kirchenchor sang«, nachdem er seine Eltern an einem »Mittwochabend mit einem Jagdgewehr durch einen Schuss in die Brust getötet« hatte. Wie der zuständige Staatsanwalt des kleinen Örtchens in den USA, in dem sich das Drama 1972 abspielte, im Anschluss an die Vernehmung berichtete, habe der Junge »schon lange mit dem Gedanken gespielt, seine Eltern zu töten ... Er wollte wissen, wie das ist, wenn man einen umbringt.«[4]

19

Schlichte Neugier, Langeweile und Ratlosigkeit des braven Musterschülers hinterließen Leichen und offene Fragen. Für den Amoklauf zweier seiner Kollegen am 20. April 1999, bei dem diese 13 Mitschüler töteten, 23 verletzten und dann ihre Gewehre gegen sich selbst richteten, scheinen hingegen leichter Gründe zu finden sein. Das »blutige ›Leg-sie-um‹-Videospiel *Doom*, ein Spiel, das vom Militär der USA zur Ausbildung von Soldaten im tatsächlichen Töten des Gegners lizenziert und eingesetzt wird«, wurde von den beiden als echtes Sterben ins echte Leben übertragen. »Als Projektarbeit im Rahmen des Unterrichts hatten Harris und Klebold ein Video produziert, das der von ihnen personalisierten Version des Spiels *Doom* entsprach. In diesem Video tragen Harris und Klebold Trenchcoats, sind bewaffnet und ermorden sportliche Klassenkameraden. Weniger als ein Jahr später agieren sie ihre Video-Performance in der Realität aus.« (Spitzer 2003, S. 180 f.) Was man mittlerweile so alles in der Schule beigebracht bekommt ...

Ganz anders liest sich der Abschiedsbrief einer deutschen Mörderin: »An alle meine Lieben, für Mutti, Oma ... Ich stehe vor dem absoluten Chaos, mein Leben ist kein Leben mehr ... Ich habe so viele Menschen derart enttäuscht durch meine Lügen ... Dass ich die Kinder mitnehme, werdet ihr nicht verstehen, aber was hätten sie für eine Zukunft? Sie würden das nicht verkraften ... Oma, wenn du uns gefunden hast, bitte verständige nicht die Mama, sondern Karl übers Handy ... ich war die ganze Nacht wach, bis um 4.00 Uhr habe ich immer wieder alles abgewägt, aber mein Entschluss blieb. Es war furchtbar mit den Kindern, ich wollte keine solche Sauerei machen, aber es ging nicht anders, weil der Vincent so gelitten hat. Ich bin so ein Stück Dreck, mir graust vor mir selbst.« (Soyka, S. 27 f.) Die Verzweiflungstäterin in der Sackgasse einer fatalen Zuspitzung, fast weckt sie Rührung, hätte sie nicht die »Sauerei« mit ihren Kindern hinterlassen.

Am anderen Ende des Spektrums steht der Lustmörder und Wiederholungstäter im Interview. Achtundsiebzig Mal stach »Marc« auf sein letztes Opfer, eine Prostituierte, ein. »Nach einiger Zeit bin ich dann aufgestanden, bin zurückgegangen und habe mir angeschaut, wie sie sich quält ... Ja, das war ein schöner Anblick.« (Müller, S. 142) Bei seiner ersten Vergewaltigung war er gerade neunzehn, hatte im Wald eine Joggerin überfallen. »Ich habe sie dann von hinten angegriffen, habe ihr einen Schal um den Hals gelegt und habe sie zu Boden gedrückt. Ich habe auf sie eingeschlagen, mit der Faust. Der Schal stammte von mir. Ich hatte noch einen anderen Gegenstand mit einer Breite von etwa 10 cm bei mir. Ich hatte das zufällig in der Tasche. Damit habe ich dann auf die Frau eingestochen.« (ebd. S. 138) Wie es dazu kam? Der Kriminalpsychologe fragt nach:

»Müller: ›... Wenn Sie aufgrund Ihrer Erfahrung, aufgrund Ihres Wissens darüber nachdenken, wie lange Sie diese Form der Vergewaltigung schon im Kopf gehabt haben, diese Phantasien – wie lange haben die zurückgereicht?‹

Marc: ›Vier oder fünf Jahre.‹

Müller: ›Hat es einen Anlass gegeben, irgendetwas, warum Sie sich so genau daran erinnern?‹

Marc: ›Ja, das habe ich im Fernsehen gesehen.‹ « (ebd. S. 139)

Nach seiner ersten Haftentlassung brauchte er drei Tage zur Vorbereitung, bis er die nächste Tat beging. Seine Phantasien waren während des Gefängnisaufenthalts nie zum Thema gemacht worden.

Doch Gewalt richtet sich nicht nur gegen andere. Was geht einem Menschen durch den Kopf, der sich absichtlich selbst verletzt, ein Phänomen, das seit Jahren immer häufiger gerade bei Jugendlichen zu beobachten ist? In Großbritannien beispielsweise fügt sich bereits jedes achte Schulkind absichtlich selbst Schnittwunden zu.[5]

»Alles dreht sich in meinem Kopf, die Gedanken überschlagen sich. Die Gefühle sind so stark, dass ich fast zerspringe. Ich habe das Gefühl, ich halte die Spannung nicht mehr aus. Ich bin wie in Trance. Da komme ich an einer Drogerie vorbei ... Mein Arm greift ins Regal nach den Rasierklingen. Ich gehe zur Kasse und bezahle wie mechanisch. Zu Hause angekommen, ziehe ich die Vorhänge zu, stelle meine Lieblingsmusik an, setze mich aufs Sofa und lege ein paar Taschentücher, Kompressen und eine Mullbinde bereit. Ich nehme eine Rasierklinge aus der Packung, setze sie auf meinen Arm auf und schließe die Augen. Ich drücke auf die Klinge, spüre, wie sie in meine Haut fährt, aber es ist kein Schmerz da, dann ziehe ich sie langsam nach unten. Ich öffne die Augen und sehe, ich spüre, wie das warme Blut an meinem Arm nach unten läuft. Als ich die Augen öffne, sehe ich das rote Blut über meine Haut strömen. Während ich das Blut betrachte, merke ich, wie ich ruhiger werde. Langsam fange ich an, den Schmerz wahrzunehmen, und mit dem Schmerz wird es in meinem Kopf klarer, die Gedanken ordnen sich wieder. Meine Anspannung nimmt langsam ab.« (Lüdascher)

Alles nur ausgedacht?

Nicht nur in Taten offenbart sich die innere Welt von uns Menschen, müssen wir uns auf die Suche nach den Wurzeln unserer Aggression machen. Wie schon der Vergewaltiger eindeutig zu verstehen gab, gingen seiner Tat Phantasien voraus. Erdachtes und Getanes lassen sich innerpsychisch nicht streng voneinander trennen. Das geschriebene Wort, Theater und Film sind ebenso aussagekräftig für Einsichten in unser Innenleben wie die Realität (die sie allerdings bislang immer um Längen übertroffen hat).

Jede griechische Tragödie beispielsweise, und die meisten Stücke der Griechen sind Tragödien, ist gepflastert von Leichen und grausamer Gewalt.

Nehmen wir *Die Perser* von Aischylos: Die Perser wollen sich an der Niederlage von Marathon rächen und fahren gewaltige Heerscharen auf. Der Chor berichtet, wie diese vernichtet werden. Ein Bote bestätigt das. Das Stück endet mit dem Perserkönig Xerxes selbst, der sich in Klagen und Selbstvorwürfen ergeht. Was für ein Stoff, nicht sonderlich dramatisch im Aufbau, doch reinster Defätismus.

Die Helden von Sophokles, ausnahmslos gescheiterte Existenzen (mit dem Ziel, die Zuschauer zur Besserung zu animieren: Macht es bloß nicht genauso!): Nach dem Mord an seinem Vater und nach Momenten der Lust an der Mutterbrust und nicht nur dort sticht sich *Ödipus*, der durch die Psychoanalyse zu spätem Ruhm gelangen sollte, die Augen aus, verbannt sich dann selbst. – Seine Tochter *Antigone* (wie wir noch sehen werden, werden Traumen an die Kinder weitergereicht) erhängt sich, um nicht lebendig eingemauert zu werden als Strafe dafür, dass sie gegen den Willen des Königs ihren toten Bruder begraben hat. Ihr Geliebter und dessen Mutter begehen daraufhin Selbstmord. Der König klagt. – *Elektra* will ihre Mutter und deren Liebhaber umbringen, die ihrerseits den Vater auf dem Gewissen hat, doch ihr Bruder kommt ihr zuvor. Es herrscht Riesenjubel.

Nicht viel anders als bei den antiken Griechen ging es im mittelalterlichen England zu, wenn man sich auf die Schilderungen des größten Dramatikers aller Zeiten stützt. Shakespeares Helden sind ein Wahnsinn (dem sie zugleich nicht selten verfallen). Nehmen wir König Lear, einen schrulligen Greis mit drei Töchtern. Er fällt auf die Umschmeichelungen von zwei von ihnen herein und vermacht ihnen sein Königreich. Daraufhin setzen sie ihn vor die Tür. Irrsinnig vor Zorn trifft er auf den ebenfalls verstoßenen Sohn des Grafen von Gloster, der Opfer einer Intrige seines Halbbruders wurde. Der Graf selbst wurde geblendet. Bis endlich der fiese Halbbruder das Zeitliche segnet, haben die beiden üblen Schwestern sich längst selbst erledigt. Leider stirbt auch die gute Schwester auf Befehl des Fieslings, und Lear geht daran zugrunde.

Ich hätte hier auch Stücke von Euripides, Homer oder Dante skizzieren können oder die bunte Vielgestaltigkeit des Ehekrieges eines Ehepaars namens Woolf. Oder wie steht es erst mit Jelinek, Müller, Schwab? Die Liste ist endlos.

Ich bin bekennender Opernfreund. Von Richard Wagner gibt es nur eine einzige Oper ohne Leichen. In seinem letzten Werk, dem Parsifal, wünscht sich der Leidensheld, der vom Komponisten durchaus autobiographisch gezeichnet wurde, am Ende des letzten Aktes nur das Eine, endlich brutal abgeschlachtet zu werden: »Heraus die Waffe! Taucht eure Schwerter, tief – tief bis ans Heft! Auf! Ihr Helden! Tötet den Sünder mit seiner Qual«. Und wie steht es mit Puccini? Manon, Tosca, Bohème, Butterfly, seine Heldinnen sind lauter von der Liebe dahingeraffte Frauen. Turandot ist die Ausnahme, als mordendes Aas jedoch keineswegs gewaltfrei.

Text und Theater mit oder ohne Musik sind nicht die einzigen Phantasieprodukte, in denen die Abgründe des Menschseins kunstvoll zeitlos wurden. In der *Akademie der Bildenden Künste* in Wien steht »Das jüngste Gericht« von Hieronymus

Bosch, in dessen phantastischen Höllenqualen den Folterme-
thoden des ausgehenden Mittelalters ein Denkmal gesetzt
wurde, grandios im Aufbau, wunderbar in der Farbgestaltung,
furchtbar im Inhalt, ein kultureller Hochgenuss.
Und hier wird auch gleich der Bogen geschlagen zur Religion. Der Gott des Alten Testaments war keineswegs zimper-
lich. Einige Autoren sehen in ihm sogar die »unangenehmste
Erscheinung der gesamten Literatur«. (Dawkins, S. 31) Ich
lasse ihn hier gleich selbst zu Wort kommen: »Und die Israe-
liten nahmen gefangen die Frauen der Midianiter und ihre
Kinder; all ihr Vieh, alle ihre Habe und alle ihre Güter raubten
sie und verbrannten mit Feuer alle ihre Städte, wo sie wohnten,
und alle ihre Zeltdörfer. Und sie nahmen allen Raub und alles,
was zu nehmen war, Menschen und Vieh, und brachten's zu
Mose ... Und Mose wurde zornig über die Hauptleute des
Heeres, die Hauptleute über tausend und über hundert, die
aus dem Feldzug kamen, und sprach zu ihnen: Warum habt
ihr alle Frauen leben lassen?«[6]

Diese Stellen werden heutzutage selten gepredigt, beruhigend nicht? Vergleicht man diese Passage mit zeitgenössischen
Auslegungen anderer religiöser Texte, insbesondere des Ko-
rans, so fühlt man sich jedoch leicht an die täglichen Abend-
nachrichten erinnert. Und an diese schließt sich dann gleich
ein Film an, Western oder Eastern, Krieg, Katastrophe oder
Horror.

Summa summarum erweist sich bei näherer Betrachtung
die gesamte Kulturgeschichte der Menschheit (genauso wie
ihre gelebte Historie) als durchtränkt von Blut und Gewalt.
Doch genug der klassischen Beispiele an (mit)menschlicher
Perfidie. Zwar gehört Töten zu den offensichtlichen und weitgehend unstrittigen Äußerungsweisen menschlicher Aggression, doch beschränkt sich diese keineswegs auf das Sammeln
von Leichen.

Beziehungsfeinheiten

Anders als bei vielen Tierarten, wo der Kampf *um* das andere Geschlecht bunte Verhaltensweisen hervorgebracht hat, legt der Mensch Wert darauf, den Kampf *zwischen* die Geschlechter zu verlagern. Erhellende Einblicke in die Zusammenhänge zwischen Beziehungsleben und Aggression, Frustration und Aggression, Aggression und Sex sind nicht zuletzt aus Witzen zum besseren Verständnis zwischen Mann und Frau zu gewinnen:

Als Erstes schuf Gott den Mann, begeistert vom guten Gelingen schenkte er ihm die Frau, dann tat ihm der Mann leid, und er gab ihm den Alkohol!

Ein Pärchen beim Liebemachen: Sie fängt an zu stöhnen: Jaaa, gib's mir – sag mir dreckige Sachen! Er: Küche, Bad, Wohnzimmer ...

Nach dem Sex im Bett: Frau:»Woran denkst du?«Mann:»Kennst du nicht.«

Bei der goldenen Hochzeit wird der Ehemann gefragt:»Was war denn die schönste Zeit in all den Ehejahren?«»Die fünf Jahre russische Kriegsgefangenschaft.«

Was macht man, wenn die Schwiegermutter auf einen zutaumelt? Nachladen und Weiterschießen.

Was im Witz funktioniert, speist sich aus dem, was im Alltag passiert. Sie frustriert ihn so lange, bis sie sich selbst davon überzeugt, dass er eine andere haben müsse. Was dann? Sie könnte damit aufhören, ihn hinzuhalten, aber das Gegenteil ist der Fall. Vielmehr beginnt sie jetzt, ihn zu kontrollieren und macht ihm das Leben erst recht zur Hölle. Vorwurfsvolle Forderungen oder stummer Vorwurf (es gibt Ehepaare, die über Jahre kein Wort miteinander reden, obwohl sie weiterhin in derselben Wohnung zusammenleben), Erpressen durch Krankheit (»Ich kann ja nicht.«), das Verharren in der Opferrolle (Haben Sie je den triumphierenden Blick eines Opfers gesehen, dem es gelingt, einen ansonsten harmlosen Zeitgenossen in die Rolle des Täters zu zwingen?) oder die Flucht in Arbeit sind alle von Aggression durchtränkte Varianten der Beziehungsgestaltung und -zerrüttung.

Besonders prekär wird die Lage, wenn Aggression sich uneingestanden zwischen Partnern aufstaut und, anstatt zum Thema gemacht und aufgelöst zu werden, zu einer immer gefährlicheren Zeitbombe wird. Irgendwann entlädt sie sich dann in einem lauten Knall. Besondere Berühmtheit erlangte das traurige Beziehungsfinale des deutschen Politikerpaares Petra Kelly und General a. D. Gert Bastian. Die beiden engagierten Friedensaktivisten waren bekannt für einen besonders von Kosenamen und lieben Worten geprägten Umgang miteinander. Am 1. Oktober 1992 erschoss Bastian seine Lebensgefährtin im Schlaf und nahm sich anschließend selbst das Leben. Die Tragödie wurde literarisch aufgearbeitet von Alice Schwarzer und inzwischen sogar verfilmt.

Doch es gibt noch eine ganze, schillernde Palette milderer Varianten von allgegenwärtiger Aggression, wenn zwei Individuen der Gattung Mensch aufeinandertreffen. Eine besonders subtile Spielart konnte ich bei meinem ersten längeren Wienaufenthalt im Jahr 1989 allmorgendlich abrufen. In dem Versuch, mich den Gepflogenheiten meiner neuen Umgebung anzupassen, grüßte ich beim Semmeleinholen (deutsch: Brötchenkauf) den Greissler (deutsch: Tante-Emma-Laden-Besitzer) bei mir um die Ecke mit einem höflichen »Grüß Gott!« Seine Antwort bestand jedes Mal in einem unterkühlten »Guten Morgen!« Es handelte sich hierbei um eine politische Demonstration (und nicht um einen Angriff auf meine deutsche Herkunft). Mein in Wien konservativ determinierter Morgengruß wurde von dem seinen gekontert in sozialistischer Tradition. Er positionierte sich gegen mich, und ich konnte wie auf Knopfdruck seine Reaktion aus ihm herauskitzeln.

Genug der Details. Dieser kurze Einblick in die dunkle Seite unserer menschlichen Natur – die einem Fass ohne Boden gleicht – ist nur zur Einstimmung auf die Brisanz des Themas gedacht und soll zugleich veranschaulichen, wie enorm die graduellen Unterschiede in den Äußerungsformen von Aggression sind. Die Kernfrage, die es nun zu stellen gilt, lautet: Sind wir Menschen von Natur aus böse oder werden wir erst dazu gemacht? Sie hat schon diverse kluge Köpfe ganz unterschiedlicher Denkrichtungen in schweres Grübeln gebracht und hitzige Kontroversen ausgelöst. Oft waren die Meinungsunterschiede unüberbrückbar, da die Diskutanten ihre Position von einem vorgefertigten Standpunkt aus aufbauten und damit das Ergebnis ihrer Meinungsfindung bereits am Beginn ihrer Analyse unweigerlich feststand. Wen wundert es da, dass sie am Ende ihrer Ansicht treu blieben?

Ich werde im Folgenden versuchen, die sich auf den ersten Blick widersprechenden Argumentationslinien zu einem plausiblen Gesamtkonzept zu integrieren, und wir werden sehen, wie selbst das, was unvereinbar scheint, sich bei näherer Betrachtung keineswegs ausschließen muss.

2

Die

Ursachen

menschlicher
Aggression

Alles Biologie?

Essenz: Laut Konrad Lorenz haben wir Menschen einen Trieb destruktiver Aggression in uns, den wir abreagieren müssen. Das ist falsch! Destruktive Aggression entsteht aus Stress. Macht sie uns attraktiv? Ebenfalls nein. Intelligenz macht sexy. **Konsequenz:** Aggression, auch destruktive, ist beeinflussbar. Intelligenz auch. Also gibt es viel zu tun.

Aus der Natur

Türkisfarben schimmert das Meer oberhalb des Riffs, geht an der Abbruchkante in stählernes Blau über. Hie und da blitzen einzelne Farbtupfer auf, die unter der Oberfläche in Bewegung scheinen. Eine leichte Brandung verwischt jeden Blick in die Tiefe. Erst beim Eintauchen offenbart sich der paradiesisch anmutende Garten aus bunten Korallen, bevölkert von einer Unzahl an Fischen jedes nur erdenklichen Farbspiels. Beinahe schwerelos gleite ich mit der Strömung voran. Die Zeit scheint stillzustehen. Und da, am Dach des Riffs, erkenne ich, leuchtend blau-gelb, unscheinbar braun oder auch schwarz-weiß-gestreift, überall verstreut Riffbarsche, die ihre kleinen Reviere bewachen, vorstoßen, wenn sie einen Eindringling erspähen, um ihn mit ihrem Angriff in die Flucht zu schlagen. Hier, in der für uns so andersartigen Welt unter Wasser, begann Konrad Lorenz mit seiner Suche nach den Wurzeln der menschlichen Aggression. Er fand, dass die kleinen Meeresbarsche in ihrer natürlichen Umgebung ihr Revier gegen Artgenossen (und nur gegen solche) verteidigten, sich in Gefangenschaft dann aber ersatzweise auch auf andere Fische stürzten, um so, mit seinen Worten, »ihren gesunden Ärger« abzureagieren.

Aus seinen Beobachtungen folgernd, definierte er Aggression als den »auf den Artgenossen gerichteten Kampftrieb von

Mensch und Tier« (1974, S. 7) und gab mit seinem 1963 erstmals erschienenen Buch den Anstoß für eine hitzige öffentliche Debatte. Da sich »das sogenannte Böse«, so seine Prämisse, im Zusammenspiel von Mutation und Selektion als Eigenschaft des Menschen etabliert habe, müsse es einen evolutionären Vorteil, einen Sinn haben, sonst wäre es längst ausgestorben. Waren seine Beobachtungen an bunten Korallenfischen erst in den karibischen Riffen Floridas und dann in den Aquarien seines Labors wirklich auf den Menschen übertragbar? Doch keineswegs nur die Revierverteidigung und als deren Wurzel der Kampf um die je nach Art mehr oder weniger holde Weiblichkeit (weswegen sich das Kampfverhalten der bunten Barsche in der Paarungszeit noch steigerte) offenbarte sich Lorenz als Spielwiese von Aggression.

Fressen und Gefressenwerden

Verlassen wir die tropischen Küstengewässer, und begeben wir uns ins Herz des afrikanischen Kontinents. Dort in den unendlichen Weiten der Savanne geht gerade die Sonne auf, blutrot im sandigen Staub, der jetzt in der Trockenzeit die Luft erfüllt. Es ist noch kühl. Alles Leben konzentriert sich auf diese ersten Stunden des Tages. Später wird die sengende Hitze jede Aktivität ersticken. Vom Jeep aus beobachte ich eine Gnuherde. Die Tiere grasen ruhig, lose gruppiert, eines von ihnen steht ein wenig abseits. Direkt vor mir duckt sich reglos eine Löwin ins dichte Gras, wenige Meter entfernt von ihr eine weitere. Ihre Blicke sind starr nach vorne gerichtet. Die Sonne lässt ihre bernsteinfarbenen Augen aufblitzen. Lautlos, dabei wie abgesprochen, bewegen sich die beiden in Zeitlupe tastend vorwärts. Dann geht es Schlag auf Schlag. In Sekunden ist das Gnu gepackt. Es versucht zu fliehen, tritt aus, blökt, doch es gibt kein Entrinnen. Die erste Löwin hat sich in einen Hinterlauf verbissen, die zweite in den Nacken. Es bricht zusammen. Eher behäbig nähert sich der Rest des Löwenrudels und versammelt sich an der Beute.

31

Wo haben wir es in dieser Szene mit Aggression zu tun? Stimmt es, wie Lorenz findet, dass die Löwin so wenig aggressiv ist, wie er, Lorenz, selbst, wenn er einen Truthahn in seiner Speisekammer hängen sieht? (1974, S. 32) Wütend ist die jagende Raubkatze augenscheinlich nicht – wenn man ihr solche vermenschlichenden Gefühlskategorien zuschreiben will – warum sollte sie auch? Aber ist sie deshalb frei von Aggression? Sind – trotz anderer Motivation durchaus vergleichbar – Soldaten, die voller Begeisterung in den Krieg ziehen, ebenfalls frei von Aggression? Einfacher liegt der Sachverhalt beim Beutetier. Mit allen Kräften versucht es, sich zu wehren. Vor allem der Angriff zur Abwehr einer Bedrohung, besonders dann, wenn Flucht unmöglich ist, weckt ein instinktives Kampfverhalten. Aggression wird hier als Reaktion auf eine reale Gefahr, also aus dem Gefühl massiver Angst heraus aktiviert. Erstmals haben wir damit die *Kausalkette aus Gefahr, Angst (bzw. Stress) und Aggression* vor Augen, deren zentrale Bedeutung uns noch mehrfach beschäftigen wird.

Einige Tierarten gehen in ihrem Abwehrverhalten noch einen Schritt weiter und reagieren bereits prophylaktisch ausgesprochen aggressiv jedem potenziellen Feind gegenüber. Werfen wir noch einen Blick in die Savanne. Dort wird der Honigdachs, ein schwarzweißer zotteliger Einzelgänger, selbst von den so allmächtigen Löwen gemieden – allein wegen seiner chronischen Gereiztheit. Und das, obwohl seine Schulterhöhe gerade einmal fünfundzwanzig Zentimeter misst. Eine ähnliche Beobachtung berichtet Lorenz von der Nordseeküste. Brandgänse brüten mit Vorliebe in Fuchsbauten. Schon der Anblick dieser Vögel lässt deren Erbauer das Weite suchen, andernfalls droht Meister Reinecke das auch bei anderen Vogelarten verbreitete »Hassen«. Selbst kleinste Singvögel stürzen sich wie wild geworden unter tosendem Gezeter auf einen möglichen Räuber. Schlafenden Eulen ergeht es da nicht besser als meinem Hund. Mehr als einmal schlich sich eine perfide Krähe von hinten an ihn heran, um ihn mit einem kräftigen und gezielten Schnabelhieb in seinen bloß liegenden Schwanz zu hacken. Bei Dohlen konnte nachgewiesen werden, dass solch ein Verhalten nicht angeboren ist, sondern Jungvögeln von den Eltern beigebracht wird. Selbst bei Vögeln gibt es damit *tradiertes Wissen, das von Generation zu Generation weitergereicht* wird. (1974, S. 33, 35)

Mord im Tierreich

Unter meinem Arbeitszimmer, das im Hochparterre eines barocken Stadthauses liegt, durchziehen wie überall in der Wiener Innenstadt mehrstöckige Kellergewölbe den Untergrund. Sie boten der Stadtbevölkerung in der Vergangenheit kühle Lagerräume und Schutz. Vor allem während der Türkenbelagerungen im 16. und 17. Jahrhundert waren sie von großem Nutzen. Heute hausen hier die Ratten. Ihre räumliche Nähe zum Menschen, ihre pflegeleichte Haltung und Zucht und ganz besonders ihre Neigung zu offen aggressiven Verhaltensweisen sichern diesen Nagern das Interesse und die Sympathie der biologischen Verhaltensforschung. In und zwischen Rattenvölkern sind Mächte am Werk, die uns nur allzu vertraut erscheinen. Gibt man beispielsweise Ratten unterschiedlicher Herkunft in ein gemeinsames Gehege, so bilden sich bald Paare, Reviere und Rangordnungen aus. An den Reviergrenzen entsteht eine Art Niemandsland, das beim Betreten umgehend zur Kampfzone wird. Ist zu wenig Platz für mehr als ein Revier, bringt das dominierende Rattenpaar innerhalb von zwei bis drei Wochen alle anderen Mitbewohner um. (Lorenz 1974, S. 155 ff.) Gleiches geschieht mit einer Einzelratte, die in einer fremden Rattenkolonie ausgesetzt wird. Sie wird getötet. Allem Anschein nach besitzen Ratten also ein (möglicherweise genetisch determiniertes) Verhaltensprogramm, das sie bei räumlicher Begrenztheit zum Mörder an Schwächeren werden lässt. Wo die Ressourcen begrenzt sind, gilt das Recht des Stärkeren.

Noch einmal nach Afrika, nun in den schwülheißen Dschungel der westafrikanischen Tropen: Dort kommt es seit einigen Jahren zu einem drastischen Rückgang der in freier Wildbahn lebenden Schimpansen. Biologen sprechen von »Meuchelmord durch Artgenossen als indirekte Folge der Abholzung in den Schimpansenrevieren«. (*Der Spiegel* 1977/22, S. 191) Anders als Gorillas, denen die Anwesenheit von Holzfällern, die neuerdings zum Schutz der ursprünglichen Vegetation selektiv arbeiten, weniger auszumachen scheint, flüchten Schimpansen angesichts solcher Ruhestörung in Nachbarreviere. Die dort ansässige Horde verteidigt jedoch ihr Territorium gegenüber Eindringlingen auf Leben und Tod. So überlebt nur eine der beiden.

Doch bald wird auch sie zur Flucht gezwungen. Im Lopé-Reservat im Herzen Gabuns sind die Schimpansen zum Teil schon so gereizt, dass sie kaum noch ihre natürliche Scheu vor Menschen zeigen. Der schottische Biologe Lee White fühlte sich regelrecht attackiert von ihnen. Bereits die Hälfte der Gesamtpopulation soll mittlerweile vernichtet worden sein. Es scheint keine andere Erklärung für das deutliche Schrumpfen der Schimpansenbestände zu geben als das Morden infolge der *Kausalkette aus Stress und Aggression.* Die Beobachtungen in Gabun decken sich übrigens mit jenen der berühmten Schimpansenforscherin Jane Goodall im Gombe-Nationalpark in Tansania. Auch dort rotteten Schimpansen in blutigen Beißangriffen eine Nachbarhorde aus, um deren Territorium in Beschlag zu nehmen. Nicht nur das, es gab bei ihnen außerdem »Kindsmorde, Kannibalismus, Frauenraub und Vergewaltigung – aber auch Versöhnungsgesten und Sorge um schwächere Mitglieder des Familienverbands.« (*Der Spiegel*, ebd.)

Die Parallelen zu unserer menschlichen Realität sind in der Tat verblüffend. Aber sind wir wie die Affen, und können wir nicht anders? Und ist selbst bei Ratten und Schimpansen die Schlussfolgerung richtig, dass eine solchermaßen destruktiv verstandene Aggression ein angeborener Trieb sei, der abreagiert werden müsse?

Für Lorenz ist die Lage eindeutig: Tiere ebenso wie Menschen besitzen einen Aggressionstrieb als echten, primären, arterhaltenden Instinkt, der »wie so viele andere Instinkte auch, »spontan‹ aus dem Inneren des Menschen quillt ... [und er fährt fort:] Die völlig irrige Lehrmeinung, dass tierisches wie menschliches Verhalten überwiegend reaktiv und, sofern es überhaupt angeborene Elemente enthalten sollte, doch durchwegs durch Lernen veränderlich sei, hat tiefe und schwer ausrottbare Wurzeln in einem Missverständnis ...« (1974, S. 55 f.) Ich mache keinen Hehl daraus, dass ich angesichts der schlüssigen Plausibilität seiner Argumentation und vor allem, weil das Scheitern der beständigen Prediger vom Guten im Menschen so offenkundig ist, zu Beginn meiner Recherchen für dieses Buch selbst der von Lorenz vertretenen Theorie anhing. Bis ich dann auf das entscheidende *Bindeglied zwischen Genen und Gelerntem* stieß, durch das die vermeintlich primären destruktiven Aggressionsanteile eben doch im Wesentlichen als reaktiv erklärt werden können! Aber ich will nicht vorweggreifen.

Bunte Federn

Jeder kennt die bunte Farbenpracht männlicher Pfauen, das schillernde Blaugrün, Gold und Schwarz der ihr Rad schmückenden Augen auf den überlangen Schwanzfedern. Zusammen mit dem königsblauen Körpergefieder dieser Vögel kann von Schutz und Tarnung keine Rede sein. Und wie der Federschmuck erst beim Fliegen hinderlich ist! Fast scheint es so, als lege der Pfau es geradezu darauf an, eine leicht zu entdeckende und ebenso leicht zu fangende Beute zu sein. Wie, so staunt man, konnte sich unter dem Diktat des Selektionsvorteils ein solch verschwenderischer und offensichtlich für das Überleben hochriskanter Luxus herausbilden?

Das Rätsel löst sich erst, wenn man berücksichtigt, dass Selektionsdruck nicht nur von Seiten der Umwelt existiert, sondern häufig stärker noch als Konkurrenz innerhalb einer Art. Pfauenweibchen zieht es zum Schönen hin. Sie paaren sich mit dem Männchen, das die extravagantesten Schwanzfedern schmückt. Doch klärt sich damit die Sinnfrage dieses

Merkmals für das Überleben der Art keineswegs. Denn was hat ein Weibchen davon, dass sich seine Nachkommen mit dem möglichst größten und prächtigsten Firlefanz abmühen müssen? Das massige Federkleid erhöht nicht nur das Risiko, gefressen zu werden. Selbst wenn es dazu nicht kommt, sind in den Federn und in dem Aufwand, sie herumschleppen zu müssen, kostbare Ressourcen gebunden. Lässt sich so der Fortbestand der eigenen Gene sichern?

Nun, die Erklärung liegt auf einer anderen Ebene: Gerade weil sich der männliche Pfau so hemmungslos mit überflüssigem Tand behängen kann und dennoch überlebt, muss er so stark, so gesund, so geschickt und so schnell sein, dass es sich lohnt, mit ihm Nachkommen zu haben. Weibchen, die sich mit weniger Überfluss zufriedengeben, laufen Gefahr, dass es um die Überlebenskünste ihres Partners nicht so gut bestellt sein dürfte. Der bunte Federschmuck des Pfauenmannes ist die Quintessenz seiner Erbmasse, und die Pfauendame tut gut daran, ihre Brut mit den Genen des Hübschesten zu beglücken. Gerade die völlige Nutzlosigkeit des Auswahlkriteriums gibt diesem erst sein für die Selektion bedeutsames Gewicht.

Und wie sieht es beim Menschen aus? Ein Bummel durch die Einkaufsstraßen unserer Innenstädte gibt kaum Anlass, daran zu zweifeln, dass die lorenzsche Methode der vergleichenden Verhaltensbeobachtung von Mensch und Tier durchaus ihre Berechtigung haben dürfte, wenngleich beim Menschen die Geschlechtergewichtung des Schönen nicht so einseitig und streng wie bei den Pfauen verteilt ist.

Gilt damit auch für uns, dass äußere Werte die Attraktivität definieren und darüber den Genpool ihres Besitzers widerspiegeln? Ist neben der Gleichung:»Wer gut aussieht, der muss gesund sein« der heimliche Herrscher über unsere Triebe eine Lex biceps oder eine Lex Rolex®? Partiell mag es wohl so sein. Doch der äußere Schein ist nicht alles. Mit ihm verwoben ist die folgende Gleichung: Wer sich kostbar schmückt, der muss wohl viel Geld haben, und wer viel Geld hat, der dürfte außerordentlich erfolgreich sein. Ergo geben seine (und im Zeitalter der

Emanzipation durchaus auch ihre) Gene einiges her. Sicherlich gibt es Gesellschaftssysteme, in denen statt oder zusätzlich zum finanziellen Wohlstand auch andere Statussymbole von Bedeutung sind; die Formel bleibt jedoch grundsätzlich dieselbe.

Wie aber wird man (Mann) ein Siegertyp? Das dafür entscheidende Organ (selbst in der heutigen Zeit) ist gleichzeitig dasjenige, das die meisten Gene bindet: unser Gehirn, genauer noch dessen entwicklungsgeschichtlich jüngster Teil: die Großhirnrinde. Wissenschaftlichen Schätzungen zufolge ist etwa die Hälfte aller unserer Gene an der Hirnentwicklung beteiligt. Da genetische Mutationen in der Natur meist negativ in ihren Auswirkungen sind, stellt ein gut funktionierendes Gehirn das repräsentativste Kriterium für die genetische Gesundheit seines Besitzers dar. (Spitzer 2003, S. 319 ff.) Knapper formuliert: Was dem Pfau sein langer Schwanz, ist dem Menschen sein Großhirn.

Und verlangen unsere Hirnwindungen nicht geradezu nach – rein evolutionstheoretisch betrachtet – nutzlosem Tand, nach Musik und Kunst, nach Humor, spielerischer Unterhaltung und, und, und? Oder boshaft verkürzt: Wieso hat Woody Allen Erfolg bei Frauen?

Wenn das Gehirn über seine unmittelbare, das Überleben sichernde Aufgabe hinaus als plakativer Luxus in der innerartlichen Konkurrenz, als Spiegelbild des Wettkampfs von uns Menschen untereinander dient, dann besitzt es damit auch eine aggressive Funktion. Seine Fertigkeiten sind der (man ist versucht zu sagen: nicht immer) wesentlichste Faktor, um in der Rivalität zu den anderen Mitstreitern die eigene Erbmasse an die Frau oder an den Mann zu bringen.

Lorenzsche Sackgassen

Lorenz überspringt diesen Punkt. Für ihn ist nicht das Großhirn, sondern die Aggression selbst dem überzüchteten Federkleid der Pfauen, Paradiesvögel, Kampfläufer, Mandarinenten und Argusfasanen analog zu sehen. Gleich der Laune der Natur beim Farbenspiel der Vögel seien aggressive Verhaltensweisen Ausdruck einer evolutionären Sackgasse, die sich in der Frühsteinzeit herausgebildet habe: »Als die Menschen eben gerade so weit waren, dass sie Kraft ihrer Bewaffnung, Bekleidung und ihren sozialen Organisationen die von außen drohenden Gefahren des Verhungerns, Erfrierens und Gefressenwerdens von Großraubtieren einigermaßen gebannt hatten, sodass diese nicht mehr die wesentlichen selektierenden Faktoren darstellten, muss eine böse intraspezifische Selektion eingesetzt haben. Der nunmehr Auslese treibende Faktor war der Krieg, den die feindlichen benachbarten Menschenhorden gegeneinander führten. Er muss eine extreme Herauszüchtung aller sogenannten ›kriegerischen Tugenden‹ bewirkt haben.« (Lorenz 1974, S. 46 ff.)

Ist damit die Kriegsführung der bunte Federschmuck des Menschen, und nicht sein Gehirn in der unfassbaren Komplexität seiner Kreationen? Wohl kaum.

Welche Konsequenzen für das menschliche Verhalten und für die Gesellschaft insgesamt leitet Lorenz aus seiner Theorie ab? Sie sind recht naheliegend. Da das aggressive Potenzial des Menschen unausweichlich Teil seiner biologisch vorgegebenen Natur sei, lasse es sich nicht ausschalten. Weder werde es je gelingen, aggressionsauslösende Situationen von ihm fernzuhalten, noch seine Aggressionen mit Hilfe moralisch motivierter Verbote einzudämmen. Beide Strategien seien nicht anders, als wolle »man dem Ansteigen des Dampfdruckes in einem dauernd geheizten Kessel dadurch begegnen, dass man am Sicherheitsventil die Verschlussfeder fester schraubt«. (ebd., S. 247)

Das Wegzüchten aggressiver Eigenschaften mittels Eugenik hält Lorenz »für zwar theoretisch möglich, aber für höchst unratsam« – ich lasse das einmal unkommentiert so stehen.

Was uns bleibe, seien das »Abreagieren von Aggression am Ersatzobjekt« (ebd., S. 248), etwa in Ritualen wie beim Sport, und das Schaffen persönlicher zwischenmenschlicher

Bande. Während die erste Strategie, wiewohl nicht jedermanns Sache, (mir unterlief in der ersten Version dieses Texts ein Tippfehler, ich schrieb »Port« statt »Sport«) durchaus unter verschiedensten, insbesondere medizinischen Gesichtspunkten begrüßenswert erscheint, ist der zweite Ansatz komplett illusorisch. Nicht nur zahlreiche Kriege, wie im ehemaligen Jugoslawien oder in Ruanda, wo einander bestens vertraute Nachbarn über Nacht zu gegenseitigen Schlächtern wurden, sprechen dagegen, sondern genauso die Häufigkeit von Mordfällen gerade innerhalb von Familien- und Bekanntenkreisen. Die Kriminalstatistik in Deutschland aus dem Jahr 2000 etwa führt an, dass gut 75 % der weiblichen und knapp 45 % der männlichen Mörder ihr Opfer zuvor gut gekannt haben. (Soyka, S. 11) Gleiches gilt für England.[7]

Mein Dackelweibchen, das sich irgendwie in jedes meiner Bücher einschleicht, sitzt neben mir auf dem Boden. Ich habe von einem soeben verzehrten Zwischenmahl noch ein Stück Wurst in meiner Hand. Ihr Blick fixiert erwartungsvoll die erhoffte Beute. Speichel sammelt sich an ihren Lefzen. Was geht da im Einzelnen vor sich in ihrem kleinen Dackelhirn? Wie wird aus dem Lichtreiz »Wurststück« und aus der Geruchswahrnehmung »Wurst« ein Konzept, aufgrund dessen all ihre Sinne nur noch auf das Eine gerichtet sind, ja bereits in Vorwegnahme der Wunscherfüllung ein Verdauungsvorgang in ihrem Maul in Gang gesetzt wird? Ich lasse das Wurststück fallen. Blitzschnell schnappt sie zu, fängt es noch in der Luft.

Vom Denken

Essenz: Außenreize werden vom Gehirn immer auf der Basis seiner bereits bestehenden Struktur und damit seiner früheren Erfahrungen verarbeitet.

Konsequenz: Wahrnehmung ist nie objektiv und nie emotionsfrei.

Ich beginne mit einem Selbstversuch ähnlich der gerade beschriebenen Hundeszene. Heute, an dem Tag, an dem ich diese Zeilen verfasse, ist einer der letzten heißen Sommertage des Jahres. Ich verspüre Lust auf ein Eis und mache mich auf den Weg zu einem der laut Expertenmeinung (meine beiden Töchter) besten Eissalons der Stadt. Der Gedanke an den herbsüßen, sahnigen Geschmack des Schokoladeneises lässt mich schneller gehen. Als ich es dann in der Theke vor mir warten sehe, läuft mir das Wasser im Mund zusammen. Fast erwischt mich das Erdbeereis eines anderen Kunden, als der sich umdreht, doch reflexartig weiche ich aus. Die Verkäuferin begrüßt mich, ich bestelle, zahle und gebe mich zufrieden schleckend dem Genuss hin.

Anhand dieser kurzen Episode aus meinem Alltagsleben möchte ich nun Schritt für Schritt die Funktionsmechanismen des menschlichen Gehirns aufzuzeigen versuchen. Hierzu beginne ich – da am besten wissenschaftlich untersucht – mit dem Sehvorgang.

Und Action

Während ich im Eissalon darauf warte, bedient zu werden, fallen die von der braunen Schokolade reflektierten Lichtreize durch den optischen Apparat meiner Augen auf die photosensiblen Sinneszellen meiner Netzhaut und bewirken dort in einer chemischen Reaktion den Zerfall der in ihnen gespeicherten Sehfarbstoffe. Als Folge davon öffnen sich Ionenkanäle in der Membran dieser Zellen und lassen positive Ionen ins Zellinnere einströmen, wodurch sich das elektrische Potenzial der Zelle verändert. Die Ladungsänderung greift auf die nachgeschaltete Nervenzelle über, bis sich dort ein charakteristisches, sogenanntes Aktionspotenzial ausbildet, das Grundelement schlechthin für die Informationsübertragung im gesamten Nervensystem.[8] Damit das nicht zu abstrakt klingt, ein Beispiel: Eine antike Stadt, umgeben von einer befestigten Stadtmauer mit mehreren Toren, wird belagert. Trotz heftigen Widerstands gelingt den Angreifern schließlich ein Durchbruch. Sie fallen ein. Die Belagerten ergeben sich. Schlagartig werden alle Tore geöffnet, und es kommt zu einem Machtwechsel. Anschließend normalisiert sich das Leben in der Stadt wieder. Die Vorgänge in einer Nervenzelle sind vergleichbar. Haben erst einmal einströmende Ionen eine ausreichende Ladungsänderung bewirkt, so ist die Ausbildung eines Aktionspotenzials nicht mehr aufzuhalten. Erst nach dessen vollständigem Ablauf wird der Ursprungszustand wiederhergestellt.

Damit wird es schon spannend, nicht nur für mich als zukünftigem Eisesser, sondern auch für unser Verständnis von den Denkprozessen in unserem Gehirn. *Sämtliche Aktionspotenziale sind nämlich komplett gleich.* Wie eine Welle pflanzen sie sich über die Oberfläche der Nervenendigungen fort. Einzig ihre Häufigkeit variiert abhängig von der Stärke des eingehenden Reizes. Die Aktionspotenziale selbst können demnach über die Qualität einer Wahrnehmung, außer über deren Intensität, keinerlei Auskunft geben, was nebenbei bemerkt nicht nur für Wahrnehmungen, sondern für überhaupt alles, was in unserem Nervensystem vor sich geht, gilt. Kein Außenreiz kann direkt wahrgenommen werden. Er führt immer nur indirekt zu einer Konstruktionsleistung unseres Gehirns, das aus den einfallenden Potenzialen eine Information herstellen muss. Lediglich die Form der *Verknüpfung zwischen den in der Weiterleitung zu- und nachgeschalteten Nervenzellen bestimmt, was wir erleben.*

Wie aber kommt diese Verknüpfung zustande?

Das große Netz

Unser Gehirn besteht schätzungsweise aus 100 Milliarden Nervenzellen, von denen jede einzelne über durchschnittlich zehntausend Verbindungsstellen – Synapsen genannt – mit ihresgleichen in Kontakt steht. (Deneke, S. 46) Machen wir einen kurzen Abstecher nach Luxor ins Tal der Könige am Oberlauf des Nils. Unverändert seit dem Altertum sind auch heute noch die beiden Ufer der Stadt nur durch Fähren miteinander verbunden. Am Ostufer quirlt das orientalische Treiben in der Stadt der Lebenden, während das Westufer, dort, wo die Sonne untergeht, mit seinen unzähligen Grabkammern das Reich der Toten beherbergt. Doch soll uns hier nur die Fährverbindung interessieren, deren Regeln den Abläufen an den Synapsen in unserem Nervensystem recht ähnlich sind. So wie am Nil eine Fähre übersetzt, sobald sie mit Passagieren gefüllt ist, schüttet eine Nervenzelle bei Ankunft eines elektrischen Aktionspotenzials Botenstoffe in den zwischen ihr und der benachbarten Zelle liegenden synaptischen Spalt aus. Diese Neurotransmitter treiben zur gegenüberliegenden Seite und docken dort an den Ionenkanal-Eiweißen der Empfängerzellmembran an. Deren Struktur ändert sich, sie werden durchlässig für Ionen, und es entsteht ein neues Aktionspotenzial. Auf diese Weise wird die Erregung von der einen zur nächsten Zelle weitergeleitet.

Warum nur dieser Aufwand, warum wird nicht einfach eine Brücke gebaut?

Am Nil dürften die Gründe dafür vielfältig sein, doch das ist eine andere Geschichte. Für uns ist von Bedeutung, dass die Anzahl an Fähren und Docks die Menge des Verkehrs begrenzt. Mit zusätzlichen Fähren wäre ein stärkerer Verkehr möglich, allerdings nur, wenn gleichzeitig auch mehr Docks zur Verfügung stünden. Entsprechend erlaubt im Nervensystem die Anzahl an Synapsen, an Transmittersubstanz und an Empfängermolekülen eine Feinabstimmung der Informationsübertragung, wie sie bei direkten Zellverknüpfungen nicht möglich wäre. Denn Aktionspotenziale laufen ja – wie beschrieben – immer nur gleichförmig ab. Da außerdem noch verschiedene Transmitter existieren – so als gäbe es auf dem Nil spezielle Fähren für Autos, für Kutschen, für Kamele und für Menschen – ist zusätzlich eine gewisse Spezifizierung gegeben. Nicht nur lassen sich so gleichzeitig mehrere, sondern auf einen Schlag auch gezielt unterschiedliche Empfängerzellen ansteuern, deren Rezeptoren durch eine Transmittersubstanz aktiviert oder gehemmt werden können. Zusammen mit dem reversiblen Auf- und Abbau von Synapsen, von zusätzlichen Zellverästelungen und selbst von neuen Nervenzellen, beziehungsweise von für Hemmung oder Verstärkung der Reizweiterleitung zuständigen Geleitzellen haben wir schon das komplette Arsenal vor Augen, mit dem die Informationsverarbeitung in unserem Gehirn reguliert wird. Das sind die Mechanismen, mit deren Hilfe wir lernen.

Selbst wenn wir jetzt einmal diese Feinjustierungen und die Tatsache, dass immer nur selektiv Teile unseres Nervensystems aktiviert sind, außer Acht lassen, ist allein schon das Potenzial an möglichen Verknüpfungen innerhalb unseres Gehirns so enorm, dass es außerhalb unseres Vorstellungsvermögens liegt. Neurowissenschaftler rechneten hoch und kamen dabei auf eine Eins mit einer Millionen Nullen. Würde ich diese Zahl hier ausschreiben, wären dafür allein rund fünfhundert Druckseiten dieses Buches nötig, angefüllt mit nichts als den Nullen dieser einen Zahl. (Deneke, S. 49) Und dabei lässt diese Schätzung unberücksichtigt, dass jede Nervenzelle über bis zu fünfzig Nervenendigungen verfügt, was die Verknüpfungsmöglichkeiten nochmals um ein Vielfaches potenziert.[9] Die Annahme, wir könnten selbst bei einer Perfektionierung unserer Untersuchungsmethoden am menschlichen Gehirn eines Tages sämtliche Hirnleistungen und Denkinhalte objektivieren, erweist sich vor diesem Hintergrund als reine Illusion. Mehr als grobe Annäherungen dürften uns wohl kaum je gelingen. Eigentlich ist das beruhigend, oder?

Wie ich erkenne, was ich sehe

Kehren wir zurück zu meinem Sehvorgang im Eissalon. Das Eis liegt noch vor mir in der Kühltheke, hat meine Netzhaut zum Flimmern gebracht. Die von ihr ausgelösten Aktionspotenziale pflanzen sich nun in Sekundenbruchteilen entlang der genetisch vorgegebenen Struktur meiner Sehbahn fort: Vom Sehnerv über die Kniehöcker (eine Verschaltungsstelle im Hirnstamm) bis hin zur im Hinterkopf liegenden Sehrinde meines Großhirns und von dort zu weiteren, das Seherlebnis integrierenden assoziativen Bereichen der Großhirnrinde. Innerhalb der Bahn verlaufen die Erregungen der unterschiedlichen Sehzellen, etwa jener zur roten und zur grünen Farbe, parallel nebeneinander und werden erst in den Verknüpfungsebenen der sechs Nervenzellschichten der Sehrinde mit jeweils spezifischen Verarbeitungsschwerpunkten zu einer einheitlichen »bewussten« Wahrnehmung integriert.

Diese wird jedoch keineswegs nur aus den von der Netzhaut eintreffenden Signalen gebildet, sondern sie ist immer bereits das Ergebnis einer wertenden Interpretation. Denn noch bevor eine Sinnesinformation überhaupt in den Zustand des bewusst Wahrgenommenen gelangt, ist sie schon blitzschnell in den für die emotionale Bewertung jeder einzelnen Sinneswahrnehmung zuständigen inneren Hirnarealen voranalysiert worden. (Deneke, S. 98) In der Regel bekommen wir das gar nicht mit, doch manchmal zeigt sich dieser Vorgang. Jeder kennt beispielsweise die reflexartige Handlung im Falle einer unvermittelten Bedrohung. Unser Körper reagiert dann bereits auf eine Gefahr, noch bevor wir sie überhaupt erkannt haben. In meinem Beispiel weiche ich im Eissalon dem Erdbeereis des sich umdrehenden Kunden vor mir aus, noch bevor ich bewusst registriert habe, dass er sonst sein Eis auf meinem Sakko verteilt hätte.

Fazit: Es gibt *weder eine wirklich objektive Wahrnehmung* – sie kann immer nur das Ergebnis des aktuell von meiner Hirnstruktur auf der Basis meiner Vorerfahrungen geschaffenen komplexen Erregungszustandes sein –, *noch eine wertungs-, beziehungsweise emotionsfreie Wahrnehmung.* Ich nehme an, Sie beginnen zu ahnen, welche zentrale Bedeutung beides für Entstehung und Auslösung von Aggression haben dürfte.

Wie aber bildet sich das strukturelle Grundgerüst unseres Gehirns?

Das Denken beginnt

Essenz: Was früh, häufig und mit viel Gefühl gelernt wird, prägt sich stärker ein. Einmal miteinander verknüpfte Inhalte bleiben verbunden.
Konsequenz: Das so Gelernte bleibt ein Leben lang erhalten und beeinflusst Nachfolgendes.

Bleiben wir weiter beim Sehvorgang. Bereits im Mutterleib, wenn sich die Netzhaut gemäß den Vorgaben unseres genetischen Programms entwickelt hat, produzieren ihre Sehzellen erste elektrische Impulse; sei es spontan (Deneke, S. 60) oder, wahrscheinlicher, weil sie auf das durch die mütterliche Bauchdecke einfallende Licht reagieren und zwar, wie inzwischen bekannt ist, ab dem siebten Schwangerschaftsmonat. (Genauso ist mittlerweile bewiesen, dass Feten im Uterus bereits im sechsten Monat ein voll ausgebildetes Gehör besitzen, und dass dieses ebenfalls aktiv ist, Lorenz 1999, S. 19 ff.) Erst die aus diesen ersten Lichtreizen in der Sehbahn weitergeleiteten Erregungen bewirken, dass sich die nachfolgenden Nervenzellverbände überhaupt in den für sie charakteristischen Schichten anordnen und vernetzen, sowohl an den Umschaltstellen, als auch in der Sehrinde selbst. Die *Struktur unseres Gehirns bildet sich also nur dann aus, wenn es ausreichend mit Reizen von außen versorgt wird.* Da sich das Netzwerk des Gehirns demnach in weitgehender Abhängigkeit von Außenreizen entwickelt, können selbst bei neugeborenen eineiigen Zwillingen niemals die neuronalen Netzwerkstrukturen identisch sein. (Deneke, S. 63 f.) Kein Gehirn ist wie das andere! Den kompletten Klon wird es nie geben.

Diese entscheidende Grundregel der Außenreizabhängigkeit unserer Hirnstruktur gilt bereits vor der Geburt und begleitet uns das ganze Leben lang, wobei es für bestimmte Eigenschaften sensible Phasen der Strukturbildung gibt. So erblindet selbst ein völlig gesundes Auge irreversibel, wenn das zu ihm gehörige Sehzentrum nicht bis zum sechsten Lebensjahr trainiert wird. Man weiß dies von schielenden Kindern, bei denen eines der beiden sich überlagernden Sehfelder unterdrückt wird. (Um dem entgegenzuwirken, wird nach der operativen Korrektur der Fehlstellung das dominante Auge zeitweilig abgedeckt).

So wie erst die Verwendung einer Nervenbahn deren Struktur überhaupt ausbildet – also nur beim Übersetzen einer Fähre am gegenüberliegenden Ufer auch eine Anlegestelle gebaut wird –, so führt die wiederholte Erregung einer Nervenbahn zu deren Verstärkung. Je mehr Fähren fahren, umso zahlreicher und größer werden die Anlegeplätze. Alle synaptischen Verknüpfungen und Zellbahnungen im Nervensystem unterliegen streng dem *Primat der Effizienz: Nur was genutzt wird, wird auch entwickelt.*

Die Konsequenzen dieses neurobiologischen und für andere Körperfunktionen genauso geltenden Grundgesetzes sind extrem weitreichend: *Die frühzeitig angelegte Basis der Hirnstruktur bestimmt das spätere Lernpotenzial, und das in sämtlichen Bereichen.* Je vielfältiger demnach die Außenreize besonders in den ersten Lebensjahren sind, desto höher ist das Potenzial für spätere Entwicklungsmöglichkeiten. Umgekehrt beeinträchtigen frühzeitige Beschränkungen – sei es durch Reizarmut oder durch selektive Reizüberflutung und nachfolgende Hemmung etwa aufgrund früher Traumatisierungen – das mögliche Spektrum an zukünftigen Denkvarianten unter Umständen massiv. Wo mehr Bildung im weitesten Sinne selbst schon vorgeburtlich unterschiedliche zentralnervöse

Bahnungsalternativen und damit Erlebensmöglichkeiten bereitstellt, werden grundsätzlich mehr Alternativen zur Anpassung an neue Situationen vorhanden sein. (Lassen sich hieraus nicht Konsequenzen für gesellschaftsrelevante Themen wie Flexibilität und Toleranz erkennen?) Aus der auf Effizienzsteigerung angelegten Struktur des Gehirns lässt sich ableiten, dass sie notwendigerweise die Neigung haben muss, einmal eingeschlagene Wege beizubehalten und damit Neuerungen gegenüber eher schwerfällig zu sein. So nehme ich, ohne weiter darüber nachzudenken, den mir vertrauten Weg durch die Innenstadt zum Eissalon, selbst wenn ein anderer kürzer sein mag. Oder: Reformen in der Gesellschaft lassen sich oft nur gegen heftige Widerstände durchsetzen. Das Gehirn erweist sich also von Natur aus als tendenziell konservativ. Alte Information wird nur in Ausnahmefällen gelöscht. Meist wird sie lediglich durch gegebenenfalls neuere überlagert.

Aus Eis wird »Eis«

Wenden wir uns nun den Integrationsprozessen zu, die in meinem Gehirn aus der Reizwahrnehmung, dem Anblick von Eis, das bewusste Erlebnis »Eis« entstehen lassen. Woher kommen die Zusatzinformationen, die aus den Lichtsignalen auf meiner Netzhaut ein Gesamtkonzept formen, und wie sehen sie aus? Wie schon angedeutet, fließen in den Betrachtungsvorgang wertende Vorinformationen zu dem Wahrgenommenen mit ein, genauer: Erst die im Gehirn verankerten früheren Erfahrungen sowie die assoziativen Verknüpfungen zu dem Gesehenen lassen das Eis zu »Eis« werden.

Wissenschaftler machten sich nun mit Hilfe der neuen bildgebenden Untersuchungsverfahren auf die Suche nach einer vermuteten Beurteilungsregion im Gehirn, die, so dachten sie, an der Spitze allen Denkens stehen und der Sehrinde einflüstern sollte: »Das ist Eis.« Ohne Erfolg! Ein solches übergeordnetes Zentrum gibt es nicht. Stattdessen ist es der vernetzte

Erregungszustand des Gehirns selbst, der zur Konstruktion des erlebten Gesamtbildes führt. Hieran beteiligt sind *immer sowohl emotionale Wertungen als auch faktische Gedächtnisprozesse, beide aus früheren Erfahrungen fest und untrennbar miteinander verknüpft.* Das heißt noch einmal: *Es gibt keine Wahrnehmung ohne emotionale Bewertung!* Das Wiedererkennen von »Eis« im Gedächtnis ist fix gekoppelt an die Erfahrung »Schmeckt mir gut« mit der emotionalen Bewertung »Das mag ich«, worauf es die Motivation »Das will ich« aktiviert.

Oder ein ganz anderes Beispiel: Das Erkennen im Gedächtnis von »Der sagt Idiot zu mir« ist fix gekoppelt an die Erfahrung »Der beleidigt mich« mit der emotionalen Bewertung »Das macht mich wütend«, worauf bei entsprechender psychischer Struktur gegebenenfalls der Handlungsablauf »Ich schlage zu« aktiviert wird. Genau in solchen Vernetzungen müssen wir offenbar nach den Wurzeln der menschlichen Aggression suchen.

Mehr noch: Nur mit Hilfe der emotionalen Beurteilung kann unser Gehirn die unüberschaubare Menge an fortwährend eintreffenden Signalen auf ihre Relevanz hin sortieren. Jede der geschätzten zweieinhalb Millionen Nervenfasern der Sinneszellen unseres Körpers feuert pro Sekunde etwa zweihundertmal. Nur die als bedeutsam eingeschätzten Reizinformationen werden überhaupt an die höher geordneten Hirnstrukturen zur Weiterverarbeitung durchgelassen. Außergewöhnlich negative oder positive Wertungen werden dabei bevorzugt behandelt. In gleicher Weise hat der emotionale Gehalt eines Reizes auch einen entscheidenden Einfluss darauf, ob er behalten wird oder nicht. Und nicht nur das: Die emotionale Begleitatmosphäre zu einem an sich neutralen Reiz kann dessen Speicherung im Gedächtnis wesentlich verstärken oder überhaupt erst veranlassen.

In einer Studie bestand die Aufgabe der Teilnehmer darin, sich eine Erzählung vorlesen zu lassen. Es gab zwei Gruppen. Die eine bekam eine neutrale Variante der Geschichte zu hören (etwa so:»Sie stand auf und ging.«), die andere eine gefühlsgeladene (»Mit tränenerstickter Stimme hauchte sie ihm in einer leidenschaftlichen Umarmung ein letztes Lebewohl zu. Ein verzweifelt schmachtender Blick an der Tür, und sie verschwand aus seinem Leben.«). Wiewohl gleichen Inhalts wurde die emotional stark besetzte Handlung deutlich besser behalten als die weitgehend emotionsfreie. Auch neutrale Vokabeln werden besser gelernt, wenn sie in einen positiven Gefühlskontext eingebunden werden (Person der Lehrerin/des Lehrers). Damit lässt sich eindeutig ein direkter Einfluss der emotionalen Bewertung auf die Gedächtnisspeicherung einer faktischen Erfahrung belegen. (Spitzer 2003, S. 82, 189 ff.)

Alle diese Prozesse laufen unbewusst ab. Erst ihr Ergebnis verschafft uns den Eindruck von bewusster Wahrnehmung, wobei – wie wir beim Zuschlagen als Antwort auf die Beleidigung oder beim Ausweichen vor dem Erdbeereis sehen konnten – die Handlungsanweisung und auch die Handlung selbst der Bewusstwerdung vorausgehen können, also keineswegs »logische« Folge einer »bewussten« Entscheidung sein müssen. Genauso speichert auch unser Gedächtnis eine Vielzahl an Informationen, die niemals in unser Bewusstsein gelangen und dennoch entscheidenden Anteil an unserer subjektiven Wirklichkeitskonstruktion haben. (Deneke, S. 89)

Inzwischen ist auch bekannt, nach welchen Ordnungskriterien die Information in unserem Gehirn gespeichert wird: *Häufige Eingangssignale bekommen einen größeren Raum und ähnliche Signale liegen beieinander.*[10] Hieraus entstehen regelrechte Landkarten vorgebahnter Verknüpfungsmuster, die durch einzelne Auslöser als Ganzes aktiviert werden können. Den Beweis für diese Erfahrungsabhängigkeit der Hirnstruktur holten sich Neurowissenschaftler, Sie werden es kaum glauben, bei der kanadischen Post. Wie das? Haben wir einen Zettel mit Buchstaben vor uns liegen, in den eine Zahl eingeschmuggelt wurde, so fällt uns diese sofort auf, da sie an anderer Stelle, auf einer anderen Landkarte, in unserem Gehirn repräsentiert ist. Briefsortierenden kanadischen Postbeamten fehlt diese Fähigkeit. Weder Alkohol, noch Drogen oder geistige Armut zeichnen hierfür verantwortlich. Nein, die kanadischen Postleitzahlen setzen sich aus Zahlen und Buchstaben gemischt zusammen. Beide werden daher bei den fleißigen Postsortierern in gemeinsamen und nicht, wie sonst üblich, in getrennten Repräsentanzen gelernt.

Das Gedächtnis der Schnecken

Es war der kalifornische Seehase (eine Meeresschnecke, die eigentlich wegen ihres Zwitterdaseins – sie ist an einem Körperende männlich, am anderen weiblich – die Aufmerksamkeit von Biologen erregt hatte), der dem Psychiater, Psychoanalytiker und Neurobiologen Eric Kandel einen Einblick in die zellulären Abläufe bei der Entstehung eines strukturell verankerten Gedächtnisses ermöglichte und ihm damit den Medizin-Nobelpreis einbrachte. Versetzt man dem Schwanz des Seehasen einen elektrischen Schock, so zieht er ihn reflektorisch zurück. Nun liegen aber die Nerven des Seehasenschwanzes neben für seine Atemröhre zuständigen Nervenendigungen, weswegen er bei wiederholter Schwanzreizung über die ausgeschütteten Transmitter auch zunehmend seine Kiemen einzieht. Ein einfacher Reiz kann demnach schon bei einem so simpel gebauten Tier wie einer Schnecke aufgrund von Nervenvernetzungen unterschiedliche (und unerwartete) Reaktionen zur Folge haben.

Nach wenigen Minuten verebbt dieser Effekt, es sei denn, die Schwanzreizung wird mehrfach wiederholt. In diesem Fall wird die Vernetzung dauerhaft fixiert. Hierzu werden in den Nervenzellen bestimmte Genabschnitte aktiviert, um neue Eiweißmoleküle zu synthetisieren, die dem Aufbau zusätzlicher Ionenkanäle, neuer Synapsen und erweiterter Nervenendigungen dienen. Die *Langzeitreizung führt damit zu nachweisbaren strukturellen Veränderungen auf der Zellebene.* Durch echtes zelluläres Lernen ist ein Baustein einer Gedächtnisstruktur entstanden. (Deneke 1999, S. 81)

Bei uns Menschen läuft die Gedächtnisbildung auf zellulärer Ebene ganz genauso ab wie beim Seehasen. Doch hat in unserem Zentralnervensystem die Vernetzung zwischen den Zellen mittlerweile einen Komplexitätsgrad erreicht, der neben differenzierter Wahrnehmungsverarbeitung und Emotionen als wertende Reizfilter irgendwann noch eine weitere ganz wesentliche Neuerung mit sich brachte: die Phantasie!

Nicht alles ist, was ist

> **Essenz:** Da alles Denken vom Gehirn konstruiert wird, ist der Übergang zwischen realer Wahrnehmung und Phantasie fließend.
>
> **Konsequenz:** Phantasien können sich selbst verstärken und sich dadurch in eine eigene Logik hineinsteigern.

Ab einem gewissen Vernetzungsgrad reagieren Nervensysteme nicht mehr nur auf Außenreize, sondern sie erschaffen sich aus den vorgespeicherten Informationen heraus von selbst Erregungszustände, die Außenreizwahrnehmungen ähneln, und reagieren auch entsprechend darauf. Schon der Gedanke an das Eis, das ich zu kaufen beabsichtige, weckt in mir eine konkrete Vorstellung daran und lässt mir als Reaktion darauf das Wasser im Mund zusammenlaufen. Es bedarf also gar nicht mehr notwendigerweise des realen Außenreizes, um meiner verinnerlichten Hirnstruktur eine Antwort zu entlocken. Schon die phantasierte Vorstellung allein kann ausreichen, um bestimmte Erlebens- und Handlungsmuster in mir zu aktivieren.

Ein anderes Beispiel: Wenn ich mir einrede, dass mich jemand nicht ausstehen kann, dann verhalte ich mich demjenigen gegenüber auch entsprechend, unter Umständen sogar, ohne dass derjenige überhaupt die geringste Ahnung von meiner Überzeugung hat, geschweige denn mich wirklich nicht mag. Der bunten Vielfalt der bei entsprechender Disposition denkbaren Aggressionen sind unter Zuhilfenahme solcher

Denkmuster keine Grenzen gesetzt. Schauen Sie sich einmal eine Nachrichtensendung unter diesem Aspekt an. Ich garantiere Ihnen, Sie werden kaum einen Krisenherd finden, der nicht durch solche phantasierten Zuschreibungen immer wieder aufs Neue angefacht wird.

Noch unmittelbarer, geradezu live, lassen sich solche Reaktionen auf Eigenreize der Hirnstruktur bei Menschen beobachten, die krankheitsbedingt oder durch die Einnahme von Drogen Halluzinationen erleben. Mit den bildgebenden Verfahren der neuesten Hirnforschung konnte inzwischen nachgewiesen werden, dass bei akustischen Halluzinationen wirklich die Hörregion der Hirnrinde aktiviert ist, das Gehirn also selbst auf der Wahrnehmungsebene ganz so reagiert, als seien die gehörten Stimmen reale Außenreize. (Spitzer 2003, S. 165) Geradezu zwangsläufig schließen sich die weiteren Denkabläufe und Handlungsanweisungen an. Je nachdem, was ihr Hörzentrum ihnen einredet, fühlen sich die Betroffenen beispielsweise bedroht und laufen dann vor sich selbst davon. Oder sie befolgen ihnen zugesprochene Befehle, erwidern schimpfend das ihnen Zugerufene, beschweren sich bei Polizei und Regierungsstellen.

In Psychiaterkreisen kursiert hierzu eine Anekdote. Ein psychiatrischer Chefarzt erkrankte im Alter selbst an Halluzinationen. Felsenfest behauptete er daraufhin, er höre reale Stimmen. Seine Patienten hingegen hätten sich die ihren immer nur eingebildet gehabt.

Die hoch entwickelte Abstraktionsfähigkeit unserer Hirnstruktur erlaubt uns aber, noch einen Schritt weiterzugehen. Bis zu einem gewissen Grad ist es uns möglich, unsere Wahrnehmungsleistung auf reale von derjenigen auf phantasierte Außenreize selbst zu trennen, da uns die bereits gespeicherten früheren Erfahrungen als Referenzebene zur Verfügung stehen. Meine Vermutung, dass mich der andere nicht leiden kann, kann ich hinterfragen, sie anhand zusätzlicher Informationen auf ihre Richtigkeit oder Falschheit hin überprüfen und gegebenenfalls auch mein Verhalten entsprechend anpassen.

Vielleicht war mir meine Mutmaßung nicht einmal bewusst, und ich habe mich immer nur irgendwie unwohl gefühlt, sobald mir der andere nahekam, und daraus dann meine Schlüsse gezogen. Wie dem auch sei: Die Hauptaufgabe der uns als bewusstes Denken erfahrbaren Hirnfunktion scheint eben darin zu bestehen, zusätzliche Differenzierungsebenen für die Bewertung unserer Wahrnehmungen bereitzustellen. So kann selbst der halluzinierende Schizophreniekranke einsehen, dass die von ihm gehörten Stimmen nicht realen Außenreizen entstammen. Er kann sie bewusst ignorieren lernen (wie wäre es hierzu mit einem Gesellschaftsspiel: Ich höre was, was du nicht hörst?) und so sein sonstiges Erleben und sein Verhalten weitgehend unbeeinflusst von ihnen halten. Gelingt ihm diese Trennung nicht, so droht ihm hochgradige Verwirrtheit.

Das Bewusstmachen des Gedachten stellt somit eine potenzielle Modifikationsstrategie für unser Denken und folglich auch für unser Handeln dar und wird damit zu einem möglichen Ansatzpunkt für den Umgang mit menschlicher Aggression, zumindest mit deren Verhaltensausprägungen.

Teufelskreise

Die Gedächtnisspeicherung unserer Phantasien unterliegt denselben Spielregeln wie diejenige realer Erlebnisse, allen voran der schon beschriebenen Effizienzregel. Wieder wird *mit jeder Anwendung einer Hirnbahn deren Ausbau verstärkt! Jeder Gedanke prägt sich mit dem Gedachtwerden stärker in die Hirnstruktur ein.* Da die Phantasie der bereits existierenden Hirnstruktur entspringt, die zugleich die Basis für die Bewertung jeglicher Wahrnehmung ist, besteht in uns allen eine Neigung dazu, dass sich Gedachtes und selektiv Wahrgenommenes gegenseitig verstärken. Wir bestätigen uns nur zu gern unsere Sicht der Dinge immer wieder aufs Neue.

Sie haben sicher bereits einmal die beeindruckenden dokumentarischen Filmaufnahmen zu Brücken gesehen, die an ihren Eigenschwingungen zerbrachen. Angestoßen durch einen Windstoß beginnt die Brücke in einer Frequenz zu schwingen, die ihrer Eigenfrequenz entspricht. Die Schwingungen schaukeln sich hoch und erreichen schließlich maximale Werte, die die Belastbarkeit der Konstruktion übersteigen und die Brücke regelrecht in Stücke reißen.

Ähnlich kann unsere Phantasie eine äußere Wahrnehmung derart verzerren, dass diese sich als vollkommene Bestätigung eben jener Phantasie niederschlägt und so ein regelrechter hirnstruktureller Teufelskreis in Gang gesetzt wird. Dieses Phänomen findet sich nicht nur bei radikalen politischen Ideologen und religiösen Fanatikern. Auch wer je eine echte Panikattacke erlebt hat, wird das bestätigen können. Fatalerweise ist mit dem Durchleben einer solchen Panikattacke anschließend deren Muster strukturell im Gehirn verankert. Die Wahrscheinlichkeit, dass sie sich wiederholen wird, ist damit erhöht.

Doch nicht nur radikale Wirrköpfe und Angstneurotiker neigen zu einer sich selbst verstärkenden Eigendynamik ihres Denkens. Jeglicher emotional aufgeladene Zustand engt unser Denken ein und gebiert eine eigene sich bestätigende Logik, die zugleich die Tendenz hat, sich dauerhaft zu verfestigen. (Ciompi, S. 164) Auch Aggression unterliegt damit der Eskalationsspirale aus Bahnungsreaktivierung und eigendynamischer Verstärkung. In Windeseile kann so, vergleichbar einer Massenpanik, auch eine Welle der Gewalt entfesselt werden. Mein Nachbar, wiewohl ich ihn gut kenne und gerne einen Slibowitz mit ihm trinke, wird dann zu meinem Feind, ob er will oder nicht (Ex-Jugoslawien).

Vor kurzem traf ich eine Frau aus Ruanda wieder, die ich Anfang der Achtzigerjahre kennenlernte. Sie gehört dem Stamm der Tutsi an. Sie beschrieb, wie 1994 mit dem Tod des Staatspräsidenten Habyarimana, der unter ungeklärten Umständen bei einem Flugzeugabsturz ums Leben kam, binnen Stunden (!) das Morden begann. Von Haus zu Haus durchkämmten die Hutu-Milizen die Hauptstadt Kigali, um systematisch alle Tutsi regelrecht abzuschlachten. Sie überlebte als

Einzige ihrer Familie, da sie unter Lebensgefahr für ihre Retter in einem Verschlag versteckt gehalten wurde.

Grundsätzlich jedoch macht die hochgradige Abstraktionsfähigkeit unseres Gehirns Sinn. Unser verinnerlichtes Abbild von unserer Umwelt bewährt sich in den meisten Fällen, und schon bevor unser Handeln gefordert ist, haben wir dessen Ablauf parat. Mehr noch, wir können bereits in der Phantasie durchspielen, was es anschließend in der Realität umzusetzen gilt. Wir können agieren und nicht nur reagieren.

Auf der Fährte des Unbegreiflichen

Essenz: Einsichtsfähigkeit ist eine objektivierbare Hirnfunktion, und sie ist erlernbar.
Konsequenz: Mit Einsicht lässt sich Verhalten steuern und Aggression kontrollieren.

Ich beschrieb, wie es uns nie gelingen wird, das, was wir denken, vollständig objektivierbar werden zu lassen. Hieraus folgernd haben Psychologen abgeleitet, dass auch Begriffe wie das »Selbst« (als Konstrukt des aktuellen subjektiven Erlebens einer Person von sich selbst) niemals anders als durch psychologische Manifestationen darstellbar sein können.

Und nun ist doch alles ganz anders. Ende November 2006 kam ich bei einem Psychiatriekongress in Lima mit einem auf den ersten Blick unscheinbaren, ruhigen und freundlichen Herrn ins Gespräch. Es war beim Cocktail im altehrwürdigen Club Nacional, einem vornehm gealterten Palast aus besseren Tagen, in dem der Geldadel Perus der Vergangenheit nachtrauert. Ober in Livree mit weißen Handschuhen, Säulenbalkon mit Blick auf die von prachtvoller Kolonialarchitektur gesäumte Plaza San Martin, Salons, in denen die Zeit stehengeblieben ist. Was ich dort erfuhr, war jedoch brandaktuell. Mein Gesprächspartner stellte sich als der Neurogenetiker

Robert Cloninger aus den USA heraus. Cloninger ist in Hirn-strombildern dem Selbst auf die Spur gekommen. Mit Hilfe geschickter Fragen an seine Versuchsprobanden gelang es ihm, drei Ebenen der Selbstkonstruktion bildlich fassbar zu machen.[11] Jeder von uns pendelt beständig zwischen diesen drei Stufen der Selbstwahrnehmung hin und her, sofern diese im Verlauf der psychischen Entwicklung ausgebildet wurden, was eben nicht immer der Fall ist.

Auf der ersten Stufe dreht sich alles um die eigenen Bedürfnisse und deren Befriedigung. Ein hungriger Säugling schreit. Die zweite Entwicklungsstufe ist erreicht, wenn sich über die erlebten Beziehungen mit anderen die Fähigkeit ausgebildet hat, die eigenen Gefühle zu beobachten und damit auch zu hinterfragen, was etwa ab dem vierten Lebensjahr möglich ist. Es entsteht ein konstantes Selbstkonzept, in das Erlebtes eingebaut wird und von nun an nicht mehr aus der bewussten Vorstellung verschwindet; entsprechend können sich die meisten Menschen ungefähr ab diesem Zeitpunkt an Ereignisse aus ihrer Kindheit zurückerinnern. (Interessanterweise gibt es von ganz anderer Seite her Hinweise darauf, dass diese Stufe der menschlichen Identitätsbildung überhaupt erst seit 2500 Jahren existieren dürfte – siehe auch Krieg, S. 161).

Doch wie gelingt es in einer Versuchsanordnung, die beiden Ebenen voneinander zu unterscheiden? Nun, dem an die ausgefeilte Untersuchungsmaschinerie angeschlossenen Probanden wird ein Bild gezeigt. Zunächst fragt man ihn, was er auf dem Bild erkennt (erste Stufe). Anschließend soll er beschreiben, welches Gefühl das Bild in ihm hervorruft. Hierzu muss er sich selbst in seiner Reaktion auf das Bild beobachten (zweite Stufe).

Die dritte in der Hirnuntersuchung nachweisbare Ebene schließlich entspricht einer Form der Selbstwahrnehmung, die einen distanzierten Blick von außen auf das eigene Sein erlaubt, das eingebettet in das universelle Ganze gesehen und entsprechend relativierbar wird. Ihr Grundzustand lässt sich beispielsweise durch Meditation herbeiführen, doch auch in

Naturerlebnissen, beim Musizieren und Musikgenießen, beim Sex, in spirituellen Erfahrungen und dergleichen mehr. Erst auf der Basis einer solchen Grundsicherheit können wir, da frei von emotionalen Spitzen, wertungsarm uns selbst und unsere Außenwelt betrachten. Der Persönlichkeit insgesamt verhilft sie zu einem weitgehenden Freiheitsgrad beim Einsatz der eigenen Ressourcen, bei gleichzeitiger Akzeptanz von deren Begrenztheit. Der Begriff der »Weisheit« kommt diesem Zustand nahe. Psychoanalytiker würden von hochgradiger Einsicht in sich selbst (Introspektion) sprechen, dem eigentlichen Kernziel der Analyse. Die Psychoanalyse erhält damit Unterstützung von Seiten der Neurobiologie. Cloninger bezeichnet diese am weitesten fortgeschrittene Aktivierungsebene der Selbstrepräsentanz als »Free Float State«. Für ihn ist sie Beleg für eine universelle intelligente Macht, und er folgert hieraus, dass unsere subjektive körperliche Existenz nur als Durchgangsstadium, als zeitlich befristetes Phänomen, dieser ewig währenden intelligenten Gesamtstruktur des Universums anzusehen ist.

Ich selbst neige einer gegenteiligen Einschätzung zu. Ich verstehe das Gefühl eines kompletten Gehaltenseins, einer totalen Verbundenheit mit der uns umgebenden Welt als Wiederbelebung unseres verinnerlichten (und damit in der Hirnstruktur verankerten) Grundgefühls aus der Frühzeit unserer psychischen Entwicklung noch im Mutterbauch; und also als das Ergebnis unserer immer komplexer gewordenen Hirnentwicklung, als ein aus unserer Körperlichkeit heraus entstehendes Phänomen, dessen Lebensdauer genauso befristet sein dürfte wie die unseres gesamten Körpers.

Ist also der Körper ein Nebenprodukt des Geistes (meinen Cloninger und vor ihm schon Schopenhauer und andere – siehe auch Nitzschke, S. 30) oder der Geist Auswuchs des Körpers (meine Meinung, aber auch schon die von Freud und anderen vor und nach ihm)? Unversehens finden wir uns damit wieder in dem vor allem ausgehend von den USA tobenden Kampf der Ideologien zwischen Kreationisten und Neodarwinisten. Durch christlich religiöse Fundamentalisten, die durchaus noch an den Schöpfungsakt mit Adam und Eva glauben (die Geschichte mit dem Rippenknochen) und Teile der Politik gestärkt, sind dort die Vertreter eines »intelligenten Designs« auf dem Vormarsch. Sie versuchen (mehr oder weniger) wissenschaftlich zu belegen, dass hinter der Geschichte der Evolution eine planende Macht (und damit ein Gott) stehe.

Exkurs zu den letzten Dingen

In seinem aktuellen Buch *Der Gotteswahn* holt der Neodarwinist Richard Dawkins zum Gegenschlag aus. Er zerpflückt die Argumente der an die Allmacht Glaubenden. Vor allem entkräftet er den so geläufigen Schachzug, dass ja die Nichtexistenz eines Gottes ebenso wenig bewiesen sei. Schließlich fehle bislang auch der Nichtbeweis von im Weltraum fliegenden Teekesseln oder eines Spaghetti-Monsters. Auch listet er die massenhaften Verbrechen auf, die im Namen des Glaubens begangen wurden, und untermauert damit seine Religionsablehnung. Die Quintessenz seiner Abhandlung besteht darin, dass wir uns, auch ohne einen fiktionalen Gott zu bemühen, die Welt erklären können und zu moralischem Handeln fähig sind. Stimmt! Nur geht Dawkins nicht weit genug. Seine atheistischen Argumente sind wiewohl nicht falsch, so doch oberflächlich und keineswegs neu. Seine Erklärung für das Phänomen der menschlichen Sehnsucht nach einem Gott (oder mehreren) als Nebenprodukt der Evolution, das sich wie ein Gedächtnisvirus ausgebreitet habe und sich wie Erkältungsviren hartnäckig halte, greift eindeutig zu kurz und liefert damit seinen Gegnern eine offene Flanke. Überzeugender ist da Sloterdijk in seiner Abhandlung über die Wandlungen der vom Menschen geschaffenen Gottheiten, die er in Bezug setzt zur menschlichen Aggression – er selbst spricht von Zorn –, wobei er diese aber primär sozialgeschichtlich und nicht psychodynamisch herleitet. (S. 39, 149 ff.)

Ich selbst würde auch die Religion in psychoanalytischer Tradition strikt im Zusammenhang mit unserer psychischen Entwicklung verstanden wissen wollen. Es fällt doch auf, dass es in ursprünglichen Kulturen immer mehrere Götter waren und sind, die zuallererst unerklärlichen Naturphänomenen zugeordnet wurden (Eichen, Blitzschlag ...). Wie wir (im Abschnitt zur Entwicklungspsychologie, S. 82) noch sehen werden, erleben wir uns selbst und andere in früher Kindheit noch nicht als konstante Einheit, sondern wir besitzen Handlungsmodelle aus unterschiedlichen Episoden unseres Beziehungsumfeldes (etwa gutes Kind – liebe Mami, böses Kind – strenge Mami ...). Hierbei wird unsere Welt bestimmt von der uns umgebenden Gemeinschaft. Was liegt da näher, als sich in einem nächsten Schritt die Götterwelt genauso vorzustellen? Folglich stehen die Familienzwiste denen der Götterfamilien Dallas und Denver-Clan in nichts nach.

Sobald wir beginnen, selbstreflexiv zu werden (zweite Stufe nach Cloninger), stellen sich uns existenzielle Fragen. Da hier die Menschheit in ihrer Entwicklung unweigerlich an die Grenzen des Beantwortbaren stieß, bediente sie sich einmal mehr der Erklärung durch das Phänomen Gott. Mit dem konstanten Selbstkonzept entstand ein konstantes Gottkonzept. Der Monotheismus war geschaffen. Anfänglich war der neue, eine (jüdische) Gott streng und böse, ein möglicher Ausdruck der verfolgten und bedrängten Lage seiner Schöpfer (und der hieraus projizierten Aggression – eine Dynamik, die ich im Abschnitt »Von Freud zu Kernberg«, S. 103 ff., genauer darlegen werde).

Dawkins liefert hierzu eine schillernde (und nicht ganz aggressionsfreie) Karikatur: »Der Gott des Alten Testaments kann durchaus als die unangenehmste Erscheinung der gesamten Literatur durchgehen: ein eifersüchtiger und von sich selbst eingenommener, kleingeistiger, ungerechter und nachtragender Zwangscharakter; ein rachsüchtiger, blutrünstiger ethnischer Säuberer; ein frauenfeindlicher, homophober, rassistischer Kinds- und Völkermörder; ein ekelhafter, größenwahnsinniger, sadomasochistischer, launischer und böswilliger Tyrann.« (S. 191)

Später wurde er gütig (Neues Testament) und formte sich dann weiter bis hin zur pantheistischen Einheitserfahrung mit dem Universum, wie sie in der Mystik, jedoch auch bei Einstein und eben jetzt bei Cloninger zu finden ist (dritte Stufe seiner Einteilung). Zugleich entstand die atheistische Möglichkeit, ihn ganz abzuschaffen. Wie sagt doch Woody Allen in seinem Film *Scoop*: »Ich wurde geboren im hebräischen Glauben, aber als ich älter wurde, bin ich konvertiert zum Narzissmus.«

Als weitere Parallele zu psychischen Prozessen fällt schließlich auf, dass ganz so wie subjektive Psychen auch Religionen auf frühere Entwicklungsstufen zurückfallen können, wodurch sie sich radikalisieren. So sammelt sich im radikalen Islamismus die projizierte Wut der Gekränkten in einem blutrünstigen und rachsüchtigen Gott, der zu einer Karikatur des eigentlichen Allahs verkommt.

Mir jedenfalls erscheint ein Verständnis für die Entstehung von Glauben (und damit eine Religionskritik) aus der dargelegten auffallenden Parallele zwischen psychischer Entwicklung der Menschheit und ihrer Gottgestaltung heraus plausibler als die Virusvariante von Dawkins. Wenn sich jedes individuelle Gehirn seine Welt erschaffen muss, steht es ihm auch frei, die für sein subjektives Wohlbefinden stimmigste Variante zu wählen, sei es ohne oder mit Gott. Die Sehnsucht nach dem Paradies tragen wir alle in uns (da wir, wie Sie bald erkennen werden, siehe S. 72, schon dort waren). Und das Faktum, dass uns der Tod bevorsteht, ist in der Tat eine Katastrophe, vor allem wenn wir versäumen, bis dahin wenigstens zu leben.

Nun, Sie können sich vorstellen, dass die Diskussionen, die ich mit Cloninger hatte, spannend waren.[12] Vielleicht werden sich auch die darin aufgeworfenen Grundfragen eines nicht zu fernen Tages mit Hilfe der modernen Bildgebung ein Stück weiter klären lassen. Beispielsweise würde ich vermuten, dass zwischen der Hirnaktivität im »Free Float State« und derjenigen von Feten oder Frühgeborenen Parallelen zu finden sein müssten.

Kaum hatte ich diese Zeilen geschrieben, fand ich das Ergebnis eines neurobiologischen Forschungsprojektes, das meine Vermutung bestätigt: Der »Flow«, wie er auch genannt wird, ist bildlich sichtbar gemacht worden. Und was wurde entdeckt? Genau die Areale im frontalen Großhirn, die für die Selbstwahrnehmung verantwortlich sind, werden im »Free Float State« schlicht und einfach ab(!)geschaltet[13] (sodass eine weitgehend wertungsfreie neutrale, »weise« Grundhaltung gegenüber Außenreizen vorliegt). Damit findet sich eine exakte Parallele zur vorgeburtlichen Zeit, in der die Selbstwahrnehmung noch gar nicht ausgebildet war! Meditative Versenkung oder (vermeintliche) kosmische Verschmelzung sind damit Folge einer Deaktivierung von Hirnarealen, einer Wiederherstellung der Erlebniswelt im Mutterbauch. Der esoterische (oder religiöse) Traum vom gefühlten Einssein mit dem Universum, der gerne als Beleg für die Unsterblichkeit des Geistes angeführt wird, erweist sich bedauerlicherweise als profane Fehlinterpretation unserer Hirnfunktion.

Wie dem auch sei: In jedem Fall wird deutlich, wie weit sich die Neurobiologie inzwischen vorgewagt hat. Eigentlich kann man hier schon von Neurophilosophie (dazu später noch mehr, S. 170), wenn nicht gar von Neurotheologie zu sprechen beginnen. Ich bin schon gespannt, wie es weitergeht. Doch zurück zu unserem eigentlichen Thema.

Gemäß Cloningers Beobachtungen findet sich Aggression auf allen drei Stufen der Selbstwahrnehmung als Reaktion auf Stress. Ihre Äußerungsform ist dabei abhängig von dem jeweiligen aktuellen psychischen Funktionsniveau. Kommt es auf der ersten Ebene zu einem unmittelbaren und ungefilterten Wutausbruch wie beim Wutanfall eines Kleinkinds (oder eines Erwachsenen, der sich genauso benimmt), so ist die Wutreaktion auf der zweiten Ebene differenzierter, schließt das Hinterfragen der eigenen Handlung mit ein. Reaktive Aggression auf der dritten, am weitesten entwickelten Ebene schließlich ermöglicht das intuitive Erfassen der Gesamtsituation und daraus folgend ein angemessenes Handeln. Als Reverenz an Freud lassen sich diese drei psychischen Entwicklungsstufen auch über unser Sexualverhalten veranschaulichen: erste Stufe Masturbation, zweite Sex mit einem Partner, dritte enge Verschmolzenheit im orgiastischen Liebesrausch. Zweifellos haben alle drei ihren Reiz.

Wie schon gesagt, lassen sich die drei unterschiedlichen Selbstkonzeptebenen als charakteristische Hirnfunktionsbilder nachweisen. Die neurologische Bildgebung gibt jedoch keinen Hinweis darauf, ob das Gedachte auf dem jeweiligen Funktionsniveau aggressiv ist oder nicht. Aggression erweist sich damit nicht als grundsätzlich verschieden von anderen Denkmustern. Sie ist keine Sonderform des Denkens, sodass ihre Ausgrenzung als pathologisch (wie bei Fromm, siehe S. 70) keine biologische Grundlage haben dürfte. Vielmehr ist sie unausweichlich Teil unseres Denkens, sodass *nicht ihre Abschaffung, sondern ihre konstruktive Umsetzung Ziel unserer Bemühungen sein muss.* Wesentliches Element hierbei ist die Fähigkeit, über Einsicht zu weniger destruktivem Verhalten gelangen zu können. *Ein höheres psychisches Funktionsniveau wirkt demnach pathologischer Gewalt entgegen!*

Cloninger hat eine spezielle Form der Psychotherapie entwickelt, bei der über den »Free Float State« das Erreichen höherer psychischer Funktionsgrade trainiert wird. Sein Bemühen deckt sich ganz mit der psychoanalytischen Konzeption, die ebenfalls ein höheres Maß an innerer Reife zum Ziel hat (was zugegebenermaßen viele Stunden dauern kann – ist das wirklich so verwunderlich?). Jedenfalls wird deutlich, dass wir *keineswegs passiv unserer bis dato verinnerlichten Hirnstruktur ausgeliefert* zu sein scheinen, sondern dass in uns ein Potenzial für die Weiterentwicklung hin zu mehr Verantwortung und Handlungsfreiheit stecken muss.

Warum wir denken, wie wir denken

> **Essenz:** Alles Gelernte kann an die nächste Generation weitergegeben werden.
>
> **Konsequenz:** Das gilt auch für Unbewusstes, für Traumen und für Aggression.

Jedes Lebewesen ist nur so lange lebendig, wie es ihm gelingt, ein ausreichendes Gleichgewicht seiner Stoffwechselfunktionen aufrechtzuerhalten. Während bei Pflanzen über die direkte Wechselbeziehung zwischen benachbarten Zellen die Grundanforderungen gesichert werden, etwa das benötigte Wasser auf dem Weg der Osmose von einer Zelle zur nächsten transportiert wird, kam es bei Tieren bereits ab den ersten echten Vielzellern zur Ausbildung eines Nervensystems als übergeordnetes Koordinationszentrum. Anfänglich primitiv, bestand seine ursprüngliche Aufgabe einzig in der Sicherung der Überlebensgrundlagen des Organismus, der Bereitstellung von Sauerstoff, Wasser und Nährstoffen. Mit zunehmender Evolution erweiterte sich sein Funktionsradius. Geschlechtliche Fortpflanzung (zur Arterhaltung), stabile Körpertemperatur, Immunsystem – um nur einige Bereiche herauszugreifen – kamen hinzu und bedurften der zentralen Steuerung.

Bei uns Menschen mit dem bislang am weitesten ausdifferenzierten Nervensystem ist dessen Aufgabenspektrum mit dem Gehirn an der Spitze inzwischen so umfassend, dass wir ein Bewusstsein von uns selbst gewonnen haben und uns weitgehend über die Hirnfunktion als Mensch erleben. Das Erlöschen der Hirnaktivität haben wir demzufolge als entscheidendes Kriterium für den Tod des Individuums definiert.

Während das Gehirn die meisten seiner Aufgaben ganz automatisch und ohne dass sie uns ins Bewusstsein dringen erledigt, etwa Atmung und Temperaturregelung, verlangen andere Bereiche nach gezielter Aktivität und damit nach (zumindest partiell) bewusstseinsgesteuerten Handlungen. Flüssigkeits- und Nahrungsaufnahme ebenso Sexualität ergeben sich in unserer Umwelt nicht von selbst (was sicher bedauerlich ist). Gekoppelt an hormonelle Regelkreise registriert daher die innere Körperwahrnehmung etwaige Ungleichgewichte, die dann als Empfindung von Hunger, Durst oder sexueller Lust in unser Denken dringen, um uns zu den für die Wiederherstellung des Gleichgewichts erforderlichen Handlungen zu motivieren. Wir müssen aktiv trinken, um unseren Durst zu löschen, möglicherweise sogar erst einmal umfangreiche Aktivitäten entfalten, um überhaupt Wasser zu finden. (Ein besonders schönes Beispiel hierfür ist der Kalahari-Buschmann in Disneys Filmklassiker *Die Wüste lebt*: Er fängt einen Pavian, füttert ihn mit Salz und lässt ihn dann angebunden schmachten, um sich tags darauf von dem durstigen Tier zu dessen geheimer Wasserstelle führen zu lassen.) Auch Hunger stillt sich nicht ohne unser gezieltes Zutun, von sexuellen Bedürfnissen ganz zu schweigen. Um noch einmal zum Eis-Beispiel zurückzukehren: Vielleicht war es mein niedriger Blutzuckerspiegel, der in mir das Bedürfnis nach der süßen Verführung weckte.

Der schon geschilderte Komplexitätsgrad des menschlichen Gehirns hat schließlich dazu geführt, dass seine Aufgabe nicht mehr auf die Sicherstellung der körperlichen Grundbedürfnisse beschränkt blieb. Mit der Phantasie als Abstraktionsebene begann das Denken im eigentlichen Sinn. Eine psychische Realität entstand, die, wenngleich Teil der körperlichen Existenz, eigenständig nach Aufrechterhaltung eines Gleichgewichts verlangt. (So habe ich mir das Eis vielleicht auch gekauft, um mich für etwas zu belohnen oder als Ausgleich für eine Frustration ...) Ohne genügende Außenreize jedenfalls, ohne geistige »Nahrung« können wir nicht existieren.

Stellen Sie sich vor, man bietet Ihnen an, eine Zeit lang nichts zu tun, rein gar nichts. Als Ausgleich dafür erhalten Sie eine großzügige Bezahlung. Das Angebot klingt doch verlockend, oder? Noch einmal nach Kanada. 1954: Die Interessenten für die Teilnahme an einem solchen psychologischen Experiment standen Schlange. Sie sollten in der Tat nichts weiter tun, als in einem Bett zu liegen, die Hände in losen Handschuhen und die Augen durch Brillen in einer starren Blickrichtung fixiert. Essen und Trinken wurden ihnen nach Belieben verabreicht. Jederzeit, so die Vorgabe, stand es ihnen frei, den Versuch abzubrechen.

Die meisten Probanden schliefen sich erst einmal in Ruhe aus. Als sie dann wieder wach waren, sangen oder pfiffen sie nach einer Weile. Oder sie begannen mit sich selbst zu sprechen. Stunden später schließlich empfanden sie ihre Lage zunehmend als quälend. Obgleich es den Verzicht auf ihr Honorar bedeutete, stiegen die ersten aus. Diejenigen, die blieben, begannen ohne Ausnahme innerhalb von nur 24 Stunden wild zu halluzinieren. Die Versuchsleiter waren gezwungen, den Versuch vorzeitig zu beenden. Die Teilnehmer, die noch durchgehalten hatten, konnten es selbst nicht mehr. Sie litten an hochgradigen Verwirrtheitszuständen, waren schlichtweg durchgedreht.[14] Ohne Außenreize ist unser psychisches Gleichgewicht so gestört wie unser Körpergleichgewicht ohne Flüssigkeits- oder Nahrungszufuhr. Die vom früheren amerikanischen Präsidenten Bush per Dekret genehmigten Verhörmethoden für die Gefangenen in der Guantanamo-Bucht erweisen sich vor diesem Hintergrund als grausame Folter. Bereits Isolation bedeutet Quälen.

Ein ähnlich gelagertes historisches Beispiel: Friedrich der Zweite suchte Anfang des dreizehnten Jahrhunderts nach der Ursprache der Menschheit. Hierzu ließ er Neugeborene von stumm bleibenden Ammen aufziehen. Doch statt Latein, Griechisch oder Hebräisch zu sprechen, verstarben alle Säuglinge innerhalb kurzer Zeit. Unser Gehirn braucht demnach mehr als nur unspezifische Reize von außen. Wir benötigen soziale Kontakte, Beziehungen, und als Teil von diesen ein gewisses Maß an äußerer Anerkennung.

Alles in allem führt nicht nur eine massive Störung unserer Körperfunktionen zum Tod, sondern genauso eine Entgleisung unserer psychischen Stabilität. Selbstmord ist immerhin die achthäufigste Todesursache des Menschen überhaupt, in der Altersgruppe von 15 bis 24 Jahren sogar die zweithäufigste. Allein in den Vereinigten Staaten begehen jährlich etwa 30.000 Menschen Selbstmord, das bedeutet alle achtzehn Minuten einer.

Welchen Überlebensvorteil aber bietet eine Hirnfunktion, die so abhängig macht und so voller Risiken steckt? Einen enormen! Die Anpassungsfähigkeit des Organismus und der Art wurde hierdurch um ein Vielfaches gesteigert und beschleunigt. *Durch die Außenreizabhängigkeit wurde Lernen im weitesten Sinn auch außerhalb des klassischen biologischen Gesetzes von genetischer Mutation und Selektion möglich.* Einem Quantensprung gleich wurde das Potenzial dafür, sich auf geänderte äußere Bedingungen einzustellen, unermesslich vervielfacht. Damit nicht genug. Mit der Sprachentwicklung als nächstem Schritt konnte Gelerntes ganz direkt von einer Generation zur nächsten weitergereicht werden, mit der Erfindung der Schrift auch über Generationen hinweg. Und seit Neuestem wird Information mit der Einführung des Internets auch noch zeitlich und mengenmäßig unbegrenzt verfügbar.

Keine Wirkung ohne Wechselwirkung

Das meiste gelernte Verhalten wird niemals bewusst. Darin gleicht es vererbten Verhaltensmustern, was die Unterscheidung zwischen beiden Arten biologischen Lernens schwierig macht. Was verdanken wir unseren Genen und was unserer Umwelt? Diese Frage beschäftigt die Forschung schon seit Jahrzehnten und ist ja auch für die Suche nach den Wurzeln der menschlichen Aggression von zentraler Bedeutung. Recht gut untersucht ist die psychisch gelernte Weitergabe von Verhalten mittlerweile bei der unbewussten Wiederholung und dadurch Übertragung von psychischen Traumatisierungen auf die Nachfolgegeneration. Ohne es bewusst zu wollen, ja oft gegen den eigenen Willen, unterliegen Traumaopfer dem Sog, die Gewalttaten, die ihnen angetan wurden, an ihren eigenen Kindern ebenfalls zu verüben (siehe S. 196).

Jedoch ist diese Kette fortgesetzter Traumatisierung keineswegs zwangsläufig. Wir müssen den Fallstricken unseres
Unbewussten nicht nachgeben, sondern können beispielsweise bewusst gegensteuern. Diese Tatsache ist ein eindeutiger
und wertvoller Hinweis darauf, dass späteres Erleben und damit neu geschaffene psychische Strukturen in der Lage sind,
frühere Erfahrungen zumindest partiell zu kompensieren.
Eine aktive Umgestaltung verinnerlichter Muster ist damit
grundsätzlich möglich, der Versuch, die Hirnstruktur durch
das »Erlebnis« Psychotherapie umzuwandeln durchaus erfolgversprechend.

Vergegenwärtigen wir uns noch einmal die ursprüngliche
biologische Funktion des Gehirns: die Regulierung und Aufrechterhaltung der körperlichen Grundfunktionen (und sei es
allein schon deshalb, um sein eigenes Überleben zu sichern).
Über physiologische Parameter, vermittelt durch Hormone
(hierzu mehr im Kapitel zur Chemie, S. 128 ff.), sind physische
und psychische Realität in engster und unauflösbarer Wechselwirkung miteinander verwoben. Der aktuelle Zustand des
Körpers wirkt auf die Psyche ein (etwa wenn der niedrige
Blutzucker mir Appetit auf ein Eis macht), genauso wie das
psychische Erleben maßgeblich die Stabilität unserer körperlichen Existenz beeinflusst (z.B. psychischer Stress massive
Auswirkungen auf das Immunsystem hat).

Zwar hat der Körper das Gehirn hervorgebracht, um sich
selbst zu erhalten, doch hat der Komplexitätsgrad des menschlichen Gehirns inzwischen ein Ausmaß erreicht, aufgrund dessen es eigenständig Bedürfnisse erschafft und den Körper dazu
bringt, diese aktiv zu befriedigen. Ein Kreislauf kontinuier-
licher Wechselwirkung ist entstanden. Solange wir leben, stehen weder Körper- noch Hirnfunktionen jemals komplett still
(ein Ende der Hirnfunktion wird, wie bereits erwähnt, von
uns als Tod des Individuums und damit auch seines Körpers
definiert).

Inzwischen konnten erste hormonelle Motivationssysteme
im Gehirn identifiziert werden, quasi die Motoren der Bedürf-

nisbefriedigung, allen voran ein durch den Neurotransmitter Dopamin vermitteltes Belohnungssystem. Es kann sowohl durch konkretes als auch durch phantasiertes Erleben aktiviert werden, ja mehr noch: Selbst elektrische Stimulation[15] und Drogen können den entsprechenden Wohlfühlfaktor auslösen, was weitreichende Konsequenzen mit sich bringt (auch hierzu mehr im Kapitel »Alles Chemie?«, S. 128 ff.).

Wichtig erscheint mir an dieser Stelle die zusammenfassende Betrachtung, dass alles psychische Erleben innerhalb des beschriebenen *Wechselwirkungssystems (Körper – Psyche) entsteht, das selbst in einen unmittelbaren Austausch mit der umgebenden Umwelt eingebunden* ist. In diesem Spannungsfeld entstehen wir und als Teil von uns die Aggression.

Alles Umwelt?

Essenz: Aggression entsteht aus Frustration, aber augenscheinlich nicht immer.
Konsequenz: Sind wir damit doch triebhaft aggressiv?

Klinken wir uns für einen Augenblick ein bei einem Beratertreffen für die US-Regierung in den Siebzigerjahren. Anwesend sind neben Beamten, Politikern und Generälen einige Fachleute aus dem Umfeld der Psychologie, darunter der Verhaltenstheoretiker Fred Skinner und der Psychoanalytiker Erich Fromm. Zwischen Ungeduld und Resignation schwankend lauschen die Anwesenden einer monologisierenden Tirade Fromms gegen die Verhaltenstheorie, die längst schon mit dem eigentlichen Thema des Treffens nichts mehr zu tun hat. So richtig in Fahrt redet er sich und beginnt zur Untermauerung seiner Argumente mit der geballten rechten Faust auf den Tisch zu klopfen. Skinner notiert etwas auf einen kleinen Zettel und schiebt diesen seinem Sitznachbarn, einem General, zu. Er werde »Erich« jetzt operant konditionieren. Daraufhin beginnt er die Ausführungen Fromms immer dann mit einem zustimmenden Lächeln zu quittieren, wenn dieser einen seiner Faustschläge absolviert, mit dem Ergebnis, dass sich deren Frequenz schon bald zu einem ständigen Tischklopfen steigert. Skinner erhält postwendend die folgende Notiz vom General zurück: »Können Sie das auch wieder rückgängig machen?«[16] (Der Fairness halber möchte ich darauf hinweisen, dass diese Schilderung nur Skinners Sicht der Dinge wiedergibt.)

Die Szene enthält nicht nur zwei mehr oder weniger subtil aggressive Verhaltensweisen – der eine wettert, der andere macht sich lustig über ihn –, sondern sie ist für mich vor allem exemplarisch dafür, wie eine vorgefertigte Meinung die Flexibilität für alternative Perspektiven beschränken, ja zu regelrechter Blindheit führen kann. Während Fromm hier argumentiert, dass nicht sein kann, was nicht sein darf, wird er zum Versuchskaninchen und widerlegt sich selbst, ohne es zu merken. Wenn Ideologie den Blick verstellt, sind Irrtümer unweigerlich die Folge. Wie die Neurobiologie offenbarte, ist das leider in uns angelegt und daher keineswegs selten. Das Gehirn neigt, wie schon erwähnt (S. 47), aufgrund seines konservativen Aufbaus dazu, in den bereits vorgefertigten Bahnen zu denken, sich also seine bisherige Sicht der Dinge wieder und wieder zu bestätigen. (Das gilt ganz besonders dann, wenn eine reale Gegenerfahrung fehlt, sich das Denken also vorwiegend in der Phantasie abspielt. Die Angst vor einer phantasierten Bedrohung ist damit hartnäckiger als die vor der realen Gefahr; entsprechend ist ein phantasiertes Feindbild oft stärker als ein reales Gegenüber.)

Erich Fromm, psychoanalytisches Urgestein, zog mit ähnlicher Vehemenz wie in der skizzierten Sitzung gegen die Verhaltenstheorie auch gegen die Aggressionstheorie von Konrad Lorenz zu Felde. Sein Buch zur *Anatomie der menschlichen Destruktivität* ist lebendiges Zeugnis davon. Nicht frei von Polemik erarbeitet Fromm eine umfassende Kritik an bestehenden Konzepten zur Aggressionsentstehung, verrennt sich dann jedoch in seiner Ideologie. Aggression und aggressive Destruktivität seien ihrer Natur nach grundverschieden, so sein Hauptargument, und letztere sei ausschließlich gesellschaftlich bedingt (S. 18 ff.).

Hinterfragt werden diese Prämissen entgegen der psychoanalytischen Tradition, allem auf den Grund zu gehen, von ihm nicht. Stattdessen spielt im Hintergrund die romantische Melodie der Ordensbrüder vom Gutmenschen, »die nicht bereit sind, alle Hoffnungen auf eine friedliche Welt fahren zu lassen« (S. 210) und gebiert mit der Keule des Totschlagarguments (denn wie kann man nicht an das »Gute« glauben?) unhaltbare Behauptungen wie die folgende: »Wenn man zum Beispiel einem Kind verbietet, Süßigkeiten zu essen, so wird diese Frustrierung keine Aggression mobilisieren, falls die Eltern dem Kind gegenüber eine liebevolle Haltung einnehmen ... Was diese Aggression hervorruft, ist nicht die Frustration als solche, sondern die in der Situation enthaltene Ungerechtigkeit oder Zurückweisung.« (S. 90) Wie viele Eltern müssten sich in Selbstvorwürfen ergehen, wenn dies wirklich so wäre.

Ich möchte diese eher kritische Einleitung zu einem der vielen psychoanalytischen Verstehenszugänge zur Aggression nicht als Kritik an der Psychoanalyse an sich missverstanden wissen. Ich bin selbst überzeugter Psychoanalytiker. Vielmehr geht es mir darum, auf die Falle aufmerksam zu machen, die zuschnappt, wenn man aus einer ideologischen Festung heraus losargumentiert. Die Stärke Freuds lag gerade darin, alles immer wieder in Frage zu stellen, auch und gerade seine eigenen Theorien. Kaum ein Denker dürfte in seinem Werk so widersprüchliche Ansätze zugelassen haben wie Freud, was Kritik an Teilen seiner Theorie leicht macht, wenn man diese nur isoliert betrachtet (hierzu später noch ein aktuelles Beispiel, S. 140 f.). Übersehen wird dabei seine Bereitschaft zur Weiterentwicklung, die er sicher auch posthum seinen Thesen zugebilligt hätte. Und es hat sich viel getan seit seinem Tod. So ziemlich sämtliche Varianten zur Erklärung menschlicher Aggression sind bereits gedacht worden. Sie alle hier theoretisch aufzuführen, wäre eher ermüdend als sinnstiftend, zumal der Streit der Schulen oft schon bei der Frage nach der Definition von Aggression einsetzt.

Unbestritten ist *Aggression eine mögliche Reaktionsweise auf Frustration.* Daran besteht grundsätzlich kein Zweifel. Klar ausformuliert wurde das in der Frustrations-Aggressions-Theorie.[17] Fragen hingegen wirft auf, warum es auch Aggression ohne Frustration gibt (oder möglicherweise auch nur zu geben scheint), und warum umgekehrt auch aggressive Antworten auf frustrierende Situationen ausbleiben können, das Spektrum an Reaktionsweisen auf Frustrationen also extrem breit gestreut ist. Zur Erklärung dieser eigentlich überraschenden Beobachtung wurde die ursprüngliche Theorie modifiziert: Frustration wecke zwar die Bereitschaft zu aggressivem Handeln, dessen effektive Auslösung bedürfe aber zusätzlicher Hinweisreize aus der Umwelt.[18] Befriedigend geklärt wurden die Grundfragen mit dieser Hilfskonstruktion bislang nicht.

Da die Psychoanalyse, und wie sie die Entwicklungspsychologie insgesamt, davon ausgeht, dass unsere frühen Entwicklungsschritte unser späteres Sein bestimmen – was die Neurobiologie ja, wie wir sehen konnten, überzeugend bestätigt – halte ich es für naheliegend, meine Suche nach einer möglichen Umweltabhängigkeit aggressiven Verhaltens in der Säuglingsforschung zu beginnen – und zwar ganz an deren Anfang.

Die Anfänge des Erlebens

Essenz: Auch das vorgeburtliche Erleben wird in unserer Hirnstruktur gespeichert und bleibt ein Leben lang erhalten! **Konsequenz:** Stress vor und während der Geburt führt damit zeitlebens zu einem erhöhten Aggressionspotenzial.

Stellen Sie sich vor, Sie fänden sich in einem Raum mit gedämpftem rötlichem Licht wieder. Es ist angenehm warm. All Ihre Bedürfnisse werden, noch bevor Sie sie überhaupt spüren, schon gestillt. Sie bekommen zu essen, zu trinken, werden gehalten, allumfassend verwöhnt, bis Sie in einen Gefühlszustand hineintaumeln, in dem Sie, erfüllt von vollkommenster Zufriedenheit, einlullen. Wo sind Sie? Im Paradies oder im Schlaraffenland? Im tollsten Bordell aller Zeiten? Oder im Bauch Ihrer Mutter?

So oder so ähnlich dürfte sich das Leben vor der Geburt angefühlt haben. Sie mögen jetzt ungläubig die Stirn runzeln, doch jeder von uns war im Bauch seiner Mutter in warmes Fruchtwasser gehüllt, hat diese erste psychisch wirksame Erfahrung gemacht und verinnerlicht. Und nicht nur das. Wie wir gesehen haben, bahnt sich das Gehirn auf der Basis seiner zuvor gemachten Erfahrungen alle nachfolgenden. Je früher wir etwas erlebt haben, umso maßgeblicher beeinflusst es damit alles, was später hinzukommt.

Erstes Denken

Bereits in der siebten Schwangerschaftswoche senden die Nervenzellen des Embryos Impulse aus. In der achten Woche ist die anatomische Hirnstruktur aufgebaut. Im fünften Schwangerschaftsmonat kann ein Fetus schmecken, im sechsten hören, im siebten sehen. Woher ich das weiß oder zu wissen glaube?

Technik und wissenschaftlicher Einfallsreichtum machen es möglich. Mit Hilfe des Ultraschalls lässt sich beobachten, dass ein Fetus, in dessen Fruchtwasser der Bitterstoff Chinin injiziert wird, weniger trinkt und dabei den Mund verzieht. Spritzt man ihm hingegen Süßstoff ins Fruchtwasser, so nimmt seine Trinkgeschwindigkeit deutlich zu. Auch die Herzschlagmessung als Gradmesser für Stress liefert leicht zugängliche Hinweise auf die Reaktionsfähigkeit des Fetus auf Außenreize. So schlagen sich sowohl laute Musik als auch das Auslösen eines Blitzlichts an der Bauchwand der Mutter in ausgeprägten Änderungen der fetalen Herzfrequenz nieder. (Lorenz 1999, S. 19 ff.)

Die Wahrnehmungswelt unserer vorgeburtlichen Existenz, einen ursprünglichen Gefühlszustand allumfassender Geborgenheit, ich erwähnte es schon (S. 61 f.), tragen wir alle in uns als unbewusste Erinnerung. Sie kann sich beim einen in der Fähigkeit zu spiritueller Versenkung äußern, beim anderen als schwelende schwermütige Sehnsucht nach dem verlorenen Paradies. Das mag ein wenig zu phantastisch klingen, doch selbst von den frühesten Erfahrungen im Mutterbauch gibt es objektivierbare Spuren im Gedächtnis.

Begeben wir uns hierzu in einen neurochirurgischen Operationssaal. Die kleine Säge surrt. Einem Patienten wird gerade bei vollem Bewusstsein in örtlicher Betäubung die Schädelkalotte geöffnet. (Ja, so etwas wird wirklich gemacht.) Dann liegt das Gehirn frei vor uns. Mit einer Elektrode reizt der Operateur nun die für die Körperoberflächenwahrnehmung zuständigen Areale auf der Hirnoberfläche, und der Patient beschreibt dazu, wo er als Folge dieser elektrischen Stimulation eine Hautsensation spürt. Durch das schrittweise Abtasten des gesamten sensorischen Hirnrindenbereichs lässt sich so eine recht genaue Karte von der Repräsentanz der Körperoberfläche im Gehirn gewinnen. Und diese Karte ist auffallend geometrisch verzerrt. Die Lippen beispielsweise sind im Verhältnis zu den anderen Körperteilen viel stärker repräsentiert. Das verwundert nicht angesichts ihrer besonderen Sensibilität. Wir erinnern uns: Die Hirnrepräsentanzen bilden sich in Abhängigkeit von den eintreffenden Reizen aus. Besonders sensible Hautareale müssen demnach notwendigerweise mehr Raum einnehmen.

Eine andere Beobachtung ist da schon rätselhafter: Die Wahrnehmungsbereiche für Hände und Gesicht und diejenigen für Füße und Genitalien liegen jeweils unmittelbar nebeneinander.[19] Das hat auf den ersten Blick nichts mit dem Aufbau unseres Körpers zu tun. Das Rätsel, wie es zu solch einer Entwicklung kommen konnte, löst sich erst durch einen Blick in den Uterus. Dort liegt der Fetus zusammengekauert, seine Hände meist vor dem Gesicht, seine Füße in der Höhe seines Beckens. Genau diese Position wurde im Gehirn gespeichert. So erklärt sich nicht nur das Phänomen des Fußfetischismus neurobiologisch (und damit anders als bei Freud), sondern zugleich haben wir einen Beleg für die *frühesten Gedächtnisstrukturen* überhaupt vor uns und dafür, dass auch diese *bereits in Abhängigkeit von der Umwelt aufgebaut* werden, und das *im dritten Schwangerschaftsmonat!*[20]

Erster Stress

Mit der Reifung der anderen Wahrnehmungsorgane vervollständigt sich schrittweise das Bild des aus Reiz-Reaktionsketten konstruierten Urgedächtnisses, wobei schon sehr früh, spätestens ab dem siebten Schwangerschaftsmonat, auch die emotionalen Hirnbahnen sprießen und sich aktiv an der Gedächtnisbildung beteiligen.

Vieles von dem, was im mütterlichen Blut herumschwimmt, gelangt über die Plazenta auch in den Blutkreislauf des Embryos. Von den heutzutage verbreiteten Medikamenten und Drogen sind die potenziell schädlichen Auswirkungen gut untersucht und bestens bekannt. So führt ein täglicher Alkoholkonsum der Mutter von fünfzig Gramm (das entspricht einem Liter Bier oder einem halben Liter Wein) in dreißig Prozent der Fälle zu Missbildungen beim Neugeborenen. (Lorenz 1999, S. 58 ff.)

Auch mütterliche Hormone gelangen ins embryonale Blut und greifen in die hormonellen Regelkreise des kleinen Organismus ein. Erst in Ansätzen gewinnt die Forschung Erkenntnisse dazu, wie auf diesem Weg auch der psychische Zustand der Mutter unmittelbar auf die sich entwickelnde Hirnstruktur ihres Kindes einwirkt. Eine zentrale Bedeutung scheint hierbei jeder Form von anhaltendem Stress zuzukommen, sowohl körperlich als auch psychisch. Akute Erkrankungen, etwa Infektionen, hinterlassen dabei ebenso ihre Spuren wie Belastungen in zwischenmenschlichen Beziehungen, bei der Arbeit oder im übrigen äußeren Umfeld. Auf die detaillierte neurobiochemische Wirkungsweise von Stress und auf seine direkte Verbindung zu Aggression und Depression werde ich im Kapitel »Alles Chemie?« (S. 153 ff.) eingehen, doch vorab schon so viel: *Stress hat direkte Auswirkungen auf die psychische Struktur, und Stress erzeugt Aggression!* Damit spricht alles dafür, dass mütterlicher Stress Auswirkungen auf das zukünftige Aggressionspotenzial ihres Kindes hat. Die Stressanfälligkeit und damit auch die spätere Reaktionsbereitschaft auf

Frustration wird so bereits vorgeburtlich, an der Wurzel der psychischen Struktur, gebahnt.

Zusammenfassend gesagt entstehen die Gedächtnisinhalte im heranreifenden Gehirn also aus ersten Körperwahrnehmungen und Umwelteinflüssen und differenzieren sich im weiteren Verlauf in Wechselwirkung mit Emotionen aus, die sowohl von der Mutter als auch vom Embryo selbst stammen können. Was erscheint vor diesem Hintergrund naheliegender als zu erwarten, dass vorgeburtliche, stressvermittelte Traumen kausal mit einer späteren Anfälligkeit für psychische und psychosomatische Krankheiten verknüpft sein dürften? Überraschenderweise wird diese Thematik jedoch bislang, anders als die Suche nach möglichen genetischen Faktoren von Krankheiten, selbst in aktuellen, ansonsten detaillierten und umfassenden Standardwerken der psychosomatischen Medizin komplett ignoriert.[21] In der psychiatrischen Literatur sieht es nicht anders aus.

Geburtserleben

Eine Schwangerschaft geht zu Ende. Eines Morgens in aller Frühe setzen die Wehen ein, regelmäßig und in immer kürzeren Abständen. Die nächsten Stunden werden für alle Beteiligten, abgesehen von der körperlichen Anstrengung für Mutter und Kind, hochemotional verlaufen. Jeder, der eine Geburt miterlebt hat (neben der eigenen), wird das bestätigen können.

Ein letztes Mal steht das Kind unter dem direkten Einfluss der mütterlichen Hormone und der durch sie vermittelten Gefühle. Doch auch indirekt wirkt das psychische Wohlbefinden der Mutter auf das Neugeborene ein. So dauert der Geburtsverlauf nachweislich länger, wenn die Mutter ängstlich ist. Auch sind dann ihre Wehen schmerzhafter. (Lorenz 1999, S. 45) Das wiederum verursacht ein Mehr an Stress, und in der Regel erhält sie dann auch mehr Medikamente. Von der allumfassend versorgenden, zuletzt auch beengenden Umwelt im Uterus wechselt das Kind mit der Geburt in eine Welt aus Licht, Luft und Bewegungsfreiheit, um nur die ersten unmittelbaren Neueindrücke zu skizzieren. Doch zuvor, beim Durchtritt durch den Geburtskanal, wird sein Schädel vom Wehendruck so stark zusammengepresst, dass sich dessen Knochen überlagern und das kindliche Hirn dem Phänomen der »Massenverschiebungen« ausgesetzt ist. (Janus, S. 54) Ob das Kopfschmerzen verursacht, sei dahingestellt (auch hier hat die Forschung noch Aufklärungsarbeit zu leisten). Es spricht jedoch alles dafür, dass die Belastung unter der Geburt außergewöhnlich ist, selbst wenn keine Komplikationen auftreten (was nicht heißt, dass diese Erfahrung negativ sein muss, siehe Wirkmächtigkeit, S. 89 ff.).

Berücksichtigt man, wie weit sich die Wahrnehmungsleistungen des Gehirns bereits in der Schwangerschaft entwickelt haben, so kann eigentlich gar kein Zweifel daran bestehen, dass das Kind die Geburt nicht nur selbst intensiv miterlebt, sondern dabei zugleich auch heftigen Emotionen ausgesetzt sein dürfte. Zwar fehlen bislang direkte objektivierbare Messdaten hierzu (etwa von Hirnstrommessungen während der Geburt), doch sprechen verschiedene Beobachtungen eindeutig dafür. So werden aus unterschiedlichsten Psychotherapien Schilderungen von Patienten berichtet, die sich am ehesten als Geburtserinnerungen verstehen lassen: Ein während einer Sesselliftfahrt (also hoch in der Luft) von einer Panikattacke befallener Patient etwa fühlte sich »wie im Tunnel, obwohl er das Ziel schon sehen konnte. Die durchlittene Angst bezeichnet[e] er als Todesangst«. (Leyh, S. 181 f.)

Vergleichbares berichten Menschen unter dem Einfluss von psychotropen Drogen wie LSD: »... ich begann, mich langsam in einem langen Tunnel entlangzubewegen ... Am Ende des Tunnels war blaues Licht ... Plötzlich änderte sich alles. Ich fühlte einen unerträglichen Druck auf meinem Kopf und Körper, einen quälenden Schmerz ... ich wurde von rückwärts durch eine überwältigende Kraft gestoßen, aber es war keine Bewegung nach vorwärts möglich. Stattdessen verengten sich die weichen Wände. Alle Bewegung hörte auf. Ich war gefangen, dem Ersticken nahe und zu klein und zu machtlos, um gegen die unerwartete Gewalt anzukämpfen ... Dann, ebenso unerwartet, wie die Bewegung aufgehört hatte, begann sie wieder ... Ich begann wirklich zu kämpfen ... Dann hörte der Kampf plötzlich auf, und ich brach aus meinem Gefängnis aus in einen Kreis von klarem blauem Licht. Das Herausgestoßenwerden war von intensivem Schmerz in meinem Kopfnacken begleitet. Ich rang nach Luft ... Ich war erschöpft, aber frei.« (Janus, S. 79)

Die Parallele dieser Rückblende auf das Geburtserlebnis zum immer wieder beschriebenen Tunnelerlebnis Sterbender ist frappant. Ich erkläre mir das so: Angestoßen durch den sich einstellenden Sauerstoffmangel im Gehirn während des Sterbevorgangs, wird eine intensive letzte Hirnaktivität freigesetzt, die die gespeicherten Lebensinhalte in Sekunden von den aktuellen und bewussten hin zu den tieferen und früheren Strukturen vorüberziehen lässt und konsequenterweise mit der Geburt und mit der Rückkehr in das vorgeburtliche paradiesische Gefühl seinen Abschluss findet. Aus der Demenzforschung ist bestens bekannt, dass der Abbau von Gedächtnisinhalten rückwärts schreitet, dass also das Kurzzeitgedächtnis als Erstes erlischt und sich die ältesten Erinnerungsspuren am längsten halten. Das Vorgeburtliche wäre damit die letzte, da älteste Erinnerung des sterbenden Gehirns. Zugleich wurde eine Sauerstoffknappheit im Gehirn (wie sie das Sterben mit sich bringt) auch während der Geburt erlebt, sodass es durchaus denkbar erscheint, dass Sauerstoffmangel und Geburtserinnerung in der Hirnstruktur miteinander verknüpft gespeichert sind und auch deshalb gemeinsam aktiviert werden. Die humoristisch gemeinte Antwort des inzwischen verstorbenen George Tabori auf die Frage, wie er denn sterben wolle, traf daher wohl den Kern: »Genauso wie ich geboren bin, nur andersrum.« (*FAZ*, 25.7.2007, S. 31)

Die emotionale Intensität des Geburtserlebnisses mag sich versteckt auch darin niederschlagen, dass gerade Übergangsszenarien besonders gefühlsbesetzt sind. In jeder Gesellschaftsform finden sich Rituale, die nicht selten Prüfungs- und Überwindungscharakter haben, um den Eintritt des Einzelnen in eine neue gesellschaftliche Rolle zu symbolisieren. Überhaupt wirken Rituale und Mythen bei näherer Betrachtung durchzogen von vorgeburtlichen Erinnerungsfacetten (Jonas im Bauch des Wals, Paradies, Schlaraffenland) und von Geburtssymbolik. Entsprechend scheinen mir auch Teile der jungschen Archetypen in diesen frühesten Erfahrungen zu wurzeln, die nun einmal alle Menschen miteinander teilen. Und ist nicht das gesellschaftliche Spannungsfeld, in dem wir uns bewegen, immer wieder von der Sehnsucht nach der Totalversorgung in einem ans Absolute grenzenden Sozialstaat einerseits und dem Wunsch nach Autonomie und Eigenverantwortung andererseits geprägt? Weckt es damit nicht durchaus Anklänge an den Kontrast zwischen dem Leben vor und nach der Geburt? Ja, erweist sich nicht der Konflikt zwischen Nähe und Autonomie als eine der Grundpolaritäten sämtlichen menschlichen Handelns?

Früheste Wurzeln von Aggression

Ich gehe hier auf die mögliche psychische Bedeutung von pränatalem Erleben und Geburt recht ausführlich ein, um deutlich zu machen, dass die Entwicklung des menschlichen Gehirns und damit auch seiner Psyche als Entstehungsort von Aggression kontinuierlich verläuft und, daran lassen die Ergebnisse der Hirnforschung nicht den geringsten Zweifel, keineswegs erst nach der Geburt beginnt. Ausnahmslos jeder Punkt der psychischen Entwicklung steht in Wechselwirkung mit der Umwelt.

Ich möchte hier nicht die Theorie vom Geburtstrauma wiederbeleben, die Rank in den Zwanzigerjahren formulierte und sich darüber mit Freud zerstritt. Jede Eingrenzung der psychischen Entwicklung auf ein zeitliches Teilfenster ist unzureichend, da prinzipiell alles Erlebte ein psychisches Korrelat bedingt, das gespeichert oder verworfen werden kann. Gerade unter dieser Prämisse fällt auf, wie sehr die so wesentliche Frühperiode unserer Persönlichkeitswerdung im wissenschaftlichen Diskurs bislang vernachlässigt wird.

Ein Grund hierfür dürfte in der noch nicht bildhaften und schon gar nicht sprachlichen Qualität unserer ersten gespeicherten Gedächtnisinhalte begründet liegen, die als emotional besetzte Körperwahrnehmungen meist tief im Unbewussten und damit verborgen bleiben, nicht als sprachliches Wissen präsent und dadurch mitteilbar sind. Darüber hinaus ließe sich spekulieren, dass – wie jedes andere Trauma auch – mögliche traumatische Anteile von Pränatalzeit und Geburt in unserem Denken einvernehmlich einer Verdrängung unterliegen. Als Resultat dieser wissenschaftlichen Lücke sind die Theorien zur Entstehung unserer Psyche gespalten: einerseits in eine frühe genetische, vermeintlich nur biologische, andererseits in eine ab der Geburt die Umwelteinflüsse betonende – anstatt die psychische Entwicklung als kontinuierlichen, ununterbrochenen Aufbauprozess aus der Wechselwirkung beider Faktoren heraus zu verstehen.

Überlegungen zu vorgeburtlichen Außeneinflüssen auf das psychische Erleben werden durch diese Blindheit vieler Wissenschaftsbereiche bedauerlicherweise in eine esoterische Ecke gerückt, was das in ihnen steckende Erklärungspotenzial zusätzlich entwertet. Ich zitiere hierzu eine skurrile Blüte zu den mutmaßlichen Folgen einer Kaiserschnittgeburt auf die Beziehungsgestaltung im erwachsenen Leben: »Verzerrung von Beziehungs- und sexuellen Mustern bei Menschen vom selben Geschlecht wie der Geburtshelfer. Kampf und Niederlage, aber auch Verschmelzung, Bindung und totale Versorgung werden erwartet.« (English, S. 125) Mir drängen sich deutlich andere Erklärungsansätze für die von der Autorin geschilderten Partnerschaftsprobleme auf. Auch frage ich mich, wie ein Neugeborenes, das nur bis auf wenige Zentimeter scharf sehen kann, das Geschlecht seines Geburtshelfers erkennen soll, gesetzt den Fall, es hat während seiner Entbindung wirklich nichts anderes im Sinn.

Wir haben gesehen, wie jede Form von Stress in der Schwangerschaft das Potenzial hat, sich dauerhaft in der Hirnstruktur des Fetus niederzuschlagen. Ich sehe kein Argument dafür, dass dies nicht genauso auch für die Geburt gelten muss, insbesondere wenn es zu Komplikationen kommt. Und die sind keineswegs selten. Grobe Schätzungen gehen von zehn Prozent aus. Noch häufiger sind Medikamentengaben während der Geburt, deren mögliche Auswirkungen auf die Psyche des Kindes bislang weitgehend unerforscht sind. Gleiches gilt für den Kaiserschnitt, dessen Häufigkeit in den vergangenen Jahrzehnten in den USA auf rund fünfundzwanzig Prozent aller Geburten angestiegen ist, aber auch in Europa massiv zugenommen hat.

Sicherlich sind Überlegungen zu den Folgen geburtshelferischer Eingriffe, welcher Art auch immer, auf die Persönlichkeit des Kindes beim jetzigen Wissensstand spekulativ, weil es so gut wie keine Untersuchungen hierzu gibt. Doch noch einmal: Warum sollte ein Geschehen, dessen Ablauf zweifellos beiden Erlebensqualitäten des kindlichen Hirns zugänglich ist – der sensorischen und der emotionalen –, nicht in dessen Hirnstruktur wirksam sein?

Hierbei geht es, wie beschrieben, nicht um bildhafte, symbolisierte oder gar verbalisierte Erfahrungsinhalte, sondern eben um die Speicherung emotional besetzter körperlicher Wahrnehmungen. Diese müssen nicht zwangsläufig negativ sein, doch dürften Schmerzen und Komplikationen ein traumatisierendes Potenzial haben. (Wahrscheinlich gilt das auch für andere Eingriffe während Schwangerschaft und Geburt wie Fruchtwasseruntersuchungen oder künstliche Geburtseinleitungen.) Jede Traumatisierung schlägt sich in der Hirnstruktur nieder als Frustrationserlebnis im weitesten Sinn. Und jede Frustration wirkt ursächlich auf die Aggressionsbereitschaft des Individuums ein. *Früheste Traumen, außergewöhnlicher Stress vor und während der Geburt, bilden demnach eine wahrscheinliche Wurzel für das spätere Aggressionspotenzial.* Wir haben hier das bislang unentdeckte Missing link zwischen biologischen und umweltbedingten Erklärungsansätzen zur Entstehung der menschlichen Aggression vor uns!

Aggression aus der Sicht der Entwicklungspsychologie

> **Essenz:** Ein Kind reagiert auf Frustration mit Aggression auf der Basis seiner bereits bei der Geburt bestehenden Hirnstruktur. Die Mutter hilft ihm dabei, seine Aggression auszuhalten und zu nutzen. Wesentlich ist das Erleben, etwas bewirken zu können.
> **Konsequenz:** Wirkmächtigkeit ist das zentrale Bedürfnis unserer Psyche! Aggression dient ihrer Entfaltung; ihr Ursprung ist damit konstruktiv und nicht destruktiv. Frühe Beziehungen prägen den Umgang mit der Aggression.

Es ist vollbracht. Das Kind atmet, die Nabelschnur ist durchtrennt, und die erschöpfte Mutter hält das Neugeborene dicht an sich geschmiegt. Hat sie da nun einen kleinen Engel oder einen kleinen Teufel im Arm? Während der kommenden Jahre wird ihre diesbezügliche Einschätzung schwanken, je nach Situation. Ein Entweder-Oder als Antwort auf diese Frage gibt es nicht, wie so oft. Und doch haben wir Menschen ein tief verwurzeltes Bedürfnis nach solchen klaren Zuordnungen, nach einfachen Lösungen.

Erste Eindrücke

Bleiben wir bei dem Neugeborenen. Es hat gerade den wohl fundamentalsten Wechsel seiner Umwelt, den es je erleben wird, hinter sich gebracht. Wie bereits deutlich wurde, beginnt sein psychisches Leben genauso wie sein körperliches keineswegs erst jetzt. Zum Geburtszeitpunkt existiert schon eine hochkomplexe Hirnstruktur, die sich entlang der genetischen Vorgaben unter dem Einfluss direkter und – über die Mutter vermittelter – indirekter Umwelteinflüsse herausgebildet hat. Die Eindrücke aus der Zeit im Mutterleib und von der Geburt sind unweigerlich gespeichert worden. Sinneswahrnehmungen und einfache emotionale Zuordnungen (wie z.B. angenehm – unangenehm) haben das früheste Gedächtnis geformt. Bildhafte Gedächtnisinhalte treten ein wenig später auf, einfache symbolisierte ab dem ersten Lebensjahr und mit der einsetzenden Sprachentwicklung schließlich auch verbal abstrahierte. Davor sind die hierfür erforderlichen Hirnstrukturen einfach noch nicht vollständig ausgereift. Aus diesem Grund fehlt uns auch vermeintlich die Erinnerung an die erste Lebensphase. Sie ist, wie schon beschrieben, nicht in konkret bildhafter oder sprachlicher Form erhalten – so wie wir als Erwachsene zu denken gewohnt sind –, sondern in unbewusst verankerten Körperwahrnehmungen und Gefühlszuständen. Genau das macht es uns so schwer bis unmöglich, uns in das Erleben eines Säuglings hineinzuversetzen.

In seiner neuen Umgebung sucht das Neugeborene anfänglich einen ähnlich geborgenen Zustand wie den ihm vertrauten im Uterus, doch schon bald interessiert es sich für sein verändertes Umfeld und tastet sich an dieses heran. Wenngleich jedes Gehirn nur innerhalb seiner vorbestehenden Bahnen denken kann, also vom Grundaufbau her konservativ ist, so braucht es zugleich doch immer Außenreize (Sie erinnern sich an den Versuch zum Nichtstun, S. 64 f.), besitzt also eine progressive Tendenz zu prinzipieller Neugier.

Das erste Erkundungsziel des Neugeborenen ist für gewöhnlich die mütterliche Brust, aber auch schon ihr Gesicht. So ahmten bereits 42 Minuten alte Neugeborene Grimassen nach, die ihnen vorgeführt wurden. (Siefer/Weber, S. 64) Neben den zahllosen, bislang unbekannten Eindrücken, die von außen hereinprasseln, entstehen auch in dem kleinen Erdenbürger selbst auf einmal unlustvolle Wahrnehmungen wie

Hunger und Durst oder Hitze- und Kälteempfindungen. Unweigerlich ist es bestrebt, diese unangenehmen Zustände zu beseitigen, sei es durch aktives Handeln, wie eben durch das Suchen der Mutterbrust, oder – falls das misslingt – durch Schreien. Seine gespeicherten Erfahrungen aus Schwangerschaft und Geburt beeinflussen, wie aktiv es sich in seiner neuen Umwelt verhält, und zugleich reagiert es auf die neuen Eindrücke, die sich ihrerseits in seiner Psyche niederschlagen. Und was da alles an möglichen Frustrationen lauert: Trennungen, Krankheiten, Blähungen, Missverständnisse, um nur einige zu nennen. Alle haben potenziell dauerhafte Auswirkungen auf die weitere psychische Entwicklung und hier besonders auf das Aggressionspotenzial. Abhängig

- von der *bereits aufgebauten Hirnstruktur* (insbesondere von deren Stressanfälligkeit),
- von den *unlustvollen Reizen* und
- von der *Art, wie seine Mutter ihm bei deren Überwindung behilflich* sein kann,

beginnt der Säugling, ein Repertoire an verinnerlichten unangenehmen Erfahrungen zu sammeln.

In der ersten Lebensphase nach der Geburt geht es um die Befriedigung der existenziellen Grundanforderungen von Körper und Hirnstruktur, die als Bedürfnisse in der Psyche repräsentiert sind.[22] Mögen Denken und Verhalten auch vielgestaltig in ihren Äußerungen sein, letztlich dienen beide in unmittelbarer Verschränkung nur einem Ziel: der Selbstbehauptung. Stößt die Neugier an Grenzen oder melden sich die Bedürfnisse und werden nicht umgehend gestillt, so ist die Antwort darauf reaktive Aggression. Ob man diese Aggression nun getrennt konzipiert von dem auf die neugierige Erkundung der Umwelt gerichteten Motivationssystem oder nicht, ist eine Frage der Definition. Eher scheint sie mir Teil dessen zu sein, denn die Aggression dient dazu, dort, wo die Motivation (Erkundung oder Bedürfnisbefriedigung) an Grenzen stößt, diese überwinden zu helfen.

So überrascht es nicht, dass viele der dem Säugling zur Verfügung stehenden Handlungsweisen wie Beißen, Greifen, Ziehen etc. ihrer Motivation nach nicht festgelegt sind. Ziehen am Haar der Mutter beispielsweise kann, abhängig vom Kontext, neugieriges Betasten oder Reaktion auf Schmerz sein. Ganz abgesehen davon, dass dem Säugling selbst eine solche Unterscheidung sicher vollkommen egal ist, erscheint es mir somit plausibel, sämtliche Lebensäußerungen von Beginn an als auf den Erhalt der physischen und psychischen Unversehrtheit gerichtet aufzufassen. *Aggression als Reaktion auf unlustvolle Innen- und Außenreize dient deren Überwindung und ist somit Teil der Lebensentfaltung, und nicht ihr Gegenspieler!*

Erste Wut

Da liegt nun so ein hilflos anmutendes Bündel vor den Augen der frischgebackenen und mittlerweile deutlich übernächtigten Mutter und schreit. Es hat Schmerzen. Der Verdauungstrakt tut sich schwer mit der Umstellung von Fruchtwasser auf Muttermilch, produziert quälende Blähungen. Beruhigendes Hochnehmen, Zureden und Beklopfen scheitern ebenso wie der Versuch, ihm die Brust zu geben. Medizinische Tropfen und homöopathische Kügelchen helfen kaum. Ein kleines Gummiröhrchen bietet, geschickt in Stellung gebracht, kurzzeitige Erleichterung. Doch schon geht das Geschrei von vorne los. Die Mutter erreicht die Grenze ihrer Belastbarkeit. Sie ist frustriert, möchte gerne alles richtig machen und ist doch hilflos. Irgendwann schlägt ihre Frustration in Wut um. Und ihr Liebling – ist sein Schreien denn nun auch wütend oder nicht?

Da streiten sich die Experten, allerdings ohne für ihre unterschiedlichen Meinungen Argumente zu liefern.[23] Wenn wir uns jedoch erinnern, was Hirnforschung und Fetusbeobachtung zum Entwicklungsstand der emotionalen Strukturen beim Neugeborenen herausgefunden haben, so spricht einiges dafür. Zur selben Einschätzung gelangt man, wenn man die Tatsache berücksichtigt, dass Emotionen nahezu automatisch durch unbewusst ablaufende Prozesse von einer Person auf eine andere übertragen werden. Intuitiv spüren wir heftige Gefühlszustände unseres Gegenübers wie Ärger oder Trauer. Verantwortlich hierfür sind die sogenannten Spiegelzellen.

Exkurs: Vom Stoff, aus dem die anderen sind

Treffen ein Neurowissenschaftler und ein Affe aufeinander, so findet Letzterer sich bald verkabelt wieder. So geschehen im italienischen Parma, der Stadt, mit der wir für gewöhnlich Schinken und Käse assoziieren. Im Hirn des Affen fand sich Revolutionäres: einzelne Nervenzellen, die für komplette Handlungsabläufe verantwortlich sind. Griff der Affe nach einer Erdnuss, feuerte eine ganz spezifische Zelle. Doch es kam noch besser: Die Greif-die-Erdnuss-Zelle geriet auch dann in Erregung, wenn der Affe nur dabei zusah, wie jemand anderer nach einer Nuss griff! (Bauer 2005, S. 21 ff.) Sein Hirn verhält sich also so, als führe der Affe selbst die Handlung aus. Er begreift, was da vor sich geht, indem er es selbst durchspielt.

Für uns Menschen gilt das ganz genauso, wobei sich bei uns außerdem nachweisen lässt, dass allein schon die Vorstellung von einer bestimmten Handlung genügt, um die charakteristischen Handlungsnervenzellen zu aktivieren – das mag beim Affen auch so sein, doch lässt sich mit ihm schwerlich über seine Vorstellungen plaudern. (Allerdings sollten anhand identifizierter Handlungszellen Rückschlüsse möglich sein wie: Jetzt stellt er sich gerade vor, wie er eine Nuss nimmt.)

Dieser faszinierend einfache Spiegelungs- (oder Resonanz-)Mechanismus wird schon durch Teilaspekte einer Handlung ausgelöst, und er läuft ganz unwillkürlich bei allen möglichen Beobachtungen anderer ab. So folgen wir unweigerlich dem Blick eines anderen, wenn dieser plötzlich etwas fokussiert, oder wir gähnen mit unserem Gegenüber, lassen uns vom Lachen anderer anstecken. Vor allem aber »teilen« wir Gefühle, was so weit geht, dass Mitleid wirklich Leiden lindern kann (warum das so ist, verrät das Kapitel »Alles Chemie?«, S. 147) oder dass wir die Wut unseres Gegenübers unmittelbar spüren, ohne dass dieser ein Wort gesagt haben muss. Von Bedeutung hierbei ist die Tatsache, dass das für diese Wahrnehmungen zuständige optische Aufbereitungssystem unseres Gehirns streng zwischen lebenden und nicht lebenden Akteuren unterscheidet. (Bauer 2005, S. 54 ff.) Aus diesem Grund kann auch ein noch so ausgeklügelter Roboter keine Bezugsperson ersetzen oder brauchen wir beispielsweise zum Lernen andere Menschen, die uns etwas beibringen. Da es auf diese Weise immer zu einem Wechselspiel gegenseitiger Wahrnehmungen kommt, lernt ein Säugling am Modell der Mutter, indem sie sich auf den Kleinen einstimmt. Sie ermöglicht ihm im Laufe der Entwicklung ein regelrechtes »Verdauen« seiner anfangs oft heftigen Gefühle. Übrigens auch bei langjährigen Partnern findet sich eine Angleichung ihrer Mimik (Spitzer 2006, S. 38) – seien Sie also wählerisch.

Es sei noch angemerkt, dass diese Form intuitiver Verständigung auch zwischen verschiedenen Tierarten (und damit auch zwischen Tier und Mensch) funktionieren kann – sofern diese Spiegelneurone haben, wobei sich hier allerdings Missverständnisse einschleichen können. So finden wir Delphine sympathisch, weil sie andauernd zu lächeln scheinen, jedoch suggeriert dies lediglich die Form ihrer Schnauze, die bei uns Menschen einem Lächeln entsprechen würde.[24]

Jedoch zurück zur Mutter und ihrem plärrenden Sprössling. Wenn sie Wut auf ihn in sich hochsteigen fühlt, so ist das also nicht nur Folge ihrer hilflosen Frustration in der sie überfordernden Situation, sondern zugleich ihre unbewusste Reaktion auf die Wut des schreienden Säuglings (ebenso wie auf dessen Hilflosigkeit). Rasend schnell kann sich so ein Teufelskreis von gegenseitig zugeschobener Wut ausbilden, der zusätzlich angeheizt wird, weil der Säugling seine Gefühle als

Gesamtzustand und damit noch nicht als relativierbar erlebt. Hierdurch erklären sich die tragischen Zuspitzungen, bei denen Eltern ihre wehrlosen Schützlinge in einem Aggressionsrausch schwer misshandelt oder gar umgebracht haben, was keinesfalls heißen soll, dass bei solchen Eltern die Aggressionskontrolle im Normbereich liegt.

Wesentlich für das Verständnis der frühen Wut des Säuglings ist ihre Zustandsbezogenheit. Ihr Ziel ist die Änderung eines unerträglichen Körpergefühls (und nicht etwa der Mutter vorzuwerfen, wie unfähig sie sei). Überwunden wird sie durch das Beseitigen der Frustrationsquelle oder aber, wenn das misslingt, durch den zeitweiligen Rückzug in einen Gefühlszustand, der an die Geborgenheit in der Zeit vor der Geburt erinnert. Meist ist das die Nähe zur Mutter an deren Brust. Doch auch ein vom Tonband abgespielter mütterlicher Herzschlag kann einen schreienden Säugling beruhigen, ebenso wie ein körperwarmes Bad. (Lorenz 1999, S. 21 ff.)

Wenn Forscher kleine Kinder ärgern

Bereits wenige Wochen nach der Geburt wird das Bild differenzierter. Schon bei zwei Monate alten Säuglingen konnten Forscher echten Ärger als neu entstandenen Gesichtsausdruck identifizieren. Bei ihrem Versuch wurden den Kleinen feine Schnüre um den Arm gebunden, mit deren Hilfe sie selbstständig ein für sie interessantes Ereignis auslösen konnten – ein Bild eines lächelnden Kindes, eine Melodie aus der Sesamstraße. Schnell begriffen sie den Zusammenhang und zogen wie wild an ihrer Schnur, um sich der vergnüglichen Zerstreuung hinzugeben. Erst jetzt aber begann der eigentliche Versuch: Die Forscher entfernten das freudige Ereignis. Trotz Schnurziehen geschah nichts. Die Säuglinge wurden ärgerlich und zogen heftiger.[25] Ob sich die Forscher daraufhin erweichen ließen, steht in dem Versuchsbericht leider nicht. Doch sind die Konsequenzen aus dieser Beobachtung nicht zu unterschätzen:

Erstens: Ärger ist eine Reaktionsweise auf Frustration, die *Frustrations-Aggressions-Theorie* findet hier eine Bestätigung im Versuch.

Zweitens und bislang unbeachtet, wenngleich meiner Meinung nach noch viel wesentlicher: Ärger erweist sich als die Kraft (die Kleinen ziehen heftiger), mit deren Hilfe versucht wird, die Frustration zu beseitigen oder allgemeiner, ein Hindernis zu überwinden. Damit ist die *Intention von Ärger ihrem Ursprung nach konstruktiv und nicht destruktiv!*

Drittens: In einer anderen Versuchsanordnung wurden die Schnüre weggelassen. Die Bilder oder Melodien wurden den Säuglingen dargeboten, ohne dass sie einen Einfluss auf deren Erscheinen hatten. In diesem Fall trat erst bei vier Monate alten Säuglingen Ärger über das Ausbleiben der Animation auf.[26] Damit ist für die Kleinen noch wichtiger als der eigentliche Genuss der Beweis ihrer *Wirkmächtigkeit, das heißt ihrer Fähigkeit, etwas beeinflussen zu können!*

Da er hierzu eine wirklich schöne Beschreibung gefunden hat, möchte ich an dieser Stelle etwas ausführlicher Erich Fromm zu Wort kommen lassen: »Auch der Erwachsene hat das Bedürfnis, sich selbst zu beweisen, *dass er fähig ist, eine Wirkung auszuüben.* Es gibt mannigfaltige Möglichkeiten, sich dieses Gefühl zu verschaffen: Man kann im Säugling, der gestillt wird, einen Ausdruck der Befriedigung hervorrufen, im geliebten Menschen ein Lächeln, im Sexualpartner eine Reaktion, man kann im Gesprächspartner Interesse wecken. Das Gleiche kann man durch materielle, intellektuelle oder künstlerische Arbeit erreichen. Aber man kann dasselbe Bedürfnis auch befriedigen, indem man *über* andere Macht gewinnt, indem man ihre Angst miterlebt, indem der Mörder die Todesangst auf dem Gesicht seines Opfers beobachtet, indem man ein Land erobert, indem man Menschen quält, und einfach dadurch, dass man zerstört, was andere aufgebaut haben. Das Bedürfnis, eine Wirkung zu erzielen, kommt in den interpersonalen Beziehungen ebenso zum Ausdruck, wie in der Beziehung zu Tieren, zur unbelebten Natur und zu Ideen. In der Beziehung zu anderen besteht die grundsätzliche Alternative darin, dass man entweder die Macht in sich fühlt, Liebe hervorzurufen oder Angst und Leiden zu bewirken. In der Beziehung zu Dingen besteht die Alternative darin, entweder etwas aufzubauen oder es zu zerstören. So entgegengesetzt diese Alternativen sind, sie sind nur verschiedene Reaktionen auf das gleiche existenzielle Bedürfnis: etwas zu bewirken.« (Fromm 2005, S. 266 f.)

Dieses Grundbedürfnis, etwas bewirken zu können, ist das zentrale Element überhaupt zum Verständnis der menschlichen Aggression. Hat ein Mensch das Gefühl, ihm wird diese Wirkmächtigkeit genommen, so reagiert er ausgesprochen aggressiv. Mit der Unüberwindbarkeit von Hindernissen können wir uns eher abfinden als mit dem Gefühl, unserer Handlungsfähigkeit beraubt zu werden. Sogar Fromm, dessen Kernthese darin besteht, eine dem Überleben dienende »biologisch adaptive« von einer spezifisch menschlichen, »bösartigen« Aggression zu trennen, konstatiert, dass die Wurzel beider ein und dieselbe ist!

So wie unser Körper aus sich selbst heraus danach strebt, zu überleben, sich selbst zu behaupten, so stabilisiert sich unser psychisches Gleichgewicht über die Erfahrung von *Wirkmächtigkeit. Ich halte sie für die (narzisstische) Kernerfahrung der Selbstbehauptung des Menschen schlechthin.* Sie ist es, die uns dazu drängt, an die Grenzen unserer Möglichkeiten zu gehen, sei es im Sport, in der Raumfahrt oder in Wirtschaft, Wissenschaft und Kultur. Und versucht nicht auch der Selbstmord-Attentäter, der sich in die Luft sprengt, sich selbst zu beweisen, dass er (noch) etwas bewirken kann, selbst unter dem Verlust seines eigenen Lebens?

Doch bleiben wir noch bei den Säuglingen. Wie reagieren sie auf Frustration, wenn ihr Ärger nicht fruchtet, und wenn keine Bezugsperson zugegen ist, die imstande ist, ihr Gefühl aufzufangen? Bei ihnen kommt es zu Rückzugstendenzen mit glasigem Blick und schlafähnlicher Atmung, kurzum zu einer passiven Ohnmacht. Während beispielsweise der Säuglingsforscher Dornes aus diesem Verhalten folgert, dass »exzessive Unlust nicht automatisch zu Ärger, Feindseligkeit und Unlust führen muss« (1997, S. 262), gewinne ich hier eher den Eindruck, dass auch diese zweimonatigen Säuglinge bereits depressive Symptome entwickeln können. Die Parallelen zu den Depressionen Erwachsener erscheinen mir offenkundig.

Da ich im Einklang mit psychoanalytischen Konzepten, die ich später noch ausführen werde, Depression vor allem als Ausdruck von gegen sich selbst gerichteter Aggression verstehe, würde ich auch diese Säuglingsdepression als autoaggressive Reaktion auf die erlebte Frustration deuten. Der Ärger zielt, da wirkungslos, nicht mehr nach außen, sondern bleibt quasi im Halse stecken und wird zu lähmender Passivität.

Individuelle Unterschiede in der Aggressionsäußerung sind dabei wieder Folge der jeweiligen, aktuell bestehenden Hirnstruktur, die sich von Beginn an aus dem Zusammenspiel von genetischer Anlage und Außenreizwirkung gebildet hat. Spannend und noch offen ist hierbei die Frage, ob solche frühen depressionsähnlichen Zustände auch die Neigung zu Depressionen im späteren Leben verstärken, was ich, da sie im Gehirn abgespeichert werden dürften, für plausibel und daher für durchaus wahrscheinlich halte.

Erste Bedeutung des anderen

Von den Spezialisten für das Ärgern von Kleinstkindern gibt es noch andere erhellende Beobachtungen. So nahm Stenberg sieben Monate alten Säuglingen systematisch den Keks weg, an dem sie gerade knabberten. Auch sie wurden wütend, und – wen wundert es – der Ärger nahm zu mit der Anzahl der Versuchsdurchgänge (wiederum ein Hinweis auf den Niederschlag des Erlebten in der Hirnstruktur). Spannend daran war aber etwas anderes: Die Kleinen reagierten wütender, wenn ihnen die eigene Mutter und nicht irgendeine x-beliebige Person den Keks entriss. Das belegt nicht nur, wie gut ein Säugling schon zu diesem frühen Zeitpunkt Personen unterscheiden kann, also bereits über eine innere Verankerung seiner ersten Bezugspersonen verfügt (Psychoanalytiker sprechen hierbei von inneren Objekten), sondern außerdem, wie wesentlich diese für das mögliche Auslösen und damit folglich auch für das Verinnerlichen von Wut sind.

Mit der zunehmenden Erweiterung ihres Bewegungs- und Handlungsradius setzen Säuglinge um den neunten Monat herum ihr Wutpotenzial nicht mehr nur reaktiv ein. Sie schlagen, treten, kratzen, schubsen und nehmen anderen das Spielzeug weg. Anfänglich fehlt ihnen wohl noch die Absicht, dem anderen dabei Schmerz zuzufügen, doch sie begreifen schnell. Einerseits zeigt sich das daran, wie sie lernen können, auf Ersatzhandlungen auszuweichen (das Kind schlägt statt auf seine Mutter auf ein Spielzeug ein und lächelt seine Mami dafür an), andererseits daran, dass sie etwa einjährig damit beginnen, anderen absichtlich wehzutun. Aggression wird so immer mehr zu einem Instrument für das aktive Erleben der sich erweiternden eigenen Wirkmächtigkeit auch in der Beziehung zu anderen, und entsprechend wird sie lustvoll empfunden. Diese Lust entspringt also primär der Erfahrung des Bewirkens und nicht einem sadistischen Impuls, den anderen zu quälen.

Erste Grenzen

Das pausenlose Austesten der eigenen Wirkmächtigkeit stößt früher oder später an die Grenzen des Machbaren. Und erst hierdurch verdeutlicht sich das ganze Spektrum der eigenen Fertigkeiten so richtig. Von nun an schwingt bei allen Handlungen die Frage mit: Wie weit kann ich gehen?

Einer der größten Triumphe des frühen Lebens, der aufrechte Gang, bringt zugleich reihenweise Frustrationen mit sich. »Dies darfst du nicht« und »Jenes darfst du nicht« und »Lass das sein«. Frustrierende Erfahrungen sind unvermeidbar, zum Erkennen der eigenen Möglichkeiten sogar unerlässlich, und rufen immer öfter einen folglich nicht zu verhindernden Ärger hervor.

Erste Phantasie

Etwa zur gleichen Zeit wie die Erweiterung des Handlungsspielraumes durch das Laufen entsteht im Denken die Fähigkeit zur Symbolisierung. Innerpsychisch wird damit nicht mehr nur auf aktuelle Wahrnehmungen reagiert, sondern die sich in der Hirnstruktur verfestigenden Phantasien lassen alles Erlebte – und damit auch frustrierende Erfahrungen – potenziell über die konkrete Situation hinaus psychisch wirksam sein. Neben anderen dauerhaften Denkmustern etabliert sich so ein stabil verankertes Aggressionspotenzial, das durchaus auch ohne akuten äußeren Anlass aktiviert werden kann, ursächlich aber in weiten Teilen reaktiv entstanden ist.

Unser gesamtes Denken und Handeln steht unter dem Einfluss unserer aus dem bislang gespeicherten Erleben kondensierten Phantasien. Erinnern Sie sich noch an das von mir auf Seite 40 geschilderte Beispiel mit dem Eissalon? Allein die Vorstellung von dem, was mich dort erwarten würde, ließ mir bereits das Wasser im Mund zusammenlaufen, noch bevor ich mich überhaupt auf den Weg dorthin gemacht hatte. Die Erwartungshaltung unserer Phantasie bestimmt unser Handeln. Läutet der Postbote, und ich erwarte Rechnungen, lasse ich die Tür lieber geschlossen. Hoffe ich auf einen Liebesbrief, so kann ich sein Kommen kaum erwarten und schaue aus dem Fenster, ob er nicht schon um die Ecke biegt.

Oder: Hat mich einmal ein Hund gebissen, so habe ich von nun an Angst vor Hunden. Damit kann eine bedeutungs- und verhängnisvolle Spirale in Gang kommen: Ich verhalte mich jetzt Hunden gegenüber ängstlich. Die wiederum spüren das und reagieren ihrerseits aggressiver auf mich. *Meine aus der früheren Erfahrung phantasierte Erwartungshaltung bestätigt sich so durch mein Mittun!*

Im zwischenmenschlichen Bereich funktioniert das ebenfalls blendend: Erwarten wir, dass der Chef uns in Grund und Boden kritisieren und letztlich hinauswerfen wird, fallen wir ihm schon bald eigenartig auf. Wir weichen ihm aus, laufen herum, als hätten wir andauernd ein schlechtes Gewissen, und irgendwann unterläuft uns ein Fehler. Eventuell begeben wir uns auch vom ersten Tag an in eine Abwehrhaltung, lassen uns nichts sagen und geraten schließlich in einen handfesten Streit mit ihm. Wir haben ja geahnt, dass es so kommen würde. Und lassen sich so nicht auch Partnerschaften hervorragend in den Sand setzen?

Wenn ich verletzt wurde (egal ob physisch oder psychisch), erwarte ich, dass es wieder geschehen wird, und gehe von vornherein in eine vermeidende oder konfrontativ angreifende Abwehrhaltung. Anders gesagt, verführt mich meine phantasierte Erwartung dazu, dass ich durch mein Verhalten den anderen dahin dränge, dass er so wird, wie ich es befürchtet und eh schon gewusst habe. Spielend kann ich mich so in eine ausgeprägte Wahrnehmungsverzerrung hineinsteigern, deren Möglichkeiten sich mit Hilfe der zunehmenden Symbolisierungsfähigkeit des Denkens ins Unermessliche potenzieren lassen.

Wenn wir uns die geringen genetischen Unterschiede zwischen uns Menschen und Schimpansen verdeutlichen (98,77% unserer Gene sind identisch, damit weniger als 300 Gene verschieden, ja, sie stehen uns näher als den Gorillas – Siefer/Weber, S. 40), spricht meines Erachtens einiges dafür, genau in dieser selbstverstärkenden Tendenz des Denkens hin zu mehr Abstraktion, und nicht in den Genen selbst den entscheidenden Motor unserer evolutionären Entwicklung zu sehen.

Von Kindern und Hunden

Bleiben wir aber noch bei den Anfängen des aggressiven Verhaltens. Nach den ersten Beziehungserfahrungen mit Mutter, Vater und allen anderen, die uns auf dem Arm gehalten haben, geraten wir in unserer aktiven Erforschung der Umwelt früher oder später auch an Gleichaltrige. Mit diesen Menschen auf gleicher Augenhöhe bleiben Konflikte nicht aus. Laut Literatur geht es hierbei meist um den Besitz von Spielzeug. (Dornes, S. 268) In der Tat wird geschubst, gestoßen, getreten und weggerissen, was das Zeug hält. Vor zwei Jahren, abends bei mir zu Hause. Meine ältere Tochter, gerade fünf, hält eine bekleidete Stoffmaus im Arm, die wochenlang niemanden interessiert hat. Nun will meine Jüngste sie haben. Es gibt Gezeter und Geschrei. »Du bekommst sie nicht.« »Ich will sie aber.« Angesichts des Größenunterschiedes hat die Zweieinhalbjährige keine Chance. Bis sie zubeißt. Die größere heult auf, lässt die Maus fallen, die kleinere schnappt sie sich. Als ihr daraufhin von meiner Frau und mir klargemacht wird, dass wir ein solches Verhalten nicht dulden, wirft sie, immer noch mit triumphierendem Blick, die Maus zu ihrer älteren Schwester zurück.

Diese Szene vermittelt anschaulich, dass es bei diesen kleinkindlichen Streitereien weniger um den Besitz selbst geht, als um das Wegnehmen. Das Interesse am Gegenstand erlischt, sobald er erobert ist. Das aggressive Entreißen dient wieder einmal als Beweis für die eigene Wirkmächtigkeit. Ich kann mir nehmen, was ich will, oder ich kann (indem ich beiße, mich bei der Mama beschwere, den großen Bruder zu Hilfe hole usw.) durchsetzen, dass ich es bekomme. Das Erleben der eigenen Handlungsfähigkeit, nicht das Habenwollen, ist die Triebkraft hinter diesen Aktionen.

Wieder war es meine Hündin, die bereits erwähnte Dackeldame, die mich als erste auf diese gedankliche Fährte brachte. Sie hat nämlich ein Faible, andere mögen sagen einen Spleen. Ist irgendwo in einem Raum ein Gummiball versteckt, wird sie ihn beharrlich schnuppernd aufstöbern und so lange mit jaulendem Winseln den Anwesenden auf die Nerven gehen, bis ihr jemand das Spielzeug gibt, sofern sie es sich nicht selbst schnappen kann. Ist sie endlich im Besitz des heiß ersehnten Balles, so hat sie jedoch nichts Besseres zu tun, als ihn gleich wieder loszuwerden. Meist rollt sie ihn unter einen Schrank und müht sich dann schon im nächsten Augenblick damit ab, ihn zurückzugewinnen, gegebenenfalls unter Zuhilfenahme der bereits bewährten Strategie des Bettelns. Oder sie legt ihn mir gleich vor die Füße mit der Aufforderung, den Ball für sie zu werfen. Auch ihr, der Hündin, geht es also nicht um den Besitz an sich, sondern darum, sich zu beweisen, dass sie wirkmächtig ist, den Ball selbst aus schwierigen Verstecken wiederzukriegen, beziehungsweise mich zum Mitspielen animieren zu können.

Ergänzend zu ihrer Funktion, Unlust zu vermeiden, erweist sich frühe Aggression damit vor allem als Vehikel, um die eigene Wirkmächtigkeit zu erleben. Von daher überrascht es nicht, dass diese Aggression Lust bereiten kann (was bislang irrigerweise als Ausdruck einer perversen Vermischung interpretiert wurde). Meine Tochter, die als Kleinkind mit Vorliebe meinen Hund am Schwanz zog, tat das nicht, um den Schwanz zu besitzen, sondern um sich zu beweisen, dass sie ihn sich schnappen und daran ziehen kann, wahrscheinlich auch, dass es ihr gelingt, dem Hund ihren Willen aufzuzwingen und, ja, ihn zu ärgern. Der Übergang zum Erleben von Macht ist an dieser Stelle fließend. Stellen Sie sich nun einmal den Extremfall vor, dass ein Mensch in seinem frühen Umfeld keine andere Form der Selbstbestätigung und des Lustgewinns findet als durch aggressive Machtspielchen. Ist dann die Möglichkeit, dass sich eine sadistisch getriebene »Bestie Mensch« (Müller) entwickeln kann, wirklich noch so überraschend?

Erste destruktive Aggression

Essenz: Bis zum sechsten Lebensjahr ist das Aggressionspotenzial weitgehend aufgebaut.
Konsequenz: Stress und die Qualität der frühen Beziehungen sind die entscheidenden Faktoren dafür.

Anfänglich werden Erfahrungen noch ausnahmslos aus Handlungen gewonnen, die eigene Wirkmächtigkeit also nur aus der konkreten Tat heraus spürbar. Entsprechend werden Gefühle wie Freude und Wut unmittelbar ausagiert. Mit der fortschreitenden Symbolisierungsfähigkeit, etwa ab einem Alter von vier bis fünf Jahren, kann dann im Normalfall auch Aggression zunehmend in Worte gefasst und verbal abreagiert werden. Nicht von ungefähr entfaltet sich das kreative Potenzial einer Sprache so richtig erst in der Vielfalt ihrer Schimpfworte.

Untersuchungen haben ergeben, dass bereits mit dem sechsten Lebensjahr das Ausmaß der verinnerlichten Aggressionsbereitschaft stabil angelegt und kaum noch wirklich veränderbar ist! (Dornes, S. 269 f.) Das mag schockierend klingen, denn es setzt der möglichen Beeinflussbarkeit von destruktiven Aggressionsformen ab diesem Zeitpunkt enge Grenzen. Andererseits überrascht es nicht wirklich, ist doch der Aufbau der Hirnstruktur in ihren Grundmustern bis zu diesem Alter weitgehend abgeschlossen.

Der zentrale Einflussfaktor auf die Ausprägung des verinnerlichten Aggressionspotenzials ist die Qualität der frühen Beziehungen, das konnte bewiesen werden. Bereits aus dem Bindungsverhalten einjähriger (!) Kleinkinder lässt sich ihr späteres Wutpotenzial, ebenso wie ihre Neigung zu aggressivem Verhalten recht genau vorhersagen. (Dornes, S. 273 f.) Nur eine vergleichsweise einfache Versuchsanordnung war hierzu nötig, die sogenannte »Fremde Situation«, die Ende der Sechzigerjahre entwickelt wurde:[27] Die Kinder wurden von ihrer Mutter in einen Raum gebracht und dort mit Spielzeug allein gelassen. Das Ganze wurde mehrfach wiederholt. Im Ergebnis fanden sich vier unterschiedliche Reaktionsweisen auf das Weggehen der Mutter, die entsprechend der Beziehungsqualität zwischen Mutter und Kind benannt wurden und hier nach zunehmendem Grad späterer Aggression gereiht sind:

1. Die *sicher* gebundenen Kinder:
Sie waren zwar durch das Verschwinden der Mutter ärgerlich und gestresst und konnten dies auch eindeutig zum Ausdruck

bringen, ließen sich aber durch die Rückkehr der Mutter bald beruhigen und wandten sich dann wieder ihrem Spiel zu. (»Mit meiner Wut bekomme ich Mama dazu, dass sie zurückkommt, wenn ich sie brauche, darauf kann ich mich verlassen.«)

2. und 3. Die beiden Gruppen *unsicher* gebundener Kinder:
Die *Vermeidenden*: Sie ignorierten das Weggehen und Zurückkommen der Mutter weitgehend. (»Ich brauche Mama gar nicht. Ich habe eh keinen Einfluss darauf, was sie macht.«)
   Die *Ambivalenten*: Sie hingegen reagierten übermäßig heftig mit Wut und Angst und waren anschließend von der Mutter nur schwer wieder zu beruhigen. (»Ich habe Angst, Mama zu verlieren, wenn sie nicht da ist, denn ich kann mich nicht darauf verlassen, dass sie zurückkommt.«)

4. Die Gruppe der als *desorganisiert* beschriebenen Kinder:
Ihr Verhalten war regelrecht widersprüchlich; sie waren offensichtlich von der Trennungssituation überfordert und besaßen keine Handlungsstrategie. Auch bei der Rückkehr der Mutter waren sie weder dazu in der Lage, Nähe zu ihr herzustellen, noch ihr Spiel fortzusetzen. (»Ich weiß nicht, was ich machen soll, wenn Mama nicht da ist. Ich habe keine Sicherheit, dass sie wiederkommt, und wenn, weiß ich nicht, ob sie dann lieb zu mir ist.«)

Der wesentliche Unterschied zwischen den sicher und den verschiedenen Gruppen der unsicher gebundenen Kinder besteht *nicht im Vorhandensein oder Fehlen von Ärger, sondern darin, ob dieser funktional eingesetzt werden kann oder nicht.*
   Wie wir gesehen haben, bestehen die beiden wesentlichen Aufgaben von Wut darin, einen unangenehmen Zustand zu ändern und die eigene Wirkmächtigkeit zu erleben. Je weniger in der Beziehung mit der Mutter gelernt wird, aufkommende Wut im eigenen Interesse einzusetzen, also zielgerichtet und konstruktiv zu nutzen, umso größer wird das Potenzial an auf-

gestauter, funktionsloser Aggression. Zugleich kommt auch hier der fatale Kreislauf der sich selbst bestätigenden Phantasie in Gang. Wie durch das Vorspielen von Videos gezeigt werden konnte, neigen aggressiv aufgeladene Kinder dazu, in fragliche Situationen Aggression hineinzulesen. Folglich reagieren sie im Zweifelsfall auch häufiger aggressiv und lösen damit entsprechende Gegenreaktionen bei anderen aus. Auch sie bestätigen sich ihre Sicht der Dinge, die sie damit zugleich verfestigen.

Wut und Bindung

Wir alle kennen das Bild einer hilflosen Mutter in einem überheizten und überfüllten Kaufhaus, deren Zögling gerade einen Wutanfall wie aus dem Bilderbuch inszeniert, weil er beispielsweise das wunderschöne Plastikspielzeug haben will (ich erinnere hierbei auch an die Schuhszene mit meiner Tochter in der Einleitung dieses Buches). Besitzt ein solcher Wutanfall eine Funktion, und wenn ja, welche? Die Situation ist der Mutter unangenehm. Ungewollt erregt sie Aufmerksamkeit. Ältere Damen ziehen vorwurfsvoll die Augenbrauen hoch (»So etwas hat es bei uns nicht gegeben«). Kinderlose Weltverbesserer stehen kurz davor, sich einzumischen, sind aber zu aggressionsgehemmt. Andere Eltern reagieren mitfühlend, oder sie nutzen die Szenerie, um ihrem eigenen Sprössling ein unvorteilhaftes Beispiel vor Augen führen zu lassen. Die verzweifelte Mutter kommt nicht umhin zu reagieren. Irgendwo zwischen beschwichtigendem Nachgeben und Wutanfall wird sie eine Handlungsstrategie einschlagen, die bei der Intensität der Gefühle weniger durchdacht, als von ihrer Intuition bestimmt sein dürfte, also von ihren eigenen verinnerlichten Vorerfahrungen. Der Kleine wird aus ihrer Reaktion lernen.

So kann er, sollte die Mutter nachgeben, zu der Einschätzung gelangen, dass er seine Mami zu allem bringen kann. Wiederholt und verfestigt sich dieses Muster, dann wird die Sache irgendwann schwierig. Zwar erlebt der Kleine, dass seine Wut etwas bewirken kann, doch so ein richtiger Beweis für die eigene Wirkmächtigkeit ist das auf Dauer nicht, die Mami sagt eh immer ja. Wenn sich dann früher oder später andere Frustrationen des Alltags einstellen, fehlt die Erfahrung, wie man am besten mit ihnen umgeht.

Lebensnäher ist es, wenn die Mutter sich zwar gelegentlich erweichen lässt, aber auch konsequent bleiben kann. Vielleicht vertröstet sie ihren Sprössling auf später und hält sich dann auch verlässlich daran. Sie lässt sich also nicht komplett manipulieren, und doch kann die Wut ihres Kleinen zumindest gelegentlich Außergewöhnliches bewirken. Es gelingt ihm hin und wieder, sein Ziel zu erreichen, wenngleich das nicht selbstverständlich ist. In den Fällen, in denen es jedoch klappt, wird seine Wirkmächtigkeit überzeugend bestätigt. Der Versuch, die Wut funktional einzusetzen, lohnt sich also. Ganz so verhalten sich die sicher gebundenen Kinder im Fremde-Situation-Test. Sie ärgern sich erst und freuen sich dann über ihren Erfolg, um anschließend bald wieder zur Tagesordnung ihres Spiels zurückzukehren. Das Grundmuster des *verlässlichen, aber nicht manipulierbaren mütterlichen Verhaltens* ist damit die Basis für den funktionalen Einsatz von Aggression durch das Kind.

Die Mutter im Kaufhaus kann aber auch passiv bleiben und dem Toben ihres Kindes keine Beachtung schenken. Sie kann weggehen und den Schreihals einfach eine Zeit lang allein lassen. Oder sie kann hysterisch auf ihren Kleinen einbrüllen. Der steigert sich nun seinerseits in eine komplett regressive, allumfassende Wut hinein, oder aber er gibt seinen Kampf auf, weil er die Sinnlosigkeit seiner Versuche kennt und weil ihm unangenehme Konsequenzen drohen. Seine Kernerfahrung besteht jedenfalls darin, dass er mit seiner Wut nicht das Geringste bewirken kann. Als Konsequenz daraus wird er irgendwann gar nichts mehr einfordern oder aber erst recht einen Machtkampf nach dem anderen provozieren. Beides sind die Extreme, die bei den unsicher gebundenen Kindern beobachtet werden können.

Als letzte und fatalste Reaktionsmöglichkeit bleibt der Mutter, hemmungslos auf ihr Kind einzuprügeln, es körperlich zu misshandeln. Das Kind kann die überwältigende Wut und Verzweiflung, die es während einer solchen Traumatisierung empfindet, emotional nicht verarbeiten, weshalb seine Psyche diese Erfahrung automatisch abspaltet, also aus dem sonstigen Erleben isoliert. Übrig bleibt eine Ohnmacht, ein regelrechtes Nichterleben während der Misshandlung selbst, sodass nicht selten auch im späteren Leben keine bewusste Erinnerung daran mehr existiert. Die fehlende Handlungsstrategie der als desorganisiert beschriebenen Kinder im Trennungsversuch ähnelt auffallend dieser Reaktionsweise. Wahrscheinlich dürften sich bei ihnen solche oder andere traumatische Erfahrungen überzufällig häufig als Ursache finden lassen.

Wie auch immer die Mutter (oder der Vater) mit der frühen Aggression ihres Kindes umgeht, die Interaktion zwischen beiden wird in der Hirnstruktur des Kindes verankert, und sein zukünftiges Handeln erfolgt auf der Basis dieser verinnerlichten Muster. Das *Wutpotenzial als Kraft zur Frustrationsüberwindung und zur Bestätigung der eigenen Wirkmächtigkeit wird auf der Basis dieser frühen Beziehung gestaltet* und entwickelt sich zu einem weitgehend unbewussten Modell von Aggression als Teil der eigenen Identität, über dessen Handlungsvarianten im optimalen Fall frei verfügt werden kann.

Da eben alle späteren Erfahrungen auf den vorangegangenen aufbauen, und da die wesentlichen Hirnstrukturen bis zum sechsten Lebensjahr etabliert sind, verwundert es nicht, dass die frühen Aggressionsformen und Bindungsmuster auch im Erwachsenenalter erhalten bleiben. So wurde Jahre nach dem Fremde-Situation-Test in Folgeuntersuchungen besonders bei den desorganisiert, aber auch bei den unsicher gebundenen Kindern im Vergleich zu den sicher gebundenen eine deutlich höhere Neigung zu feindseliger Aggression gefunden. Ja, es konnte sogar eine regelrechte Hochrisikogruppe für die

Ausbildung späterer destruktiver Aggression identifiziert werden: die Mischform der desorganisiert vermeidend gebundenen Kinder. (Dornes, S. 275) Bei ihnen war die Neigung, ihre Umwelt im Zweifelsfall aggressiv zu interpretieren, besonders ausgeprägt mit den daraus resultierenden, sich selbst bestätigenden Erfahrungen.

Das Verständnis solcher Zusammenhänge eröffnet die unschätzbar wichtige Chance auf mögliche Strategien, um ganz konkret der Entstehung schwerer pathologischer Aggression langfristig vorbeugen zu können.

Eine letzte, neuere Erkenntnis der Bindungsforschung ist dabei ebenfalls bedeutsam: *Bindungsmuster werden von einer Generation zur nächsten weitergegeben.* Es konnte bewiesen werden, dass das Vorliegen sicherer oder unsicherer Bindungsmuster zwischen Eltern und ihren Kindern in hohem Maß übereinstimmt (Strauß, S. 152), was nach den vorangegangenen Ausführungen nicht wirklich überraschen dürfte. Auch die Übertragung traumatischer Erfahrungen von einer Generation auf die nächste konnte belegt werden (Bühring, S. 637), inzwischen sogar bis in die übernächste Generation hinein.[28] Die psychische Verflechtung von Trauma als überwältigendem Stressereignis und Aggression ist ausgesprochen eng. Daraus lässt sich schließen, dass eben auch aggressives Verhalten, insbesondere destruktive Aggression, in einem immer aufs Neue angestoßenen Teufelskreis ganz automatisch an nachfolgende Generationen weitergegeben wird, solange es nicht zu einer Durchbrechung dieses fatalen Musters kommt!

Von Freud zu Kernberg:
Aggression als Trieb oder auch nicht
(Psychoanalytische Ansätze)

> **Essenz:** Aggression ist kein Trieb (es sei denn, man ändert die Triebdefinition). Sie ist eine Reaktion auf (reale oder phantasierte) Frustration. Beim Säugling sind Wutanfälle so heftig, dass alles böse erscheint. Seine Weltsicht ist dann gespalten in nur Gut und nur Böse.
> **Konsequenz:** Das Phänomen der Spaltung bleibt zeitlebens im Unbewussten erhalten und zeigt sich bei Erwachsenen unter Belastung. Es ist wesentlich an aggressiven Zuspitzungen beteiligt.

Wie ist der Mensch oder – genauer – wie ist seine psychische Struktur aufgebaut, beziehungsweise was sind die Beweggründe, die sein Handeln bestimmen? So in etwa mag man die Grundfragen formulieren, deren Beantwortung sich die Psychoanalyse verschrieben hat. Zwar trug der Biologe und Mediziner Konrad Lorenz die Frage nach den Ursachen der menschlichen Aggression in die öffentliche Diskussion hinein, doch da war sie schon jahrzehntelang Gegenstand eines lebhaften, mitunter heftigen psychoanalytischen Diskurses gewesen. Hierbei war und ist die Kernfrage, ob es sich bei der Aggression (vergleichbar der Sexualität) um einen angeborenen Trieb handelt oder nicht.

Diese theoretischen Auseinandersetzungen fanden meist unbeachtet von der Öffentlichkeit in Fachzirkeln statt, da das alles beherrschende Thema der Psychoanalyse, eben die Sexualität, in der Außenwirksamkeit zugkräftiger war. Arbeitet man sich durch die in über einem Jahrhundert Psychoanalyse zu den Ursachen von Aggression verfasste Fachliteratur hindurch, so gewinnt man den Eindruck, dass nahezu jeder denkbare Erklärungsansatz bereits aufgeworfen und wieder verworfen wurde. Sigmund Freud selbst begründete diese

Tradition. Er entwickelte im Laufe seines Lebens drei ganz unterschiedliche Aggressionstheorien (die mittlere davon nur flüchtig), nur um zu guter Letzt zu der Einsicht zu gelangen, dass das Thema noch nicht sorgsam behandelt worden war und seine eigenen Beiträge vor diesem Hintergrund als »vorzeitig und beiläufig«[29] zu werten seien. Explizit bedauerte er, wie »wir [er] die Ubiquität der nicht erotischen Aggression und Destruktion übersehen und versäumen konnten, ihr die gebührende Stellung in der Deutung des Lebens einzuräumen.« (Freud, Bd. XIII, S. 479)

Bei einer solchen Vorsicht den eigenen Überlegungen gegenüber, ja bei der Bereitschaft, sie, wenn sie sich nicht halten ließen, komplett wieder zu verwerfen (ein Phänomen, das uns, wenngleich anders motiviert, aus der Politik geläufig ist), wundert es eigentlich, wie sehr die Theorien Freuds auch heute noch für Polarisierungen gut sind. Wahrscheinlich ist es mühsamer, sich auf das Prozesshafte des freudschen Denkens einzulassen, als gegen vereinfachende Schablonen zu Felde zu ziehen.

Nicht ganz frei davon erweist sich auch die Psychoanalyse-Kritik, die der deutsche Philosoph Peter Sloterdijk in seinem Buch *Zorn und Zeit* formuliert hat. In dem außerordentlich begrüßenswerten Bestreben, der Aggression die ihr gebührende Bedeutung für das Verständnis historischer und politischer Prozesse einzuräumen und die absurde Scheu der historischen Wissenschaften vor einer Psychologisierung zu überwinden, geht er zugleich gegen die Psychoanalyse insgesamt in Stellung. In ihrer Fixierung auf die Erotik habe sie »von einer zweiten Grundkraft des psychischen Feldes ... zumeist nichts wissen (wollen). Daran konnten Zusatzkonstrukte wie der ›Todestrieb‹ ... nur wenig ändern ... Sie blieb weitgehend stumm angesichts des Zorns, der aus dem Streben nach Erfolg, Ansehen, Selbstachtung und dessen Rückschlägen entspringt.« Selbst die Narzissmustheorie habe dieses Defizit nicht beseitigt, sondern habe lediglich dem Neurotiker Ödipus den nicht minder gescheiterten Narziss zur Seite gestellt,

beide überzeugende Kandidaten für »eine Galerie der Proto-
typen menschlicher Kläglichkeit«. (S. 28 f.)

Zwar trifft der Vorwurf, die Psychoanalyse versuche auf
Biegen und Brechen, die gesamte Psyche des Menschen von
der Erotik her zu erklären, auf Teile der Zunft zu, die an einem
aus Mythen, die oft so gar nicht stimmen, selbst gebastelten
Bild Freuds festhalten. Doch als pauschale Kritik greift Sloter-
dijks Ausführung zu kurz, attackiert er eine Psychoanalyse auf
dem Stand von 1914, wie die folgenden Kapitel aufzeigen werden. Schon 1915 (und damit vor Sloterdijk 2006) stellte Freud
selbst dem Eros die Aggression als zweite und ältere (!) Kraft
gegenüber.

Wenngleich ich die Trennung von Liebe und Aggression
weder bei Freud (dort nicht konstant) noch bei Sloterdijk für
sinnvoll halte, sondern vielmehr im Folgenden dafür plädiere,
sie zu überwinden, so sehr stimme ich Sloterdijk darin zu, dass
wir als Menschen prinzipiell lernfähig sind und einer »Ratio-
nalitätskultur ..., die auf Beobachtungen zweiter Ordnung aufbaut« (S. 355), entgegenstreben sollten.

Der mehrfache Freud

Beginnen wir jedoch mit Sigmund Freud: In seinen frühen
theoretischen Konzeptionen ordnete er die Aggression der
Dualität zwischen Sexualität (im weitesten Sinne) und Selbsterhaltungstrieb unter. In seinem Streben nach Lust sehe sich
der Mensch mit den Grenzen der äußeren Realität und mit der
Notwendigkeit, sich in dieser zu behaupten, konfrontiert. Der
Konflikt zwischen Lustprinzip und Selbsterhaltungstrieb bilde
die Wurzel psychischer Erkrankungen. Aggression gebe es im
Dienste beider, ohne dass sie als eigenständige Triebkraft anzusehen sei (erste Aggressionstheorie).[30]

Das klingt recht abstrakt. Freud selbst entwickelte seine
Theorien immer aus der klinischen Beobachtung heraus, daher auch hier zur Veranschaulichung ein fiktives Beispiel aus
dem Alltag: Ein korrekter Bankkassierer wird morgens von

seinem Wecker aus einem »sündigen« Traum gerissen. Ihn überkommt das Verlangen nach seiner süß schlummernden Gattin, doch die Pflicht ruft. Später bei der Arbeit wird er depressiv verstimmt sein oder auf einmal Kopfschmerzen bekommen (nach Freud als Folge seines ungelösten Konflikts zwischen Lust und Realität/Selbsterhaltung).

Der Begriff der Lust muss hier weit gefasst werden, denn die Konfliktmöglichkeiten sind letztlich unbegrenzt: Arbeiten vs. Baden gehen, Aufräumen vs. Faulenzen etc., ja sie lassen sich sogar auf Zwischenlustkonflikte ausdehnen (Vögeln vs. Fressen) ebenso wie auf die mögliche Unvereinbarkeit verschiedener Realitätsaspekte: gut vs. schnell arbeiten.

Wieso solche Konflikte psychische Störungen verursachen können? Freud sieht das energetisch. Die psychische Energie, die dem eigentlichen Lustziel galt, dort aber nicht ausgetobt werden konnte, muss irgendwo anders untergebracht werden und sei es eben in einem krankhaften Symptom. Die Krankheitsentstehung in dem von mir gewählten Beispiel lässt sich mit Freuds frühem Konzept recht gut erklären.

Nur, dann lassen sich die Triebkräfte der Psyche auf einmal auch ganz anders herleiten, und auch hierfür gibt es eindeutige Belege. Mit seiner Schrift *Zur Einführung des Narzissmus* aus dem Jahr 1914, in der Freud zu unterscheiden begann, dass Libido/Liebe sich sowohl auf einen selbst (das Ich) als auch auf andere (die Objekte) richten kann, stand er plötzlich vor einem Dilemma: Denn was war Selbsterhaltung anderes als die auf sich selbst gerichtete Liebesfähigkeit? Die alte Trennung von Selbsterhaltungstrieb und Lustprinzip war mit einem Mal hinfällig, es gab nur noch Libido/Liebe als die eine Lebenskraft, die sich lediglich gemäß ihrer Ausrichtung untergliederte. In ihrem Dienst stand damit auch die Aggression (zweite Aggressionstheorie).

Dann, wohl unter dem Eindruck der bis dato unvorstellbaren Gewaltexzesse des Ersten Weltkriegs, entschied sich Freud 1920 in seiner zentralen Arbeit *Jenseits des Lustprinzips* zu einer nochmaligen fundamentalen Neufassung seines Triebmodells. Er verschmolz jetzt Sexualität und Selbsterhaltung zum Lebenstrieb und setzte diesem die Aggression, den Todestrieb, gegenüber (dritte Aggressionstheorie). Nun war Freud durch und durch Mensch, demnach nicht frei von Schwächen, und so gab es allem Anschein nach neben den Schrecken des Krieges auch noch ganz andere Beweggründe, die seinen Sinneswandel hin zur Dualität von Libido/Liebe vs. Todestrieb/Aggression bewirkt haben dürften.

Zum einen mochte es Freud, in dualen Kategorien zu denken (ein verbreitetes Phänomen). Dann war er geplagt von hypochondrisch geprägten Ängsten um seine eigene Gesundheit (die sich Jahre später bestätigen sollten), was dem Positivismus einer einzigen nur auf Liebe gerichteten Lebenskraft entgegengestanden haben mag. Vor allem jedoch galt es wohl, ein Theoriegebäude zu entwerfen, mit dem er sich abgrenzen konnte von den um ihn herum aus dem Boden sprießenden Thesen seiner Mitstreiter. So hatte Alfred Adler die Bedeutung der Aggression schon 1908 stärker betont, sie allerdings als Folge eines Minderwertigkeitskomplexes konzipiert.[31] Auch Carl Gustav Jung hatte sich bereits zu der Einschätzung durchgerungen, die gesamte psychische Energie als Libido aufzufassen. Etwas Neues musste her.

Überlassen wir in dieser kritischen Auseinandersetzung Freud selbst das Wort: »Wenn auch die Selbsterhaltungstriebe libidinöser Natur sind, dann haben wir vielleicht überhaupt keine anderen Triebe als libidinöse. Es sind wenigstens keine anderen zu sehen. Dann muss man aber doch den Kritikern recht geben, die von Anfang an geahnt haben, die Psychoanalyse erkläre alles aus der Sexualität. Oder den Neuerern wie Jung, die, kurz entschlossen, Libido für ›Triebkraft‹ überhaupt gebraucht haben. Ist dem nicht so? In unserer Absicht läge dies Resultat allerdings nicht ... Unsere Auffassung war von Anfang eine dualistische und ist es heute schärfer denn zuvor, seitdem wir die Gegensätze nicht mehr Ich- und Sexualtriebe, sondern Lebens- und Todestriebe benennen. Jungs Libidotheorie ist dagegen eine monistische.« (Bd. XIII, S. 56 f.)

Nur warum sollte dem Leben eine Kraft zueigen sein, die dessen Selbstzerstörung zum Ziel hat? Freud blieb zur Erklärung dieser Sinnfrage den naturwissenschaftlichen Wurzeln seines Denkens treu. Im Einklang mit dem physikalischen Konzept der Entropie, demzufolge alles dem energieärmsten Zustand einer möglichst vollständigen Durchmischung zustrebt, schlussfolgerte er: »Das Ziel alles Lebens ist der Tod, und zurückgreifend: Das Leblose war früher als der Tod.« (ebd., S. 40)

Nun, wieder einmal hat Freud wohl recht mit dem, was er da formuliert hat, oder? Aber was stimmt denn nun: seine frühe, seine mittlere oder seine späte Theorie? Ich gebe zu, das ist verwirrend. Seiner zuletzt zitierten Logik jedenfalls liegt ein Denkfehler zugrunde, denn warum sollte die lebende Materie an dieselben Regeln gebunden sein wie die unbelebte. Schließlich unterscheidet sie sich ja auch durch das Faktum des Lebendigseins schon grundlegend. Bis zum heutigen Tag streiten Befürworter und Gegner des Todestriebes mitunter heftig. Immer noch klingen die Argumente beider auf den ersten Blick plausibel. Da es hierbei um das Verständnis von den Grundfesten der menschlichen Aggression geht, möchte ich den Diskussionsverlauf im Überblick kurz wiedergeben:

Schon 1915 leitet Freud aus der von ihm angenommenen völligen Selbstbezogenheit des Neugeborenen heraus ab: »Der Hass ist als Relation zum Objekt älter als die Liebe, er entspringt der uranfänglichen Ablehnung der Reiz spendenden Außenwelt von Seiten des narzisstischen Ichs.« (Bd. X, S. 231) Mit anderen Worten heißt das: Das Neugeborene dürfte sauer darüber sein, dass es nicht länger in der paradiesischen Umgebung des Uterus bleiben durfte. Doch selbst wenn das stimmen sollte, wäre dann nicht diese erste Wut schon reaktiv auf die Folgen des Geborenseins?

Zum Kernargument der Befürworter des Todestriebes wurde jedoch eine andere Beobachtung: Ein nach der Brust schreiender Säugling ist nach zu langem Warten, ab einem gewissen Punkt nicht mehr bereit, die endlich gereichte Brust anzunehmen. Stattdessen kratzt und beißt er sie wütend: Erst wenn er sich eine Weile lang beruhigt hat, kann er wieder an ihr trinken. Wie anders, als durch eine primäre destruktive Kraft, ist zu verstehen, dass der Säugling die ersehnte Brust abweist, ja regelrecht zu zerstören trachtet? (Krejci, S. 75) Doch, mag man einwenden, reagiert er da nicht auf eine Frustration, selbst wenn seine Reaktion überzogen, seine Wut übermäßig zu sein scheint?

Wie jedoch lassen sich die Massenmorde des zwanzigsten Jahrhunderts erklären, wenn nicht durch eine primär angeborene destruktive Aggression des Menschen? Und wie steht es mit Sadismus und Masochismus, in den brutalen oder selbst schon in den subtilen Varianten? Warum tun Menschen einander das an und empfinden auch noch Lust dabei?

Wie, wenn nicht aus einer triebhaften Aggression heraus, lässt sich selbst verletzendes Verhalten erklären, wie es die Patientin in eigenen Worten schilderte (S. 21 f.)? Es überrascht nicht, dass die Todestriebtheorie vor allem als Verstehensmodell für die praktische klinische Arbeit mit ausgesprochen destruktiv aggressiven Patienten Anwendung findet. Und passt sie nicht auch nahtlos in das ethologische Theoriegebäude, das Konrad Lorenz entworfen hat?

Er und der Psychoanalytiker Alexander Mitscherlich reichten sich jedenfalls auf einem Kongress in den Sechzigerjahren in Frankfurt feierlich die Hand, um mit dieser Geste die Existenz eines angeborenen, destruktiv aggressiven Triebs des Menschen zu bekräftigen. Eine Kernfrage zur menschlichen Natur schien damit endgültig gelöst: Seine Urkräfte waren die einer Bestie und wurden nur mit Hilfe seines Intellekts mehr oder weniger erfolgreich gezähmt. Sigmund Freuds Tochter Anna, selbst Psychoanalytikerin, fand hierfür einen anschaulichen Vergleich: »Wenn der kleine Säugling ... über eine entsprechende Muskelkraft verfügte, wäre er das gefährlichste Individuum, das man sich vorstellen kann. Er wäre eine Art Orang-Utan, der durch die Gegend streift, nach allen Seiten Schläge austeilt und sich nimmt, was immer er haben will. Vor diesem gefährlichen Individuum sind wir nur durch die Tatsache geschützt, dass es sich nicht bewegen kann, nicht gehen, nicht greifen kann und keine Kraft hat. Es ist ein Glück, dass wir mit wachsender Körperkraft auch ein zunehmend funktionsfähiges Ich erwerben, das diese Kraft automatisch kontrolliert.«[32]

Klingt überzogen? Sicher hinkt das Beispiel, da gerade Orang-Utans recht gutmütige Zeitgenossen sind, wovon man sich heutzutage unschwer bei einer Pauschalreise in den malaysischen Dschungel überzeugen kann. Doch man versuche einmal, den Wutanfall eines Kleinkindes, das sich so richtig in Rage gebracht hat, zu beruhigen. Oder man besuche eine Psychiatriestation, wo gerade Möbelstücke umhergeworfen werden, sich jemand bis auf die Knochen ins eigene Fleisch geschnitten hat und ein anderer mit Selbstmord droht (all diese Handlungen sind übrigens ansteckend, das heißt, sie animieren unbewusst zur Nachahmung). Auch das Einschalten des Fernsehgeräts füttert uns mit Argumenten für die bestialische Natur des Menschen. Ich denke da an die lynchenden Massen beim Sturz des rumänischen Diktators Ceaucescu oder an den schon erwähnten Völkermord in Ruanda, den Krieg im ehemaligen Jugoslawien, Massaker, Morde, Hinrichtungen. Ist dann das Bild vom nur durch die Macht der bewussten Kontrolle und des mit ihrer Hilfe geschaffenen Gesellschaftssystems im Zaum gehaltenen Ungeheuer Mensch wirklich so abwegig?

Nun, die meisten zeitgenössischen Psychoanalytiker jedenfalls lehnen dieses Modell ab. Wie das? Sicher mögen darunter einige sein, denen das Menschenbild eines so von niederen Instinkten getriebenen Wesens missfällt, doch das ist für sich genommen kein brauchbares Argument. Freud selbst wäre der Letzte, der das moralische (oder moralisierende) Gute als Begründung akzeptiert hätte. Nein, es ist die Definition des Triebbegriffs selbst, die mit der Postulierung eines Aggressionstriebs nicht vereinbar ist.

Definitionsfrage: Trieb

Was ist ein Trieb? Zuallererst ist der Triebbegriff ein Konstrukt und damit Definitionssache. Klassischerweise beschreibt der Begriff ein angeborenes Verhaltensmuster, das aus einem physiologischen Mangelzustand heraus resultiert, dementsprechend dranghaft ist und regelmäßig wiederkehrt. Beispielhaft hierfür sind – leicht nachvollziehbar – Hunger, Durst und sexuelle Lust. Doch, ich zitiere den Hamburger Psychoanalytiker Deneke, »für die menschliche Aggression gilt dasselbe nicht. Es gibt weder empirische Hinweise auf periodische Verstärkungen der Aggressivität noch ist etwas über physiologische Mangelzustände bekannt, die regelhaft und aus somatischen Gründen zwingend eine aggressive Erregung nach sich ziehen. Aggressionen entstehen also offenbar nicht autochthon. Sie werden vielmehr reaktiv ausgelöst – durch reale oder phantasierte Bedrohungen unserer körperlichen oder seelischen Existenz; durch Kränkungen oder Verletzungen unserer Selbstachtung, unserer Vorstellungen von Würde, Anstand oder Gerechtigkeit; durch Verweigerung uns selbstverständlich erscheinender Ansprüche und viele weitere Bedrohungen oder Frustrationen.« (S. 198) So stichhaltig diese Argumentation ist, so sehr mangelt es ihr jedoch zugleich an einer plausiblen Erklärung für verschiedene aggressive Phänomene. Wie steht es um das kleine Kind, das mit diebischer Freude den Hund am Schwanz zieht (ist es frustriert?). Und wie verhält es sich mit masochistischen Selbstquälereien? Zugleich fällt auf, dass neben der Aggression auch die Selbsterhaltung kaum den Kriterien der klassischen Triebdefinition gerecht wird. Andererseits weist das Bedürfnis nach, ja die regelrechte Abhängigkeit unseres Gehirns von Außenreizen eindeutig alle Komponenten eines echten Triebes auf. (Ich erinnere nochmals an den Versuch zum Nichtstun, S. 64 f.) Man könnte durchaus von einem Reizhunger unseres Nervensystems sprechen.

Ein Dilemma jagt das andere. Weit und breit ist keine Klarheit in Sicht, was nun Trieb ist und was nicht. Und doch gibt es eine Lösung: Die Definition des Triebbegriffs gehört geändert! Diesen Kraftakt unternahm der aus Wien stammende, in New York lebende Psychoanalytiker Otto Kernberg und entwarf damit auch gleich ein eigenes umfassendes Modell für die Entstehung der psychischen Struktur des Menschen. Er erntete herbe Kritik: Die Sexualität als Triebkraft werde zugunsten der Aggression vernachlässigt. Eine pikante Anekdote offenbart jedoch, wie unhaltbar es ist, Kernberg einen Hang zu sexueller Vernachlässigung zu unterstellen. Eines seiner ausgiebig gepflegten Hobbys ist, so wird aus verlässlicher Quelle kolportiert, das Sammeln von Pornofilmen. Der Verlust einer umfangreichen Sammlung durch ein Feuer in seinem Haus soll ihn sehr geschmerzt haben. Es wurde und wird immer noch über ihn in diesem Zusammenhang vom »blue smoke« gewitzelt, der bei dem Brand aufgestiegen sei (da Filme, die ob ihres einschlägigen Inhalts der Zensur unterliegen, in den USA »blue movies« heißen).

Kernberg knüpft an den späten Freud an und konzipiert wie dieser die Dualität aus Libido/Lebenstrieb und Aggression/Todestrieb. Allerdings versteht er Triebe nicht als per se vorhandene Kräfte, sondern als übergeordnete Motivationssysteme innerhalb der psychischen Struktur, die erst mit und durch deren Aufbau entstehen.

Wie Triebe entstehen

Ein Neugeborenes erlebt seine Umwelt vorwiegend in der Interaktion mit seinen Bezugspersonen. Hierbei werden Affekte aktiviert, das heißt spezifische, nach angeborenen Mustern ablaufende Gefühlszustände. Meist ist deren Intensität gering, wenn zum Beispiel neugierig knabbernd, tastend oder schauend das unmittelbare Umfeld erforscht wird. Gelegentlich jedoch kommt es zu heftigen Gefühlsextremen, hervorgerufen durch Schmerzen, Hunger, Wut oder im positiven Fall auch durch freudige Erregung.

Jede einzelne Szene erlebter Beziehung mit dem sie begleitenden Affekt stellt nach Kernberg ein potenzielles Grundelement für den Aufbau der psychischen Struktur dar, die kleinste Einheit unseres in der Hirnstruktur gespeicherten Erfahrungsschatzes. Den intensiven, den sogenannten Spitzenaffekten, kommt hierbei eine Sonderrolle zu. Sie werden nämlich, abhängig davon, ob sie positiv oder negativ aufgeladen sind, zwei streng voneinander getrennten psychischen Welten zugeordnet. Die eine, die nur gute, ist voller Befriedigung und Lust, beinhaltet Glücksgefühle wie beim Stillen an der Mutterbrust. Die andere, die nur schlechte, hingegen besteht aus Schmerz, Angst und Wut, bindet körperliche Schmerzen, beispielsweise bei frühen Darmkoliken, ebenso wie psychische Verletzungen, etwa bei einer längeren Trennung von der Mutter.

Erst aus diesen realen Erlebnissen unter Spitzenaffekten werden nach Kernberg die lustvollen und aggressiven Motivationssysteme, Lebens- und Todestrieb, aufgebaut, die als intuitive emotionale Entscheidungshilfe das ganze weitere Leben hindurch Angenehmes von Unangenehmem, Gewolltes von Ungewolltem trennen helfen. Verfestigt durch die sie begleitenden Phantasien werden sie schließlich zu stabil verankerten Charaktereigenschaften des Individuums.

Ein Kleinkind ordnet automatisch sämtliche emotional aufgeladenen Situationen einer dieser beiden Extremwelten zu. So hasst es im Wutanfall die eigene Mutter (und die Welt an sich), um im nächsten Moment der Versöhnung wieder voller Liebe in ihre Arme zu sinken. Beide Realitätserfahrungen, die der gehassten und die der geliebten Mutter, existieren in Gefühlsextremen anfänglich ohne Verbindung zueinander. Erst im Verlauf der weiteren psychischen Entwicklung, wenn die Heftigkeit der frühen Gefühlsstürme zunehmend toleriert werden kann, wird das Nebeneinander von Gut und Böse, die Gleichzeitigkeit beider Eigenschaften im Gegenüber toleriert, und es bauen sich stabilere Konzepte von der eigenen Person und von anderen auf. Das heißt: Selbst wenn es emotional einmal hoch her geht, bleibe ich, wer ich bin, und bleibt der andere, wer er ist.

Die frühkindliche Vereinfachung, *in gespaltenen Wertungen zu denken, bleibt uns jedoch zeitlebens latent erhalten.* In Krisensituationen beispielsweise fehlt die Zeit für eine differenzierte Betrachtung, da macht es Sinn, sofort klar zu wissen, was falsch und was richtig ist, selbst wenn bei näherem Hinsehen die Einschätzung vielschichtiger ausfallen würde. Die in der Krise wachgerufenen intensiven Gefühle sind in der Hirnstruktur nach wie vor in enger Verknüpfung zur Spaltung gespeichert.

Ich möchte im Folgenden die weite Verbreitung und die enorme Macht dieser Spaltungstendenzen anhand einiger Beispiele verdeutlichen.

Warum Gruppen Gegner brauchen

Essenz: In Gruppen ist unsere Wahrnehmung überfordert. Es gibt zu viele andere. Daher neigen wir in Gruppen zu vereinfachendem und gespaltenem Denken, wünschen uns einen Anführer, der Sicherheit gibt, und sind außerdem leicht reizbar.
Konsequenz: Gruppen haben eine gespaltene Weltsicht, suchen sich Feinde, und sie sind manipulierbar.

Haben Sie sich jemals einer kleinen Reisegruppe angeschlossen, sind aufgebrochen, gemeinsam mit Gleichgesinnten irgendwelche entlegenen Naturparadiese zu erkunden, fernab der üblichen Reiserouten; am besten ganz rustikal, in Zelten, mit Essen am Lagerfeuer, unterm Sternenhimmel? Besonders Afrika eignet sich meiner Erfahrung nach vorzüglich für diese Art von Zivilisationsflucht. Wenn ja, dann werden auch Sie die folgende, überraschend ernüchternde Erfahrung gemacht haben: Unter anfänglichem Beschnuppern startet die Tour in allgemeiner schwärmerischer Vorfreude. Doch so schön die

Umgebung auch sein mag, ungefähr ab dem dritten Tag treten innerhalb der Gruppe (massive) Spannungen zutage. Es bilden sich Untergrüppchen, die einander still oder offen anfeinden. Oder mehrere Gruppenmitglieder finden einen Sündenbock, der sich nicht an die Regeln hält, zu spät kommt, nicht genügend mithilft, sich zu wenig in die Gruppe integriert oder sonst irgendwie anders ist. Geradezu idealer Nährboden für eine derartige Außenseiterrolle ist Neid. Ein frisch verliebt turtelndes Pärchen als Teil einer Reisegruppe hat die besten Karten, mit Hass überschüttet zu werden. Letztendlich ist jede individualistische Regung der Gruppe suspekt. Wieso das?

Wie wir gesehen haben, baut sich unsere psychische Struktur auf aus unseren verinnerlichten Umweltwahrnehmungen und hierbei insbesondere aus den frühen Beziehungserfahrungen und den sie begleitenden Affekten. Wir verfügen daher über ein weitgehend unbewusstes Repertoire an Zweierbeziehungen, deren emotionale Begleitmusiken uns vertraut sind. Dementsprechend reaktivieren wir automatisch in bestimmten Situationen auch die uns bekannten, zu diesen passenden Rollen und Gefühle. Beispielsweise mögen wir gelernt haben, dass unsere Mutter uns getröstet hat, wenn wir traurig waren, dass sie unser Traurigsein intuitiv gespürt und ein Stück weit geteilt hat. Dann werden wir uns später mit hoher Wahrscheinlichkeit genauso mitfühlend verhalten, wenn ein anderer dessen bedarf. Auch lachen wir mit, wenn gelacht wird, oder wir spüren die Angst, die jemand hat. Ganz von selbst schwingen wir emotional mit, neigen dazu, die Gefühle unseres Gegenübers zu teilen (Stichwort: Spiegelzellen, S. 68 f.). Ja, wir gehen sogar noch einen Schritt weiter. Wir nutzen dieses emotionale Hineinversetzen in den anderen dazu, um uns eine Vorstellung davon zu machen, was gerade in ihm vor sich gehen dürfte, und reagieren entsprechend.

Genau hier, wo wieder ein Stück weit unsere Phantasie ins Spiel kommt, liegt aber auch das Potenzial für eine Fehlerquelle. Da ich mich ja darauf verlasse, dass das, was ich gerade empfinde, zumindest teilweise durch die Gefühle meines Gegenübers ausgelöst wird, neige ich unbewusst dazu, den Spieß auch umzudrehen. Bin ich zum Beispiel sauer, so schreibe ich zumindest einen Teil dieser Wut, wenn nicht gar die ganze, dem anderen zu (nicht selten so erfolgreich, dass der dann auch wirklich wütend wird und ich mich in meiner Wahrnehmung bestätigt sehe). Uns allen dürfte diese Konfliktstrategie geläufig sein. Sie ist außerordentlich hilfreich dabei, aus einer kleinen Unstimmigkeit eine heftige Auseinandersetzung werden zu lassen, aus einer Mücke einen Elefanten zu machen.

In einer Gruppe nun tragen die anderen Mitglieder alle zugleich eine ganze Vielzahl an Gefühlen an uns heran, und unsere Spiegelzellen versuchen intuitiv, uns auf jedes einzelne von ihnen einzustimmen, obgleich unser Gehirn kaum mehr als sieben Dinge gleichzeitig verarbeiten kann. Allein schon diese Reizüberflutung bewirkt eine latente Verwirrung. Eine Differenzierung der individuellen Emotionen all der anderen in der Gruppe ist unmöglich zu schaffen. Unweigerlich müssen wir vereinfachen und greifen dabei tendenziell auf die bewährte Methode der Spaltung zurück, ordnen die anderen schablonenhaft dem nur Guten oder nur Bösen zu.

Ein wesentlicher Verstärker heizt diese Dynamik noch an. Wenn mich als Einzelner in der Gruppe etwas frustriert, kann ich das schlecht gegen die anderen loswerden, sie sind schließlich in der Überzahl, und außerdem möchte ich nicht ausgegrenzt werden. Damit staut sich dieser Frust in mir an. Das an sich ist schon Stress genug. Doch nun kommt erneut das unbewusste Zuschieben der Gefühle in Gang. Ich gelange zu der Einschätzung, dass die anderen genauso gereizt sein müssen, wie ich es gerade bin, ja mehr noch, dass ich gar nicht der Auslöser meiner Aggression bin, sondern dass die anderen es sind, die innerlich vor Wut schäumen. Die Stressspirale bei jedem einzelnen Gruppenmitglied läuft so auf Hochtouren und damit auch die Tendenz zu spalten. Latente Angst macht sich breit. Ich brauche Verbündete, muss wissen, wer für mich ist und wer gegen mich. Es gibt kein Zurück mehr, die Eskalation ist vorprogrammiert.

Wenn Gruppen gar nichts tun

Nun, auch dieses Phänomen hat man wissenschaftlich untersucht. (Kernberg, in: *PTT* 1/2000, S. 4 ff.) Eine Gruppe von sieben bis fünfzehn Teilnehmern wurde mit der Aufgabe betraut, schlicht gar nichts Bestimmtes zu tun oder auch sich einfach nur gegenseitig zu beobachten. Es dauerte nicht lange, und die Spaltungstendenzen begannen zu knospen. Die Atmosphäre wurde angespannt. Ein Teil der Gruppe scharte sich um einen Anführer, während die übrigen außen vor blieben. Bald kam es zu gegenseitigen Beschuldigungen und Auseinandersetzungen zwischen den beiden so entstandenen Lagern. Alternativ ließ sich das Böse auch außerhalb der Gruppe bannen – »wir hier drinnen« gegen »die da draußen«. Dann war das Verhalten der Gruppenmitglieder von einer passiven Unterwerfung unter ihren idealisierten Anführer geprägt, der Sicherheit gegenüber der äußeren Welt versprach oder sogar den Kampf gegen das dort geortete Böse. In jedem Fall aber war das selbstständige Denken der Einzelnen verunsichert, und immer gab es eine Spaltung entweder innerhalb der Gruppe oder zwischen deren Mitgliedern und »denen da draußen«.

Es verwundert nicht, dass der gleiche Versuch bei Großgruppen mit 30 bis 150 Mitgliedern noch drastischer ausfiel. Ohne eine gezielte Aufgabe (die ein Wir-Gefühl schafft und damit die Spaltung gegenüber dem Rest der Welt vollzieht und nicht innerhalb der Gruppe) entstand selbst aus geringfügigen Anlässen heraus, etwa dem Wutausbruch eines Einzelnen, allgemeine Angst, die sich in rasender Geschwindigkeit ausbreitete, bis alle ein Gefühl von Bedrohung und Chaos erfasste, ohne dass es dafür einen realen Grund gegeben hätte.

Das Bedürfnis, sich in den anderen einzufühlen, muss bei einer so großen Zahl anderer unweigerlich Verwirrung stiften. (Ähnlich ergeht es mir, wenn ich bei einer Lesung versuche, mich auf die einzelnen Personen im Publikum zu konzentrieren; dann verliere ich mit Sicherheit den Faden.) Nur der Rückgriff auf die einfachste Unterscheidungskategorie, falsch vs. richtig, erlaubt eine begrenzte Orientierung. Zugleich sind Stress und umherschweifende Aggression, empfangene ebenso wie projizierte, durch die Masse an anderen noch um ein Vielfaches höher als in der Kleingruppe. Der Sog zu einer Spaltung der Wahrnehmung wird auf diese Weise massiv verstärkt. In dem Ineinandergreifen dieser Kräfte finden wir die Ursache der vielfach beschriebenen, aber in ihrer Dynamik bislang nicht erklärten sogenannten Massenphänomene.

Grundsätzlich scheint das Mit-dem-Strom-Schwimmen evolutionsbiologisch von Vorteil zu sein, da in der Masse durchaus außergewöhnliche Leistungen möglich sind. Ein Neffe von Charles Darwin, Sir Francis Dalton, gilt als Entdecker der besonderen Intelligenz der Masse. Er besuchte im 19. Jahrhundert einen Jahrmarkt, auf dem es galt, das Gewicht eines Ochsen zu schätzen. Wer dem echten Wert am nächsten kam, gewann das Tier. Als der Wettbewerb vorüber war, sammelte Dalton alle 787 Stimmzettel ein und kam zu dem überraschenden Ergebnis, dass der Mittelwert aller Schätzungen nur um 0,8 % vom wirklichen Gewicht des Ochsen abwich! (Spitzer 2006, S. 125)

Individuen, die sich dem Sog der Masse entgegenzustellen versuchen, werden ausgegrenzt, weil sie beneidet werden (»Wie kann der sich erlauben, frei zu denken?«), und weil sie die für das psychische Gleichgewicht der anderen Großgruppenmitglieder so wichtige Spaltung in Frage stellen. Es werden sogar Schmerzzentren im Gehirn derjenigen Individuen aktiviert, die sich Gruppenentscheidungen widersetzten. (Zimbardo 2007, S. 265) Damit ist der Sog auf jeden Einzelnen, sich der Gruppendynamik zu unterwerfen, enorm, »unabhängig davon, wie reif oder klug die Gruppenmitglieder auch sein mögen.« (Kernberg, in: *PTT* 1/2000, S. 13) Die üblichen Alltagsrollen und Beziehungsgeflechte sind in der Großgruppe außer Kraft gesetzt.

Und doch werden hier nicht primäre aggressive Triebe ausgetobt, sondern die *emotionale Reizüberflutung innerhalb der Gruppe bildet einen Stressfaktor, der sekundär zu erhöhter*

Reizbarkeit und Gereiztheit führt. Die so geweckte eigene Aggression wird unbewusst den anderen Gruppenmitgliedern zugeschrieben. Ein fataler Kreislauf kommt in Gang: Jeder schiebt dem anderen seine Aggression zu und bestätigt sich damit unweigerlich die Wahrnehmung, dass der andere aggressiv sei (was wiederum die eigene Gereiztheit anfacht). Da das alle machen, stimmt es irgendwann.

Jeder zusätzliche Stressfaktor, egal ob aggressive Ausfälle Einzelner oder reale Bedrohungen, kann so die bestehende Verunsicherung blitzschnell in eine Massenpanik hineinsteigern. In dieser fragilen und zugleich aufgeheizten Atmosphäre strebt auch die Großgruppe unweigerlich danach, einen Anführer zu finden. Seine Hauptaufgabe besteht darin, die in der Gruppensituation begründete Aggression mit Hilfe einer Spaltung zu bündeln. Er kann die Aggression entweder auffangen und dadurch abmildern, dass er der Gruppe bescheinigt, wie viel besser sie ist als »die da draußen« (»Wir werden es schaffen!«), oder aber er kann die Aggression vermeintlich legitimieren und nach außen projizieren (»Der Feind ist das Böse. Wir müssen ihn vernichten«). Um diese Rolle erfüllen zu können, muss der Anführer dazu imstande sein, die Spaltungstendenz innerhalb der Masse emotional zu begreifen, sei es bewusst aufgrund von Wissen und Erfahrung, oder aber unbewusst, weil er selbst eine grundsätzlich gespaltene Weltsicht in sich trägt. Gelingt es ihm, die Spaltung zu fokussieren und zusätzlich auch noch ein Wir-Gefühl zu etablieren, indem er der Masse ihre nicht selten berauschende Wirkmächtigkeit vor Augen führt, so hat er die Macht zu gezielter Manipulation.

Die Wahlkampfreden von demagogisch begabten Politikern weltweit geben einen Einblick in diese beiden psychologischen Grundpfeiler der Massenlenkung. Dass sich diese auch in eine positive Richtung lenken lassen, bewies der neu gewählte US-Präsident Barack Obama in seinem Wahlkampf. Er suchte – ganz im Gegensatz zur permanenten Spaltung seines Vorgängers – seine Landsleute im Kampf gegen die bestehenden Probleme (»Wir gegen die Krisen«) zu einen und befeuerte zugleich durch seine eigene Biographie glaubwürdig ihre Sehnsucht nach Wirkmächtigkeit mit dem Slogan: »Yes, we can!«

Doch auch die Werbung lebt von der Etablierung eines Wir-Gefühls: Der Produktbesitzer soll sich von anderen abgrenzen, die sich dieses Produkt nicht leisten können oder wollen. Zugleich erwirbt er mit dem Produkt ein Symbol für die eigene Wirkmächtigkeit – nicht nur (aber oft auch) für seine sexuelle Potenz. Das reicht vom Cowboy-Feeling, das sich der gestresste Großstädter mit Hilfe eines Glimmstängels suggerieren können soll, über (finanziellen) Erfolg symbolisierende Automarken (denken wir an die Pfauen) bis hin zur Liga der weißer waschenden Hausfrauen. Was wären wir ohne den postkommunistischen Neureichtum, der diese Entwicklung noch karikiert: Ein Mann prahlt mit seiner neuen Krawatte, die er für tausend Dollar gekauft habe. Entgegnet der andere: »Warum hast du mich nicht vorher gefragt? Ich hätte dir einen Laden sagen können, wo du die Gleiche für zweitausend bekommen hättest.«

Die Rolle des Anführers

Ist das Weltbild eines Anführers selbst von Spaltungen geprägt, so besteht die Gefahr, dass er die Gruppenaggression massiv zuspitzt. Feindselig richtet sie sich dann meist gegen einen gehassten äußeren Gegner (etwa bei radikalen politischen Gruppierungen), selten wendet sie sich auch gegen die Gruppe selbst (wie im Fall der Massenselbstmorde von religiösen Sekten). Wodurch kommen solche fatalen Entgleisungen zustande?

Ich habe beschrieben, wie die Tendenz zu spalten als normaler Zwischenschritt der psychischen Entwicklung zu sehen ist, weshalb jeder von uns auch zeitlebens das Potenzial in sich trägt, unter massiven äußeren Belastungen wieder in Spaltungen zu denken. Nun gibt es aber Menschen, die den Schritt zu einer integrierten und facettenreichen Sicht ihrer Umwelt niemals wirklich vollziehen, deren Weltbild im Kern komplett gespalten bleibt, wofür verschiedene Ursachen verantwortlich sein können. Teile der psychischen Struktur werden bewusst und unbewusst von einer Generation zur nächsten weitergereicht. Verfügen nun die frühen Bezugspersonen eines Kindes selbst nicht über die Fähigkeit zu einer differenzierten Betrachtungsweise, wie sollen sie sie da ihren Nachkommen vermitteln? Unweigerlich übernimmt das Kind (zumindest erst einmal) die vorgelebten Wertmaßstäbe. Denken also schon die Eltern in Schwarz-Weiß-Extremen, so auch ihre Kinder.

Die wohl wesentlichste Quelle massiver psychischer Spaltungen jedoch – und leider weit verbreitet – sind unverarbeitete traumatische Erfahrungen. Ist ein Trauma so stark, dass die begleitenden Emotionen nicht auszuhalten sind, so werden diese unterdrückt. Opfer von Katastrophen werden nicht selten erst Wochen, Monate oder sogar Jahre nach dem Ereignis plötzlich von einer heftigen Panik befallen, wie sie zum Zeitpunkt der eigentlichen Traumatisierung gar nicht zu spüren war. Der innerpsychische Mechanismus, der diesem temporären Ausschalten von Begleitgefühlen zugrunde liegt, ist bei schweren Traumen ebenfalls eine Spaltung. Sie kann allein die emotionale Komponente, aber genauso auch die komplette bewusste Erinnerung an das traumatische Erlebnis betreffen. (Der hier nur kurz angerissenen Dynamik der psychischen Wirkung von Traumen ist später ein eigenes Kapitel gewidmet, S. 191 ff. da sie für das Verständnis der menschlichen Aggression von zentraler Bedeutung ist).

Besitzt ein Mensch, der während seiner psychischen Entwicklung wiederholt traumatisiert wurde, zugleich eine besondere Begabung (real oder phantasiert), so kann eine verfestigte Spaltung dazu führen, dass er alles Gute sich selbst und alles Schlechte der Welt da draußen zuschreibt. Statt eines einigermaßen an der Realität orientierten Selbstbilds mit einer angemessen Vorstellung von den eigenen Fähigkeiten und deren Grenzen kommt es zu massiven Verzerrungen. Da alles Eigene grandios, alles Fremde hingegen wertlos ist, dienen andere nur dazu, durch stetige Bewunderung das eigene übersteigerte Selbstbild zu füttern. Jede tiefere Beziehung scheitert an der Unfähigkeit, sich in andere einzufühlen, an überzogener Kränkbarkeit und abweisender Arroganz. Entweder der andere ist Teil der eigenen Größe, oder er ist Luft.

Hat sich auf dem Boden der kindlichen Traumen, oft in Verbindung mit schweren Kränkungen, etwa weil die Begabung sich als nur vermeintlich erweist, außerdem massive Aggression angestaut, so wird diese wie üblich auf das Gegenüber projiziert. Der andere ist dann nicht mehr ein Niemand, sondern ein latenter Feind. *Wer nicht für mich ist, ist gegen mich.* Das übermäßige Streben nach Bestätigung, Macht und Größe ist jetzt begleitet von ausgeprägten Verfolgungsängsten vor den feindseligen anderen. In einer so von Gewalt aufgeheizten und als bedrohlich erlebten Umwelt ist im Kampf ums Überleben jedes Mittel recht.

Verführung der Massen

Essenz: In einer aggressiv aufgeladenen Masse verstärken sich die Gruppendynamiken massiv.
Konsequenz: Frustrierte Massen sind potenziell hochaggressiv und lassen sich manipulieren (»Wollt ihr den totalen Krieg?«).

Man kann sich leicht ausmalen, welch gefährliches Gebräu entsteht, wenn eine Masse für einen solchen von Feindbildern beherrschten Anführer empfänglich ist, weil ihr eigenes aggressives Potenzial – noch zusätzlich zur Gruppensituation selbst – durch wiederholte schwere Kränkungen aufgeheizt ist. Die Propagandareden von Hitler und Goebbels und in der Folge die von ihnen losgetretenen unvorstellbaren Verbrechen sind hierfür exemplarisch. Haben Sie sich einmal diese Reden im Fernsehen angesehen? Man fragt sich allen Ernstes, wie irgendjemand solche brüllenden Gestalten überhaupt für voll nehmen, geschweige denn sie wählen oder verherrlichen konnte. Und in der Tat wurde ihre Wirkung ja wohl gerade wegen dieser penetranten Überzeichnung lange von ihren Gegnern unterschätzt. Das *Phänomen der gekränkten Masse* (durch die damalige wirtschaftliche Misere und die darin begründeten Ängste, durch den verlorenen Krieg und den dadurch verletzten Nationalstolz, durch die Gefährdung der gesellschaftlichen Stellung mit dem Ende der Monarchie) war erst der Nährboden dafür, dass ein so krass in Spaltungen gefangener, hochaggressiver Anführer wie Hitler überhaupt Gehör finden und an die Macht kommen konnte. Er bündelte die aufgestauten Aggressionen, indem er sie als legitim darstellte und auf konkrete Ziele lenkte. Was anfänglich durchaus im Dienst der Gruppe zu stehen schien, missbrauchte er zunehmend zur Befriedigung seiner eigenen Größenphantasien in zuletzt grandioser Destruktivität.

Es verwundert nicht, dass Massenveranstaltungen ein zentrales Propagandamittel der Nazis waren. Sie zwangen jeden Teilnehmer in ihren Bann, noch einmal mit den Worten Kernbergs, ganz »unabhängig davon, wie reif oder klug die Gruppenmitglieder auch [gewesen] sein« mochten. Gezielt war stundenlanges Warten Teil der Inszenierung und dauerten die Veranstaltungen übermäßig lang, um so die unbewusste Massendynamik so richtig in Gang zu bringen, um im Dauerstress den Einzelnen komplett aus seinen üblichen Denkmustern herauszulösen, bis schließlich Goebbels in einem perversen finalen Rausch der Demagogie sogar einen Begeisterungssturm entfachen konnte mit der Frage: »Wollt ihr den totalen Krieg?«.

Wesentliches Vehikel für die Eroberung der Massen war die konkrete Ausformulierung von gespaltenem Weltbild und projiziertem Hass in einer Ideologie, die wie alle radikalen Ideologien unendliche Wirkmächtigkeit und narzisstische

Idealisierung versprach: Größe (wo Kleinheit war), Unbesiegbarkeit (nach dem verlorenen Krieg) und allem voran Unsterblichkeit (durch einen Platz in der Geschichte des vorerst auf tausend Jahre angelegten Reiches). Neben Kraft und Größe (durchaus auch sexuell getönten Wünschen) verheißen alle fanatischen Weltanschauungen ihren Anhängern die Überwindung der existenziellen Katastrophe des Menschen, seines unausweichlichen Todes, sei es als zumindest symbolische Unsterblichkeit, sei es durch den versprochenen Einzug ins Paradies, oder sei es durch die in Aussicht gestellte Errichtung des Himmels auf Erden.

Der nationalsozialistische Terror durchsetzte auch das Alltagsleben mit Spaltungen und ungehemmter Aggression. Das so geschaffene konstante Angstniveau ließ die regressiven Massenprozesse niemals zum Stillstand kommen. Die als »anders« Entwerteten wurden für jeden sichtbar stigmatisiert und schließlich in die systematische Vernichtung getrieben. Der Sog, der »richtigen« Seite anzugehören, wurde zu einer Frage des Überlebens. Zugleich ersetzte Willkür das Recht, wurde die Privatsphäre durch Bespitzelung eliminiert und sozialer Status zum Spielball der Launen anderer – auch all das sind Parallelen zur emotionalen Situation innerhalb der Masse.

Selbstverständlich gab es zahlreiche weitere Faktoren, die am Aufstieg und an der absoluten Machtfülle der Nationalsozialisten ihren Anteil hatten. Zum Beispiel ermöglichten ihnen die damals neu eingeführten Massenkommunikationsmittel, eine systematische ideologische Hirnwäsche zu betreiben. Auch gewährten ihnen mächtige Kreise in Wirtschaft und Gesellschaft großzügige Unterstützung, da sie sich handfeste Vorteile ausrechnen konnten. Diverse Ursachen sind von Historikern herausgearbeitet worden. Die wirkliche Kraft der Nationalsozialisten jedoch wurzelte in der von Spaltungen und Aggression geprägten Psychopathologie ihrer Ideologie sowie ihrer Anführer, die damit den unbewussten Bedürfnissen der damals schwer gekränkten Masse entsprachen und diese ins Extrem aufzuheizen verstanden.

Das latent hochexplosive Aggressionspotenzial einer Menschenmasse ist wie dargelegt eben nicht Folge eines angeborenen menschlichen Aggressionstriebes, der regelmäßig abreagiert werden muss. Vielmehr ist durch die emotionale Reizüberflutung inmitten vieler anderer die normale Wertungskompetenz des Einzelnen in der Masse überfordert. Die Großgruppensituation an sich begründet aus diesem erhöhten Stress heraus eine latente Gereiztheit, die alle Beteiligten einander wechselseitig zuschieben. Der Sog nach einer vereinfachenden Klärung der unüberschaubaren Situation ist enorm. Hierdurch erhält ein diese Stimmung aufgreifender Anführer seine außergewöhnliche Machtfülle.

Neben den Konsequenzen, die hieraus für das Auswahlverfahren potenzieller Anführer in Zukunft zu ziehen wären, ist für mich ein weiterer Aspekt beachtenswert, auf den ich nun näher eingehen möchte.

Aus der Aggression der Masse lernen

Essenz: Auch die Manipulierbarkeit der Masse belegt es: Aggression kann konstruktiv oder destruktiv genutzt werden.
Konsequenz: Jede Aggression kann prinzipiell konstruktiv sein. Eine Spaltung der Aggression in gutartig und bösartig ist nicht nur unsinnig, sondern sie verhindert zugleich, dass Gewalt wirksam vorgebeugt werden kann.

Offensichtlich hat der Anführer einen wesentlichen Einfluss auf die Lenkung des aggressiven Potenzials der Masse. *Damit kann Aggression, unabhängig von ihrem Ursprung, sowohl konstruktiv als auch destruktiv in Verhalten umgesetzt werden.* Dem Anführer kommt die Verantwortung zu, welche Richtung sie einschlagen wird. Genauso kann aber auch jeder Einzelne aktiv die Ausrichtung seines individuellen Aggressionspotenzials mitgestalten, und zwar umso mehr, je weiter er in seiner psychischen Entwicklung gelangt ist. Diese

Beobachtung deckt sich exakt mit Erfahrungen aus der psychoanalytischen Arbeit mit depressiven Patienten. Die in der Depression gebundenen Aggressionen gilt es freizusetzen und von der eigenen Person weg konstruktiv nach außen hin zu richten (hierzu noch mehr im Kapitel »Alles Chemie?«, S. 152 ff.).

Mit einem solchen einheitlichen Aggressionskonzept stehe ich in klarem Gegensatz etwa zu Erich Fromm (doch genauso zum späten Freud oder zu Sloterdijk), der in seiner *Anatomie der menschlichen Destruktivität*, seiner psychoanalytischen Antwort auf Konrad Lorenz, von der Prämisse ausgeht: »Wir müssen beim Menschen zwei völlig verschiedene Arten der Aggression unterscheiden. Die erste Art, die er mit allen Tieren gemein hat, ist ein phylogenetisch programmierter Impuls anzugreifen (oder zu fliehen), sobald lebenswichtige Interessen bedroht sind. Diese defensive, ›gutartige‹ Aggression dient dem Überleben des Individuums und der Art; sie ist biologisch angepasst und erlischt, sobald die Bedrohung nicht mehr vorhanden ist. Die andere Art, die ›bösartige‹ Aggression, das heißt die Destruktivität und Grausamkeit, ist spezifisch für den Menschen und fehlt praktisch bei den meisten Säugetieren; sie ist nicht phylogenetisch programmiert und nicht biologisch angepasst; sie dient keinem Zweck, und ihre Befriedigung ist lustvoll.« (S. 20)

Wie bereits ausgeführt, halte ich diese Spaltung (wieder eine!) der Aggression nicht nur für falsch, sondern auch für fatal in ihrer Konsequenz, da sie die grundsätzliche Chance, destruktive in konstruktive Aggression überführen zu können, verbaut. Ganz im Gegenteil erscheint es mir unerlässlich, die prinzipiell auch positive Kraft, die selbst in grausamer Gewalt gebunden sein kann, anzuerkennen. Das heißt nicht automatisch, dass es auch gelingen muss, sie freizusetzen und damit das Destruktive zu überwinden – eine änderungsunwillige Psyche ist mit bislang verfügbaren (ethisch vertretbaren) Therapieformen nicht zu beeinflussen. Zerstörungsphantasien von motivierten Patienten jedoch lassen sich auflösen, indem die ihnen zugrunde liegenden Gefühle bewusst gemacht und in den Dienst der Wirkmächtigkeit gestellt werden.

Die prinzipiell negative Etikettierung von Aggression blieb jedenfalls als Strategie zur Überwindung von Gewalt weitgehend erfolglos. Wird das Böse nur im anderen gesehen, weil dessen Verhalten von »bösartiger« Aggression geprägt ist, so verleugne ich das Potenzial dafür in mir selbst, das in jedem zumindest angelegt ist. Dann ergeht es mir wie Fromm. Ich spalte mein eigenes Böses ab und bin der Gute. Das Problem destruktiver Aggression werde ich so nicht lösen.

Und fällt nicht auf, wie sehr die Bewertung aggressiven Verhaltens kontextabhängig ist? Kann dieselbe Handlung des Tötens nicht als Mord verurteilt werden, aber in Kriegszeiten sogar erwünscht sein? Oder noch extremer: Erfüllten die Folterer und Henker in den Konzentrationslagern der Nazis nicht mit ihren Massenmorden eine in der Werteperversion der damaligen Zeit als wünschenswert und richtig konnotierte Aufgabe?

Alles Chemie?

»Gut drauf, launisch oder deprimiert? Hormone bestimmen unsere Gefühle. Drum muss die Biochemie stimmen, damit wir den Alltag gelassen bewältigen können.« Bis in entlegene Bergdörfer hat sich die Nachricht von der Bedeutung der Hirnchemie für unseren Gefühlshaushalt mittlerweile herumgesprochen (diese hier stammt aus den Oberösterreichischen Nachrichten im verregneten Sommer 2006).

Wenn alles Denken (auch) Chemie ist, dann sollten wir uns die Substanzen, aus denen unsere Gefühle sind, anschauen, um so vielleicht der Chemie der Aggression auf die Schliche zu kommen. Ist eine Pille gegen das Böse denkbar?

Ich werde die chemischen Abläufe in unserem Gehirn schematisch nur sehr vereinfacht darstellen, da ein Mehr an Details spannend wie ein Telefonbuch wäre und eher verwirren würde, als das Wesentliche zu erfassen. Außerdem ist selbst ausgefuchsten Hirnforschern das meiste noch unbekannt. Kaum eine Substanz in unserem Gehirn hat nur eine einzige Wirkung. Vielmehr reagiert jeder Zelltyp spezifisch auf den Neurococktail, der pausenlos auf ihn einwirkt. Und zugleich zieht jede Wirkung hochkomplex vernetzte Wechselwirkungen nach sich.

Das Wissen zu den Abläufen in unserem Gehirn steckt noch in den Kinderschuhen. Es lässt sich vielleicht vergleichen mit dem der übrigen Medizin vor rund hundert Jahren. Damals klang ein medizinischer Ratgeber beispielsweise noch so: »Was die Kleidung anlangt, so sei sie leicht sitzend, den Leib nicht einschnürend, bei Knaben achte man darauf, dass die Höschen nicht zu stramm sitzen und an den Geschlechtsteilen reiben. Viel Bewegung in frischer Luft, vernünftige Ernährung, mäßig Fleisch, keine Gewürze, keinen Alkohol, Sorge für den Stuhlgang sind selbstverständliche Forderungen ... Ist die Zeit gekommen, wo die Kinder selbst etwas lesen, so bevorzuge man die weniger aufregenden Lesestücke, die deutschen Märchen, die deutschen Sagen ... Die orientalischen Märchen und solche, welche auf die Phantasie berauschend einwirken, stelle man in den Hintergrund.« (Siebert, S. 559 f.) Wie wir sehen, sind die Menschen schon lange bemüht, auf ihre Hirnchemie einzuwirken.

Eine gigantische Industrie arbeitet mittlerweile rund um die Uhr daran, unseren rudimentären Wissensstand auszubauen, um sich das Multimilliardengeschäft vom ersehnten Glück aus der Pille zu erobern. Wir stehen am Anfang einer weiteren wissenschaftlichen Revolution. Und doch spricht jetzt schon einiges dafür, dass sich die Zusammenhänge in unserem Gehirn als komplexer erweisen werden, als es Chefetagen und Marketingabteilungen der Pharmariesen sich wünschen und uns gerne glauben machen wollen. Schon die Verheißung von der Entschlüsselung des genetischen Codes hat sich inzwischen als vielschichtiger erwiesen, als geahnt werden konnte.

Bereits bei den Genen beginnt es

Essenz: Schon die Entfaltung unserer Gene unterliegt Umwelteinflüssen.
Konsequenz: Zwei völlig identische Klone wird es nie geben. Stress wirkt spätestens ab dem dritten Schwangerschaftsmonat auf das Gehirn ein und verstärkt das Aggressionspotenzial.

Um mein Glas herum surrt eine kleine Fliege. Bei genauerer Betrachtung erkenne ich ihre roten Augen. Ich habe eine echte Berühmtheit vor mir, die kleine Essigfliege oder Fruchtfliege Drosophila. Sie ist das ideale biologische Versuchstier schlechthin, noch geeigneter als die Ratte, da sie sich noch leichter und schneller vermehrt und zugleich noch genügsamer in ihren

Ansprüchen ist. Ein weiterer Vorteil zeichnet die Kleine aus: Das Erbmaterial ihrer etwa dreizehntausend Gene liegt auf nur vier und außerdem noch ungewöhnlich großen Chromosomen, die sich recht einfach aus ihren Speicheldrüsenzellen isolieren lassen. Genetische Experimente werden dadurch ausgesprochen erleichtert. Kein Wunder also, dass sie zum bevorzugten Haustier der Genetiker wurde.

Aggressive Gene?

Um es gleich vorwegzunehmen, das oder die für die menschliche Aggression verantwortlichen Gene sind bislang nicht gefunden worden und werden es in dieser Form wohl auch nie. Warum das so ist, habe ich schon angedeutet (siehe die Rolle von Stress, S. 81).

Bei der Fruchtfliege scheinen die Dinge noch ein wenig anders zu liegen.[33] Wie bei einigen anderen Tierarten auch, streiten die Männchen der kleinen Fliegen, was das Zeug hält, vor allem um Futter und um Weibchen. Ihr Kampfverhalten lässt sich ausgesprochen leicht beobachten. Man muss nur zwei von ihnen in einem Glasschälchen einsperren und sie sich selbst überlassen. Schon stürzen sie aufeinander los.

Als hierfür verantwortlich konnte ein einziges Fruchtfliegengen isoliert werden, das man »fruitless«-Gen nannte, das sowohl die sexuelle Orientierung der Fliegen als auch deren aggressives Verhalten steuert. Seine Aktivierung oder Deaktivierung entscheidet darüber, ob sich eine männliche Fruchtfliege für Weibchen interessiert oder ob sie von deren Anwesenheit völlig kalt gelassen wird. Zerstörte man in Versuchen gezielt dieses eine Gen in den Nervenzellen, so wandelten sich die vormaligen Schürzenjäger schlagartig in Wesen so sanft wie ihre Weibchen. Daran ist einiges bemerkenswert:

- Eindeutig wird Verhalten auch genetisch gesteuert.
- Ein Umwelteinfluss auf die Aktivierung von Genen ist möglich und kann enorme Folgen haben.

- Unterschiedliche, hier sexuelle und aggressive Verhaltensweisen können genetisch untrennbar miteinander gekoppelt sein.

Prinzipiell dürfte das auch für menschliche Gene gelten, wenngleich hier die Aggression keinesfalls monokausal entsteht. Aus Tierversuchen an Mäusen und Schimpansen ist belegt, dass männliche Sexualhormone einen verstärkenden Einfluss auf das Dominanzverhalten und damit auch auf die Aggression haben. (Fromm, S. 213) Beim Menschen gilt offenbar Ähnliches. Zugleich korreliert der Testosteronspiegel im Blut eines Mannes mit seiner Potenz. Könnte damit nicht die Aggression des Mannes zusammen mit seinem Körperbau als eine Art Terminator-Kriterium für paarungswillige Weibchen Aushängeschild seiner Potenz sein?

Allerdings wäre das Ganze eine zweischneidige Sache, denn nicht nur Dominanz, sondern auch Extremformen aggressiven Verhaltens finden sich weitaus häufiger bei Männern. So weist die Kriminalstatistik für Deutschland im Jahr 2000 für Mord und Totschlag ein Geschlechterverhältnis von Männern mit 87,7% gegenüber Frauen mit 12,3% auf. (Soyka, S. 10) Doch geht das alles auf das Konto des Testosterons? Wohl kaum. Gesellschaftliche Rollenzuteilungen haben hier ebenfalls einen entscheidenden Einfluss, wie sich am Wandel der Statistik im Laufe der letzten Jahre zeigt. Gewalt durch Frauen nimmt zu. Auch klärt der größere Anteil männlicher Mörder nicht die Frage, ob Männer gegenüber Frauen ein Mehr an Aggression haben oder ob sie sie lediglich anders ausleben.

Es gibt beim Menschen einige seltene Krankheitsbilder, bei denen eine direkte Verbindung zwischen bestimmten Veränderungen an der Genstruktur und gesteigerter Aggression nachgewiesen werden konnte, etwa das XYY-Syndrom (ein Mann mit zwei Y-Chromosomen, siehe Murken, S. 50) oder eine Punktmutation am Gen für das in diesem Fall fehlende Enzym Monoaminooxidase A (das wesentlich am Abbau der

Stresshormone beteiligt ist und damit nur bei übermäßigem Stress zu vermehrter Aggressivität führt – siehe Maier, in: *PTT* 4/2000, S. 190 und Eggers, S. 110). Doch handelt es sich hier um Ausnahmen, die für das allgemeine Verständnis der menschlichen Aggression kaum von Bedeutung sind.

Der weite Weg vom Gen zum Merkmal

Ein anderes Ergebnis der Genforschung ist viel weitreichender in seinen Auswirkungen. Inzwischen ist eindeutig belegt, dass die Genaktivierung beim Menschen komplexen Steuerungsmechanismen unterliegt, womit der mögliche Umwelteinfluss auf die Merkmalsausprägung weitaus größer ist als bislang angenommen. Keineswegs wird jedes vorhandene Gen auch aktiviert, sondern andere Gene, Proteine und Hormone entscheiden in hohem Maße mit, ob es dazu kommt. Insbesondere über den Hormonhaushalt reguliert das aktuelle Körpermilieu die Genaktivierung, da Hormone unmittelbar auf die hierfür entscheidenden Regulatorproteine einwirken. Wie sonst wäre die Vielfalt an Unterschieden zwischen uns Menschen vorstellbar, sind doch 99,9% (!) unserer Gene identisch (Bauer 2007, S. 232), und das bei nach offizieller Schätzung nur zirka 22.740 Genen, die sämtliche unserer Eigenschaften bestimmen sollen.[34] Rechnen Sie das einmal durch! (Einschränkend sei darauf hingewiesen, dass die Natur nur ungern Überflüssiges generiert, ich daher davon ausgehe, dass möglicherweise die Merkmale für einen Großteil der bislang als »überflüssig« etikettierten Gene einfach noch nicht identifiziert worden sein dürften; insbesondere gilt das für das Gehirn, wo bislang nicht einmal die Eigenschaften selbst klar definiert werden können).

Wie dem auch sei: Bereits vom Augenblick der Befruchtung an bestimmen damit nicht nur die Gene selbst die Entwicklung des werdenden Menschen, sondern auch Faktoren aus der Umwelt, die eben nicht nur direkt auf die Struktur des genetischen Codes einwirken können (wie radioaktive Strahlung oder bestimmte Gifte), sondern auch indirekt über die Aktivierung oder Deaktivierung von Genen.

Vor diesem Hintergrund trifft zwar die Schlussfolgerung der Zwillingsforschung zu, dass fehlende Unterschiede in der Merkmalsausprägung von ein- und zweieiigen Zwillingen auf die Umweltabhängigkeit des Merkmals hinweisen (so ist etwa die Muttersprache bei beiden Gruppen gleichhäufig identisch, demnach nicht vererbt), nicht aber die Annahme, dass gemeinsame Eigenschaften bei getrennt aufwachsenden eineiigen Zwillingen notwendigerweise vererbt sein müssen. Da Zwillinge bis zur Geburt im selben Umfeld leben, müssen Gemeinsamkeiten bei ihnen auch in identischen frühen (und damit besonders wirkungsvollen), vor allem hormonell vermittelten Umwelteinflüssen begründet sein können – ein Zusammenhang, der meines Wissens bislang keine Berücksichtigung in der Bewertung von Zwillingsstudien gefunden hat. Auch in diesem Bereich wird die Bedeutung der vorgeburtlichen Entwicklung komplett ignoriert. Die umfangreichen Schlussfolgerungen über die Erblichkeit oder Umweltabhängigkeit von Merkmalen[35] erscheinen mir vor diesem Hintergrund längst nicht so gesichert, wie behauptet wird, solange nicht wirklich merkmalsspezifische Gene nachgewiesen werden. Ganz besonders dürfte dies für psychische Merkmale gelten, da die Hormon-, insbesondere die Stresshormonabhängigkeit der Hirnstrukturvernetzung ausgesprochen hoch ist, wie wir noch sehen werden.

Neben direkt an den Genen des Embryos angreifenden Substanzen haben sämtliche Reize, die, in welcher Weise auch immer, in den Stoffwechsel der Mutter eingreifen, potenzielle Auswirkungen auf ihr Kind. Das bedeutet nicht automatisch, dass diese äußeren Einflüsse nachteilig sein müssen. So müsste beispielsweise eine Stress- oder Schmerzreduktion bei der Mutter zugleich eine Verringerung der auf das Kind einwirkenden Stresshormone bedeuten und damit deren Folgewirkung lindern. Ebenfalls erscheint eine gezielt positive Beeinflussung selbst der frühesten vorgeburtlichen psychischen

Entwicklung durchaus vorstellbar. Erste Hinweise, besonders auf augenscheinlich positive Effekte durch bestimmte Musik, liegen mittlerweile vor. (Gellrich, S. 245)

In jedem Fall bleibt die Steuerung von Körperprozessen durch die Aktivierung bestimmter Gene zum Aufbau von Proteinen das gesamte Leben hindurch erhalten und damit auch deren Abhängigkeit von direkten und indirekten Einflüssen aus der Umwelt.

Gen und Hirn

Wie der gesamte Körper entfaltet sich auch die Struktur unseres Gehirns entsprechend dem vererbten genetischen Programm (ich erwähnte bereits, dass aktuellen Schätzungen zufolge etwa die Hälfte unserer Gene für seinen Aufbau zuständig ist) und unterliegt zugleich von Beginn an äußeren Einflussfaktoren.

Inzwischen ist bekannt, dass Lernprozesse im Langzeitgedächtnis des Gehirns über den Ausbau neuer Vernetzungen zwischen Nervenzellen ebenfalls mittels Genaktivierung gesteuert werden (siehe S. 50). Da Hormone, vor allem Stresshormone, die Genregulation entscheidend beeinflussen, erklärt sich so, weshalb emotional heftige, also stressreiche Erlebnisse besonders intensiv im Gedächtnis verankert werden.

In Tierexperimenten konnte nachgewiesen werden, dass bestimmte Gene, die normalerweise gar nicht oder nur in sehr geringem Maße aktiv sind, unter Stressbelastung massiv zum Einsatz kommen. Die Konsequenz aus einer solchen direkten Stressreaktion auf genetischer Ebene ist in der Regel eine ganze Kaskade an weiteren Wechselwirkungen. Ich halte es für durchaus wahrscheinlich, dass solche Kausalketten reaktiver Gensteuerung ursächlich an psychischen Erkrankungen (wie Psychosen), an psychosomatischen Krankheiten und an massiven Beeinträchtigungen des Immunsystems (etwa mit einem daraus resultierenden erhöhten Krebsrisiko) beteiligt sein dürften.

Die Stressspirale

Essenz: Gute Beziehungen sind der wirksamste Schutz vor Angst und reduzieren daher Stress.
Konsequenz: Wir brauchen stabile innere Muster von guten Beziehungen.

Zu viel Stress macht krank. Diese psychologische Erkenntnis ist inzwischen zum Allgemeingut geworden. Und sie stimmt wirklich, lässt sich bis auf die chemische Ebene hinab beweisen. Zum leichteren Überblick auch für den nicht in Biochemie vernarrten Leser ordne ich im folgenden Text den unterschiedlichen Substanzen Farben zu, die sich eher einprägen dürften als exotische Namen oder gar Strukturformeln.

Affenangst

Betrachten wir zunächst die Reaktion eines Affen. Findige Forscher sperrten ihn ein. Dann holten sie einen Hund herbei, den sie knurrend um den Affenkäfig herumlaufen ließen, mit dem keineswegs überraschenden Ergebnis, dass der arme Affe sich fürchtete und sein Stresshormonspiegel im Blut rasant anstieg. Das ist doch nicht außergewöhnlich, werden Sie folgerichtig schließen. Nun, die Forscher holten einen weiteren Affen herein, an dem sie ein Angst hemmendes Präparat testen wollten. Sie gaben dem Tierchen die Tropfen und setzten ihn zu dem ersten hinzu. Dann hatte wieder der knurrende Hund seinen Auftritt und durfte von Neuem den Käfig umkreisen. Das Angst lösende Mittel schien sich zu bewähren. Der Affe, der das Präparat bekommen hatte, zeigte keinerlei Angstreaktion. Und doch hatte der Versuch in dieser Anordnung einen Haken: Er besaß nicht die geringste Aussagekraft über die Wirksamkeit des Beruhigungsmittels. Wie das? Der erste Affe, nämlich der, der zunächst so panisch reagiert hatte, hatte auf einmal auch keine Angst mehr. Selbst ohne Tropfen war seine Furcht allein durch die Anwesenheit seines Artgenossen, eines Altbekannten, auf einmal wie weg-geblasen. Erst als man zwei einander fremde Mitaffen zusammen-setzte, schlotterten beide, und die Wirksamkeit des Mittels ließ sich nun doch noch testen. Die Wissenschaftler hatten etwas Unerwartetes entdeckt. Das offenbar *wichtigste und wirksamste Mittel gegen die Angst* und gegen die durch sie ausgelöste Stressreaktion war nicht Präparat X, sondern *die Anwesenheit eines engen Vertrauten.* (Hüther, S. 52 f.) Fraglos deckt sich diese Erkenntnis mit unserer Alltagserfahrung. Sie bestätigt sich im Verhalten unserer Kinder, die sich an uns klammern, wenn sie Angst haben. Auch die Psychotherapieforschung hat inzwischen die vertrauensvolle Beziehung als wesentlichen Wirkfaktor für die therapeutische Arbeit identifiziert.

Chemie der Angst

Essenz: Stresshormone wirken direkt im Gehirn und verän-dern unser Denken dauerhaft, anschließend über das weiter-gegebene Verhalten auch das unserer Kinder und Kindes-kinder.

Konsequenz: Wir müssen unsere Wirkmächtigkeit entfalten und gute Beziehung erleben, um uns optimal psychisch zu entwickeln. Exzessiver Stress verhindert das, führt im Ex-trem zum Untergang.

Was liegt der Angstreaktion zugrunde? Was macht der ein-same Affe im Käfig durch, oder was geht in uns vor, wenn wir ein Auto auf uns zurasen sehen, ein Löwe sich an unsere Fer-sen geheftet hat, wir zur Prüfung hereingebeten werden, wir den Lauf einer Waffe an unserer Schläfe spüren oder was sonst noch an bedrohlichen Situationen über uns hereinbrechen mag?

Die Chemie in unserem Körper kennt immer nur ein und dieselbe Antwort auf jede Art von akuter Bedrohung: Es sind die Akutstresshormone Adrenalin und Noradrenalin (beide *Orange*), die uns tüchtig in Schrecken versetzen. In Sekundenbruchteilen werden alle Zeichen im Körper auf Alarm gestellt. Unsere ganze Aufmerksamkeit richtet sich auf die Gefahr, unser Herz rast, die Muskeln spannen sich an, Energiereserven werden mobilisiert. Wir sind zur Flucht bereit oder zum Angriff. Schaltkreise zwischen emotionalem Bewertungszentrum und höheren Hirnarealen sowie zwischen Gehirn und dem Hormonproduzenten Nebennierenmark laufen auf Hochtouren. Indem es die Erinnerungen an frühere Krisen wachruft, schaukelt sich unser Gehirn so richtig auf und verstärkt hierdurch den Stress und die Angst noch. Zugleich versetzen Adrenalin und Noradrenalin den Körper in Hochspannung. Es entsteht ein massiver Druck zu handeln.

Diese Akutreaktion ist (wie auch das emotionale Bewertungszentrum unseres Gehirns) stammesgeschichtlich recht alt und findet sich entsprechend bei allen höheren Tieren in ähnlicher Form. Bekannt ist ihre Wirkungsweise bei Hasen. Hätten die Forscher statt des Affen einen Hasen in den Käfig gesetzt und dann den Hund knurrend seine Kreise ziehen lassen, so wäre der Hase tot umgefallen. Als nahezu reines Fluchttier schnellen bei ihm die Adrenalinwerte angesichts einer solchen Gefahr in astronomische Höhen. Nur so kann er mit aller Kraft um sein Leben laufen. Wird er dieser Möglichkeit beraubt, weil er eingesperrt ist, so verfällt er in einen Adrenalinschock und stirbt auf der Stelle.

Mehr als Flucht

Wir Menschen haben es da besser. Weder bleibt uns nur die Flucht, da wir auch kämpfen können, noch beschränkt sich unsere Reaktionsmöglichkeit auf die unmittelbare Handlungsebene. Unser Denken befähigt uns zu einer abstrahierten Analyse einer bedrohlichen Situation. Wir können uns bewusst machen, welcher Art von Gefahr wir da ausgesetzt sind. Das heißt nicht, dass sich die mit ihr verbundenen Gefühle wegrationalisieren lassen. Wir können durchaus von Angst überschwemmt werden (weil unsere Angsttoleranz gering ist oder weil die Gefahr überwältigend ist). Doch grundsätzlich sind wir in der Lage, wie es so schön heißt, erst zu denken und dann zu handeln. Ein Hase kann das nicht.

Ich erinnere mich noch lebhaft an einen Zwischenfall am heißen Tropenstrand von Borneo. Versunken in mein Hobby, die Naturfotografie, war ich damit beschäftigt, Schnappschüsse von einem Makakenweibchen zu machen, wie es gerade Algenreste vom Boden auflas und fraß. Plötzlich hörte ich hinter mir wildes Gekreische. Ich drehte mich um und sah, wie der eifersüchtige Gatte der Affendame mit gefletschtem Gebiss auf mich zuraste. Reflexartig drängte es mich zur Flucht, doch halt! Es stand außer Frage, dass ich mit seiner Laufgeschwindigkeit nicht würde mithalten können. Außerdem wusste ich, dass der Affe mich durch mein Weglaufen als unterlegen einschätzen und erst recht in meinen ihm in diesem Fall zugewandten Körperteil beißen würde. Also sprang ich auf, riss meine Arme in die Höhe und brüllte ihn an. Noch schneller, als er auf mich zugestürzt war, suchte der Makakenpascha das Weite.

So sehr Denken von Nutzen sein kann, so sehr kann es – ich erwähnte es bereits – umgekehrt auch dazu führen, dass wir uns in (reale oder auch nur vermeintliche) Gefahren regelrecht hineinsteigern und dadurch in heftige Angstzustände geraten können, ohne dass dies der gegebenen Situation angemessen ist.

Stress und Hirnstruktur

Bleiben wir bei der Chemie in akuter Gefahr. Insbesondere das Noradrenalin (*Orange*) wirkt parallel zu seiner Alarmfunktion auch direkt auf die Nervenzellen ein, indem es massiv die Ausbildung neuer Verknüpfungen zwischen ihnen fördert. Das macht durchaus Sinn. Denn wenn es uns gelingt, einer Bedrohung mit Hilfe einer erfolgreichen Handlungsstrategie zu entkommen, so wird damit dieses Verhalten besonders intensiv gespeichert, besonders bleibend und einprägsam gelernt. Beim nächsten Mal steht es uns dann gleich zur Verfügung, und wir brauchen gar nicht mehr so heftig emotional zu reagieren. Die Situation wird als beherrschbar erlebt, da die Gefahr schon einmal gebannt worden ist. Wir haben eine Kompetenz hinzugewonnen (und zugleich eine neue Bestätigung unserer Wirkmächtigkeit erfahren).

Das bedeutet aber zugleich auch, dass wir ganz allgemein alles, *was wir unter dem Einfluss heftiger Emotionen lernen, besonders intensiv behalten, da es sich verstärkt in unserer Hirnstruktur niederschlägt, auch Negativerfahrungen.* Das heißt nicht, dass diese uns auch bewusst sein müssen! Wie schon erwähnt, kann ein heftiges Trauma ganz im Gegenteil vollkommen aus der bewussten Erinnerung getilgt werden, da es unbewusst abgespalten wird, und dennoch massiv in der Hirnstruktur verankert wirksam bleiben.

Zwei weitere Substanzen, die neben Adrenalin und Noradrenalin (*Orange*) noch an unserer Reaktion auf eine akute Gefahr beteiligt sind, möchte ich nicht unerwähnt lassen: Dopamin (*Gelb*) und Serotonin (*Grün*). (Hüther, S. 65) Während Dopamin (*Gelb*) unser internes Belohnungssystem aktiviert (siehe S. 146 ff.), also bei erfolgreicher Gefahrenbewältigung ausgeschüttet wird, wird Serotonin (*Grün*) verbraucht, was unsere Aggressionsbereitschaft steigert, um gegebenenfalls für weitere Handlungsschritte präpariert zu sein. (siehe S. 149 ff.)

Alarmstufe Rot

Misslingt uns die beste aller möglichen Erfahrungen – die der unmittelbaren Überwindung der Gefahr nach einem kurzen Moment des Alarms –, fahren wir schwerere Geschütze auf. Dreh- und Angelpunkt dieser Stressreaktion im engeren Sinn ist das Kortisol (*Rot*). Und zwar bewirkt erlebter Stress eine Aktivierung von Genabschnitten, die zur vermehrten Bildung von Kortisol führen.[36] Kaum ein anderes Hormon ist so vielfältig und weitreichend in seinem Wirkspektrum. Wie die Sexualhormone (*Lila*) gehört es zur chemischen Gruppe der Steroide, die direkt in Zellen eindringen und dort an den für die Genregulation verantwortlichen Proteinen andocken (Hüther, S. 74), also unmittelbar die Aktivierung oder Deaktivierung von Genen veranlassen können!

Wie eng miteinander verknüpft die Wirkung der verschiedenen Steroidhormone ist und wie massiv ihr Effekt sein kann, lässt sich alljährlich am Drama der Wildlachse beobachten. Das Wasser scheint zu kochen, wenn die Fische zur Laichzeit flussaufwärts schwimmen. In dichtem Gedränge streben die leuchtend orange gezeichneten Tiere dem Ort ihres Ursprungs entgegen. Sie schauen weder rechts noch links, nehmen keine Nahrung mehr zu sich und werden zur leichten und begehrten Beute von Bären, denen sie an Stromschnellen regelrecht ins offene Maul zu springen scheinen. Im Rausch der Sexualsteroide geht es nur noch um das Eine.

Doch erst nach dem Sex kommt so richtig Stress auf. Die Orgie ist vorbei, und auf einmal registrieren die Tiere das chaotische Gedränge um sie herum. Statt einer Megadosis Sexualhormone (*Lila*) strömt nun das Stresshormon Kortisol (*Rot*) in Unmengen in ihren Blutkreislauf. Bloß aus der Bedrängnis gibt es kein Entkommen, der Stress lässt sich nicht abbauen, und die Lachse verenden am Zusammenbruch ihres Stoffwechsels in einer unkontrollierten Stressreaktion. Fängt man die Tiere unmittelbar nach dem Ablaichen ein und transportiert man sie zurück ins Meer, so leben sie hingegen munter weiter. (Hüther, S. 25 f.) Wenn die Lebensverlängerung beim Menschen doch genauso einfach wäre!

Auch die Effekte des Kortisols (*Rot*) sind bei sämtlichen Wirbeltieren im Prinzip gleich; es mobilisiert Körperreserven für die Bewältigung einer schweren Belastung: Aus den Geweben wie Muskeln, Knochen und Fettgewebe werden Nährstoffe freigesetzt, um als Energielieferanten im Blut zur Verfügung zu stehen, wo Zucker- und Fettwerte folglich ansteigen. Gleichzeitig wird zur Steigerung des Sauerstofftransports die

Zahl der roten Blutkörperchen vermehrt. Andere Körperprozesse werden zum Ausgleich auf Sparflamme geschaltet. Vor allem die Körpereiweißbildung und damit das Immunsystem werden unterdrückt, was den Körper anfälliger für Krankheiten macht, bei einer allergischen Überreaktion des Immunsystems aber auch therapeutisch genutzt werden kann.[37] An welchen Orten genau Hormone ihre Wirkung entfalten, lässt sich inzwischen gut nachweisen. Mit Hilfe von markiertem Kortisol kann die Verteilung der Kortisolrezeptoren in sämtlichen Körperregionen sichtbar gemacht werden. Im Gehirn entdeckte man hierbei zwei Bereiche mit einer besonders hohen Rezeptordichte: das Emotionsverarbeitungszentrum und die Großhirnrinde. *Stress beeinflusst demnach ganz direkt unseren Gefühlshaushalt und unser Denken.* Eine uns allen bekannte Alltagsbeobachtung wurde neurobiologisch bestätigt.

Das Aussterben der Saurier

Doch es lassen sich noch ganz andere Rückschlüsse aus der Kortisolrezeptorenverteilung ableiten: Nur bei Warmblütern findet man die für Kortisol (*Rot*) sensiblen Hirnareale. Erst ab ihrer stammesgeschichtlichen Entwicklungsstufe wirkt Stress massiv und unmittelbar in den für Emotionen und Lernen zuständigen Zellen auf die Hirnstruktur ein. Das kommt einem Quantensprung an Lernfähigkeit und Anpassungspotenzial an sich verändernde Umweltbedingungen gleich. Kaltblüter müssen mit ihren starr nach genetischen Vorgaben aufgebauten Nervensystemen darauf warten, dass es irgendwann einmal zufällig zu einer Mutation kommt, die einen Selektionsvorteil bereithält (was nur selten der Fall ist). Die Gehirne der Warmblüter hingegen sind davon unabhängig! Ihr Gehirn verändert sich durch Stress gezielt, und sie können solche Anpassungen an ihre Kinder weitergeben.

Wahrscheinlich erklärt dieser Unterschied sogar das Aussterben der Saurier im Karbon. Auf den damaligen abrupten und drastischen Klimawandel, der, so der aktuelle Stand der Forschung, durch einen großen Meteoriteneinschlag verursacht wurde, konnten die Riesenechsen mit ihren nicht nur kleinen, sondern vor allem starren Hirnen nicht schnell genug reagieren; anders Vögel und Säugetiere, die daraufhin sämtliche Landstriche des Globus eroberten. Offensichtlich waren und sind *in der Evolution diejenigen Individuen (und Arten) am erfolgreichsten, die über ein genetisch möglichst vielfältiges Hirnvernetzungspotenzial verfügen und dieses gleichzeitig umweltvermittelt zu nutzen (und an ihre Nachkommen weiterzugeben) imstande sind.* Lange nach ihrer Verbannung kommt damit die direkte Umweltanpassung als Teil der Evolutionstheorie durch die Hintertür zu späten Ehren. Die oftmals die Biologie entzweiende Frage lautet gar nicht, ob denn Darwin (alles Mutation und Selektion) recht hat oder sein Gegenspieler Lamarck (alles Umweltanpassung), sondern wie sich die Theorien beider ergänzen. Einmal mehr erweist sich eine spaltende Sichtweise als zu begrenzt für das Verständnis der wirklichen Abläufe. Und doch haben wir uns in vielen Bereichen noch nicht davon gelöst: Psychoanalyse oder Verhaltenstherapie, biologische Psychiatrie oder Psychotherapie, Schulmedizin oder Alternativmedizin, freier Markt oder Sozialstaat, Ökonomie oder Ökologie und so weiter. Dabei sind scheinbar einander widersprechende Konzepte oft durchaus vereinbar. Nicht eine der beiden polarisierten Theorien ist prinzipiell falsch, sondern die Absolutheit der Fragestellung des Entweder-Oder.

Nicht nur Gene sind vererbbar

Umwelteinflüsse werden in der frühen Lebensphase vor allem über das Bindungsverhalten der Mutter von einer Generation zur nächsten weitergegeben, die sich in der Regel gegenüber ihrem Kind so verhält, wie sie es selbst in ihrer eigenen Kindheit erlebt hat. Damit das möglich ist, bedarf es eines langen Zusammenseins von Mutter und Kind. Auch das ist bei Warmblütern üblich. Doch wie lässt sich die Wirksamkeit von äußeren Einflüssen über Generationen hinweg objektivieren? Nun, auch bei Rattenmüttern gibt es unterschiedliche Erziehungsstile, liebvolle und weniger liebvolle Mütter. Forscher vertauschten daraufhin die Neugeborenen beider Gruppen. Als die jungen Ratten groß waren und selbst Junge bekamen, übernahmen sie den von ihrer Ziehmutter erlernten Erziehungsstil, unabhängig von dem ihrer genetischen Mutter. (Spitzer 2003, S. 62 f.)

Doch damit nicht genug. In weiteren Versuchen wurden neugeborene Ratten täglich für fünfzehn Minuten von ihren Müttern getrennt. Für die Kleinen bedeutete das einen ziemlichen Stress. Kamen sie schließlich zur Mutter zurück, so verhielt sich diese geradezu überfürsorglich. Schon innerhalb weniger Tage gelang es den Rattenbabys, sich an die täglichen Trennungen und an die wohltuende Bemutterung danach zu gewöhnen. Mehr noch:

Erstens hatte die gesteigerte Zuwendung im Anschluss an den erlebten Stress einen positiven Effekt auf die Stresstoleranz der jungen Ratten, die ihnen auch als erwachsene Tiere erhalten blieb.

Zweitens kam es bei ihnen außerdem zu einer komplexeren Vernetzung und zu einem morphologisch nachweisbaren stärkeren Wachstum von Großhirnrinde und Gedächtnisregionen mit hieraus resultierender verbesserter Hirnleistung. (Eggers, S. 111) Die Kleinen wurden nachweislich intelligenter als Durchschnittsratten. Vergleichbare Befunde fanden sich auch bei Ratten (und bei Affen), die man von Geburt an einer bunten Vielfalt an verschiedenartigen Stimuli aussetzte. (Hüther, S. 101) Damit war nicht der Stress an sich ursächlich für die Intelligenzzunahme, sondern die für seine Bewältigung erforderlichen zusätzlichen Verhaltensmuster und die nachfolgende Belohnung. *Es bedarf, neben einer Reizvielfalt, der Fürsorge der Mutter (Beziehung) und des Erfolgserlebnisses, neue Situationen gemeistert zu haben (Wirkmächtigkeit), um Wachstum und Leistungsfähigkeit des Gehirns optimal zu stimulieren.*

Drittens gaben die ansonsten wenig liebevollen Rattenmütter die vermehrte Zuwendung, die ihnen durch das zeitweilige Wegnehmen ihrer Jungtiere abgetrotzt wurde, automatisch an ihre Nachkommen weiter. Als Folge davon waren auch diese nun ihren eigenen Kindern gegenüber liebevoller, als sie es ohne die durch die Trennungen ausgelöste Reaktion ihrer Mütter gewesen wären. Somit sind nicht nur psychische Verletzungen prinzipiell provozierbar und über Generationen hinweg übertragbar, sondern auch liebevolle Eigenschaften. Während das eine tragisch ist, lässt das andere hoffen. Beim Menschen konnte eindeutig nachgewiesen werden, dass Eltern, die selbst Opfer von Misshandlungen waren, dazu neigen, dieses Verhalten an ihren Kindern zu wiederholen, also fatalerweise vom Opfer selbst zum Täter werden. Den Enkeln ergeht es dann nicht anders.[38] Damit gewinnen wir eine Ahnung davon, wie langfristig schädigend schwere Traumatisierungen sein können. Zugleich wird ein Potenzial erkennbar, wie diese sich verselbstständigenden Teufelskreise unterbrochen werden könnten.

Viertens, zu guter Letzt, offenbaren die Rattenversuche noch etwas ganz anderes, nämlich wie trickreich die Fallstricke bei der Interpretation von Versuchsergebnissen sein können. So gibt es Autoren, die den Stress selbst, den die Rattenbabys bei dem Trennungsversuch erlebten, als Ursache für ihre später verbesserte Hirnleistung ansehen (Hüther, S. 101), dabei aber den wahren Grund dafür, die verstärkte Zuwendung durch die Mütter im Anschluss an den Stress, übersehen. Das mag haarspalterisch erscheinen. Doch auf den Menschen übertragen hat dieser kleine Unterschied enorme Konsequenzen. Im ersten Fall müsste die Empfehlung an junge Mütter lauten, ihr Neugeborenes von Beginn an verlässlich zu traumatisieren, es etwa regelmäßig alleine liegen und schreien zu lassen. Im zweiten Fall jedoch käme es darauf an, dass etwaige (und unvermeidbare) Frustrationen von der Mutter liebevoll aufgefangen und damit vom Säugling nicht als überwältigend, sondern als psychisch beherrschbar verinnerlicht werden (siehe S. 190).

Folgen des Scheiterns

Was aber geschieht, wenn die Überwindung einer Krise misslingt? Dann weicht der anfängliche, durch Adrenalin und Noradrenalin (*Orange*) verursachte Schreck unter Kortisol (*Rot*) einem beklemmenden Angstgefühl und einem aggressiv aufgeladenen Drang zu handeln. Es gibt nur Flucht oder Angriff. Ist beides nicht möglich, schaukelt sich eine *unkontrollierbare Stressreaktion* auf. Der an sich sinnvolle Krisenbewältigungs-Mechanismus kippt. Aggression staut sich auf. Die Bedrohung lässt uns nicht mehr los. Unser Denken kreist immer wieder in den gleichen Bahnen. Wir schlafen schlecht, liegen schon um drei Uhr früh wach, da unser hormoneller Rhythmus zu dieser Zeit Kortisol ausschüttet. Es fließt direkt in unser Nervensystem und greift dort ein. Fördert es in niedrigen Konzentrationen das Nervenzellwachstum, so bewirkt es jetzt – im Überschuss – Hemmung und sogar Auflösung von bestehenden Verknüpfungen. (Hüther, S. 180) Unser Denken wandelt sich. Auch dieser auf den ersten Blick destruktive Effekt des Kortisols macht Sinn. Da die bislang verfügbaren Problemlösungs-Strategien versagen, werden sie im Hirn gelöscht und dadurch Platz für neue Ansätze geschaffen.

Dauert der Stress weiter an, wird schließlich die Synthese anderer Steroide zugunsten des Kortisols vernachlässigt. Vor allem die Sexualhormone (*Lila*) sind davon betroffen. Die Lust auf Sex schwindet, bei Frauen kommt es zu Zyklusstörungen. Offenkundig gibt es in der Krise Wichtigeres zu tun, als Nachkommen in die Welt zu setzen.

Zuletzt wird auch das Immunsystem massiv geschwächt; beispielsweise blockiert Kortisol Gene, die für die Herstellung von Immunbotenstoffen zur Entzündungsbekämpfung und zur Tumorabwehr zuständig sind. Das Krebsrisiko steigt unter chronischem Stress nachweislich an. (Bauer 2007, S. 120) Ebenso finden sich Zusammenhänge zwischen schwerem Stress und Alzheimer-Krankheit. (S. 153) Am Ende der Stressspirale stehen Depression, Selbstaufgabe und körperliche Krankheit. Junge Affen ließen zum Beweis dafür ihr Leben. Wissenschaftler trennten sie von ihren Müttern. Anfänglich waren die Kleinen bemüht, die Situation zu meistern, indem sie bereit waren, einen Hund oder selbst eine Stoffpuppe als Ersatz anzunehmen. Schließlich jedoch überfiel sie eine lähmende Passivität. Sie verloren jegliches Interesse (Symptome einer schweren Depression) und gingen schließlich ein. (Hüther, S. 101 f.)

Evolutionsbiologisch gesehen führt das Versagen der Überlebensstrategie zum Untergang sowohl des Individuums als auch seiner genetischen Linie. Es setzen sich diejenigen durch, die die Krise meistern. Hierzu müssen sie vor allem ihre Aggression erfolgreich einsetzen können. Andernfalls gehen sie daran zugrunde. Gelingt es ihnen jedoch, so werden sie belohnt.

Segen und Fluch der Belohnung

Essenz: Wir lieben Belohnung.
Konsequenz: Sie kann süchtig machen.

Wir haben es wirklich geschafft. Die Bedrohung ist überwunden. Erleichterung macht sich breit. Ein Stein fällt uns vom Herzen. Und Stolz kommt auf. Wir haben die Lage gemeistert. Doch auch bei einem kreativen Einfall oder bei einem anderen Erfolgserlebnis weckt der Botenstoff Dopamin (*Gelb*) in uns dieses berauschend gute Gefühl.

Gerade beim Überwinden einer Gefahr ist der Dopaminschub ganz unmittelbar an den Einsatz des Stresshormons Noradrenalin (*Orange*) gekoppelt. Wie es die Chemie nämlich will, ist Dopamin (*Gelb*) dessen direkte Vorstufe. (Buddecke, S. 147) Wird also auf einmal weniger Noradrenalin (*Orange*) verbraucht, so ist automatisch mehr Dopamin (*Gelb*) verfügbar. Zusätzlich zu seiner direkten Belohnungswirkung aktiviert Dopamin auch noch die Freisetzung von Endorphinen (*Pink*). Bei ihnen handelt es sich quasi um körpereigenes Morphium, um die Gutfühlhormone schlechthin. Bestes Beispiel für den Kick, den sie uns verschaffen, ist der Orgasmus. Doch auch beim Stillen, beim Sport und bei vielen anderen Gelegenheiten gönnt unser Hirn uns einen kleinen Schuss Endorphine. Fast gewinnt man den Eindruck, dass Freuds Credo »Alles ist Sex!« hier neurobiochemisch eine Bestätigung findet. Endorphine machen uns regelrecht »süchtig« nach der Nähe zu anderen, da sie durch deren Gegenwart ausgeschüttet werden. Sie beruhigen, und sie lindern Schmerz (Morphine sind die wirksamsten Schmerzmittel überhaupt!). Das kleine Kind, das sich verletzt hat, läuft in die Arme seiner Mutter, um Endorphine aufzutanken. Die Anwesenheit eines anderen hilft dabei, Schmerz und Leid zu überstehen. Und Sex müsste gut gegen Kopfschmerzen sein.

Doch noch einmal zum Dopamin (*Gelb*). Neben seiner belohnenden Wirkung ist es zugleich auch wesentlich an Lernprozessen beteiligt. Immer dann, wenn wir eine positiver als erwartete Erfahrung machen (was nebenbei bemerkt besonders für Gelegenheiten gilt, bei denen wir uns unsere Wirkmächtigkeit unter Beweis stellen können), wird Dopamin freigesetzt und ist dann gleich doppelt wirksam – und zwar einerseits zusammen mit den Endorphinen (*Pink*) als Belohnung für die erbrachte Leistung und andererseits als Schmieröl für die Informationsverarbeitung, um die erfolgreiche Lösung auch zu behalten. Was uns Freude bereitet, prägt sich uns demnach besser ein. Motiviertes Lernen ist effektiver.

Leider hat aber auch dieses Belohnungssystem seine Kehrseiten: So führt eine Überaktivität des Dopaminsystems (*Gelb*), wie bei der Schizophrenie, zu einer ungebremsten Suche nach neuen Informationsverknüpfungen. Der Betroffene unterliegt einer totalen Reizüberflutung, und die Masse an neuen und nicht mehr an der Realität orientierten Denkprozessen führt im wahrsten Sinne des Wortes in den Wahnsinn. Außerdem macht uns das Belohnungssystem anfällig für Drogen wie Alkohol, Nikotin oder Kokain. Sie alle führen zu einer Freisetzung von Dopamin und das beinahe ohne eigenes Zutun, garantiert. Noch verführerischer sind die Morphine wie Opium und Heroin, die direkt an den Endorphinrezeptoren (*Pink*) andocken und dadurch Lust ungeahnten Ausmaßes herbeizaubern. Ist die Aussicht auf einen stundenlangen Orgasmus nicht in der Tat verlockend und auf traditionelle Weise – wenn überhaupt, dann nur mit sehr viel Mühe und Schweiß – zu erreichen? (Zu exotischeren Wirkweisen siehe S. 193.) Überrascht da noch das enorme Suchtpotenzial dieser Drogen?

Und doch gibt es Forschungsansätze mit dem Ziel, den medizinischen Einsatz von Morphinen nicht mehr ausschließlich auf die Behandlung von Schmerzen zu beschränken. Trotz ihrer Verteufelung werden sie inzwischen kontrolliert in Niedrigdosierung und mit Erfolg gegen ansonsten therapieresistente Depressionen eingesetzt.[39] Dauerbelohnung, und sei sie nur chemisch eingeflößt, verscheucht das Stimmungstief. Wen wundert das?

Depression – die neue (?) Geißel der Menschheit

> **Essenz:** Auch chemisch gesehen ist Depression gegen sich gerichtete Aggression.
> **Konsequenz:** Aggression freizusetzen, kann Depression heilen, auch ohne Medikamente.

Laut der Weltgesundheitsorganisation (WHO) ist gemessen am volkswirtschaftlichen Schaden *Depression die weltweit kostspieligste Erkrankung überhaupt.* Zehn Prozent der krankheitsbedingten Arbeitsunfähigkeit in der Bevölkerungsgruppe zwischen fünfzehn und vierundvierzig Jahren gehen auf ihr Konto! Addiert man verwandte Krankheitsbilder hinzu, wie manisch-depressive Erkrankungen, Alkoholmissbrauch und Selbstverletzungen, sind es sogar zwanzig Prozent. (Andreasen, S. 4) Aus frühesten Überlieferungen der Menschheit liegen uns schon Schilderungen von Depressionen vor, beispielsweise im altägyptischen Eber-Papyrus aus dem neunzehnten Jahrhundert v. Chr. oder im Alten Testament (die Leiden des Königs Saulus, ebd., S. 270) Doch nie schien die Krankheit so verbreitet gewesen zu sein wie heutzutage. So ist es kein Wunder, dass der Kampf gegen die Depression weltweit zu einem zentralen Anliegen der Gesundheitspolitik erklärt wurde.

Schon seit Jahren erwirtschaftet die Pharmazeutische Industrie mit der Depressionsbekämpfung Milliardengewinne. Dabei ist unser Wissen zu den Entstehungsursachen dieser Krankheit bestenfalls mager. Allein das Antidepressivum Prozac® wurde so häufig verschrieben und geschluckt, dass sich die Substanz in den Ballungszentren der USA, allen voran in New York und Los Angeles, inzwischen im Trinkwasser angereichert hat und dort für die herabgesetzte Fruchtbarkeit der Stadtbevölkerung mitverantwortlich gemacht wird. Ich möchte hier nicht darauf eingehen, was das über die Art der Trinkwassergewinnung in amerikanischen Städten aussagt und ob in naher Zukunft ähnliche Meldungen zu Viagra® zu erwarten sein dürften (wenngleich mit anderen Auswirkungen).

Bleiben wir stattdessen bei der Depression. Ich deutete bereits an, dass psychoanalytische-Konzepte nahelegen, Depression als gegen die eigene Person gerichtete Aggression zu verstehen. Und diese aus der klinischen Beobachtung abgeleitete Vermutung findet nun auch in der Chemie ihre Bestätigung!

Chemie der Depression

Depressionen gehen mit herabgesetzten Serotoninwerten (*Grün*) einher, das ist bewiesen. Folglich haben nahezu sämtliche Antidepressiva, die zurzeit mit den unterschiedlichsten Wirkstoffen, Markennamen und Packungsfarben auf dem Markt sind, im Wesentlichen nur einen einzigen zentralen Wirkmechanismus: Sie erhöhen den Serotoninspiegel im synaptischen Spalt zwischen den Nervenzellen. Einige von ihnen steigern zusätzlich noch die Konzentration an Noradrenalin (*Orange*) und Dopamin (*Gelb*), doch das ist schon alles. Wie wenig wir letztlich wissen, zeigt sich auch daran, dass die Wirksamkeit eines Antidepressivums bei einem Patienten weder vorhersagbar noch verlässlich noch von ewiger Dauer ist.

Auch lässt Serotonin sich nicht nur mit Tabletten aus den Hirnwindungen herauskitzeln, wie psychiatrische Ernährungshinweise offenbaren: »Besonders empfehlenswert ist eine Kombination von Nahrungsmitteln mit einem höheren Eiweißanteil und einem niedrigeren Kohlenhydratanteil. Denn Eiweiß unterstützt die Bildung von Glücksbotenstoffen. Fettarme Milchprodukte, Soja, Eier, Fisch, insbesondere Sushi, sowie fettarmes Fleisch und Huhn fördern die Bildung des Neurotransmitters Serotonin. Bevorzugte Stimmungsmacher, wie etwa Schokolade, können bei seelischen Tiefs und an dunklen Tagen mit ruhigem Gewissen genossen werden, allerdings in Maßen.«[40]

Doch eine interessante Studie aus einem anderen Bereich gibt zu denken, ob der Slogan »Mit Serotonin zum Stimmungshoch« so einfach zutrifft. Männliche Impotenz (wieder einmal geht es um Sex) wird begleitet von herabgesetzten Testosteronwerten (*Lila*), auch das ist bewiesen. Folglich wird Testosteron zur Behandlung von Impotenz verabreicht (so wie Serotonin bei der Depression). Wissenschaftler testeten nun die Blut-Testosteronwerte einiger impotenter Männer, und – wie erwartet – waren sie erniedrigt. Die Männer wurden daraufhin mit Psychotherapie, mit mechanischen Hilfen und mit Viagra® behandelt, nicht aber wie sonst mit Testosterongaben. Das Ergebnis war verblüffend. Jene Männer, bei denen die Therapie erfolgreich verlief, hatten auf einmal auch wieder ganz normale Testosteronwerte. (Spitzer 2003, S. 46 ff.)

Damit entpuppte sich der Mangel an Testosteron lediglich als Folgeerscheinung des (fehlenden) Sexualverhaltens. Als Auslöser für die Impotenz schied er aus; er war lediglich deren Resultat. Die wahren Ursachen für das Männerleiden harren damit wohl weiter wissenschaftlicher Entdeckung.

Denkbar erscheint auch in diesem Fall ein sich selbst verstärkender (hier erschlaffender, zölibatärer) Kreislauf: Sexmangel durch zu viel Stress, durch Probleme in der Beziehung oder auch anderer Natur führt zu Testosteronmangel, der seinerseits das Liebesleben erlahmen lässt. Der Körper baut ab, was nicht benutzt wird! (Notabene: gilt auch für das Gehirn!)

Was spricht nun dagegen, dass es sich bei Serotonin (*Grün*) und Depression genauso verhält wie bei Testosteron (*Lila*) und Impotenz? Zumindest die unsichere und schwankende Wirksamkeit der Antidepressiva würde so erklärbar, wenngleich die chemischen Ursachen der Depression wieder im Dunkeln lägen. Vielleicht jedoch ist ein Blick auf die Bedeutung des Serotonins (*Grün*) in der Tierwelt erhellend.

Aggressive Chemie bei Tieren

Sind Flusskrebse depressiv? Wohl kaum. Das recht übersichtliche Nervensystem dieser Tiere besitzt gar kein Emotionsverarbeitungszentrum. Dennoch spielt Serotonin in ihrem Verhalten eine wichtige Rolle: Treffen zwei männliche Flusskrebse aufeinander, so kämpfen sie so lange, bis einer der beiden das Feld räumt. Beide Tiere lernen aus einem solchen Kampf: der Überlegene, dass er gewinnt (ein Siegertyp ist), der Unterlegene, dass er verliert (neudeutsch: ein Loser ist). Im Falle einer späteren Begegnung mit einem anderen Rivalen wiederholen die beiden von nun an automatisch die einmal gelernte Unterwerfungs- oder Siegerpose. Chemisch werden beide Varianten dieses vergleichsweise simplen aggressiven Verhaltens durch die Ausschüttung von Serotonin (*Grün*) gesteuert (das anschließend dann vermindert ist, weil es ja verbraucht wurde). Injiziert man einem männlichen Flusskrebs ein wenig von der

Substanz ins Nervensystem, so verhält er sich entsprechend der zuvor erlernten Kampfrolle. Das Serotonin aktiviert das Kampfverhalten, aber es bestimmt nicht seine Richtung (Sieg oder Niederlage).

Bei Schimpansen fand sich, dass die Serotoninkonzentration im Blut bei den dominanten Alphatieren einer Horde konstant höher liegt als bei den hierarchisch untergeordneten Tieren (Spitzer 2003, S. 280 f.), wobei auch das nicht heißen muss, dass man durch Serotonin zum Alphatier wird. Was lässt sich aus diesen Beobachtungen für uns Menschen ableiten?

Chemie der Depression = Chemie der Aggression

Ich zitiere hierzu führende neurobiologische Psychiater:»Zwischen einer fehlerhaften Funktion des serotonergen Systems und impulsiver Aggression konnte eine Verbindung nachgewiesen werden. Dies betrifft sowohl die Autoaggression, wie etwa bei Suizidversuchen, als auch Fremdaggression, etwa Wutausbrüche oder Gewalt.« Es kommt noch deutlicher: Es »liegen Hinweise auf einen Zusammenhang zwischen serotonergen Defiziten und impulsiver Aggression vor.« (Koenigsberg, S. 208) Entsprechend »ließ sich in Tierversuchen zeigen, dass [die] Zerstörung serotonerger Neurone zu ungehemmter Aggression führt.« (Köhler, in: *PTT* 4/2000, S. 205) *Exakt dasselbe neurobiochemische Defizit, das wir von der Depression her kennen, findet sich also auch bei übermäßiger Aggression!*

So wie Serotonin schon bei Flusskrebsen das Kampfverhalten steuert, nicht aber dessen Richtung (Sieger oder Unterlegener), ist es beim Menschen an der Regulation der Aggression beteiligt, unabhängig davon, ob diese auf andere (aggressives Verhalten) oder auf einen selbst (Depression) zielt. Der Neuropharmakologe Brian Leonard bestätigte mir bei einem Kongress[41], dass auch seinen Forschungsergebnissen zufolge die Neurobiochemie von Aggression und Depression in der Tat identisch ist. Und er kommt inzwischen ersten

Zusammenhängen auf die Spur, hat chemische Prozesse bei übermäßigem Stress als wesentliche Ursache von Aggression (und damit auch von Depression) identifiziert: Bei anhaltendem Stress wird Serotonin (*Grün*) vermehrt entlang eines alternativen Abbauweges entsorgt, weswegen sich seine Konzentration an den Synapsen verringert. Stress verursacht also Aggression, hier chemisch bewiesen. Doch die Entdeckung von Leonard geht noch weiter. In der Folge dieses sonst nicht üblichen Abbaus von Serotonin entstehen neurotoxische Substanzen. Nervenzellen werden geschädigt. Gleichzeitig führt das im Stress erhöhte Kortisol wegen seiner Auswirkungen auf das Immunsystem zu einer Hemmung der Reparaturprozesse im Gehirn. Dauerhafter Stress und verbunden damit länger anhaltende Depressionen erhöhen so aller Wahrscheinlichkeit nach das Risiko, später an einer Alzheimerdemenz zu erkranken. Nimmt nicht auch die Häufigkeit dieser Erkrankung in den vergangenen Jahrzehnten eklatant zu (wenngleich das sicherlich vor allem auf die Alterung der Bevölkerung zurückzuführen sein dürfte)?

Wie alles Gedachte werden auch erlebte Depressionen in der Hirnstruktur verankert, ihr Muster damit regelrecht erlernt, was die Gefahr von Rückfällen mit jedem neuerlichen Krankheitsschub erhöht. Fatale Teufelskreise mit zuletzt irreversiblen Depressionen sind die mögliche Folge.

Vergleichbar hat man inzwischen auch bei chronischem Schmerz herausgefunden, dass mit jedem weiteren Schmerzereignis die subjektive Empfindlichkeit zunimmt, sodass zuletzt geringste Auslösereize zu heftigen und im schlimmsten Fall therapieresistenten Schmerzzuständen führen können. »Es ist [beim Schmerz], als ob man Vokabeln lernt.«[42] Bekanntes Beispiel dafür ist der Phantomschmerz nach einer Amputation. Das Bein ist weg, doch der (vom Gehirn gelernte) Schmerz bleibt.

Unabhängig von all den völlig neuen Zusammenhängen und Konsequenzen, die sich auftun, bestätigt die Chemie der Depression eindrucksvoll die klassisch psychoanalytische

These,»dass die sogenannte Grundform der Depression das Ergebnis eines aggressiven Konflikts ist.«[43] Kompakter ausgedrückt: *Depression ist gegen sich selbst gerichtete Aggression!* Wenngleich in einer so komplexen Materie eine einfache Lösung sicher nicht alle Fragestellungen klären kann, so bewährt sich dieses Grundmodell jedoch tagtäglich in der praktischen psychotherapeutischen Arbeit. Sobald es einem depressiven Patienten gelingt, sich seiner Aggressionen bewusst zu werden und sie weg von sich selbst nach außen hin zu richten, bessert sich seine Symptomatik nicht selten dramatisch. Das gilt unter Umständen sogar für schwere und schon jahrelang mit Antidepressiva behandelte Depressionen. Damit ist für die Entstehung von Depressionen ein ähnlicher sich selbst verstärkender Kreislauf, wie bei der Impotenz geschildert, denkbar: Aufgestaute Aggression führt zu einem Mangel an Serotonin, der durch die damit einhergehende Depression verstärkt und chronisch werden kann.

Auch wird verständlich, warum in der Psychiatrie die vermeintlich überraschende Beobachtung gemacht wird, dass Aggressivität und Ärgerattacken häufig begleitend zu Depressionen auftreten. (Winkler-Pjrek, S. 6) Beide sind ursächlich identisch und lediglich ihrer Ausrichtung nach verschieden (gegen sich selbst oder gegen andere gerichtet).

Hochbrisant sind in diesem Zusammenhang neueste Forschungsergebnisse, die den Schluss nahelegen, dass die medikamentöse Behandlung einer Depression die Rückfallwahrscheinlichkeit erhöht! (Bauer 2007, S. 95) Das überrascht nicht, wenn wir uns vergegenwärtigen, dass die Zufuhr von Serotonin in den synaptischen Spalt allein kaum eine dauerhafte Änderung der Hirnstruktur mit sich bringen dürfte. Zwar wird die Aggression gedämpft, was durchaus hilfreich sein kann, denn heftige Emotionen engen unser Denken ein (siehe S. 54); andere, im (autoaggressiven) Gefühlssturm vernebelte Sichtweisen der Dinge können so freigesetzt werden. Doch dürfte dieser Effekt nach einer Weile wirkungslos verpuffen, wenn die Depression, wie meist, in einem ungelösten aggressiven Konflikt begründet ist und dadurch die Wut wieder aufflammt.

Entsprechend konnte jüngst belegt werden, dass eine angemessene Psychotherapie, indem sie an den ursächlich verantwortlichen Nervenzellnetzwerken ansetzt und darüber nachweislich auch den Serotoninspiegel normalisiert, das Risiko einer erneuten Erkrankung senkt. (ebd. S. 133, 218) Angesichts des Multimilliardenmarktes der Antidepressiva sind solche Erkenntnisse der reinste Sprengstoff! Ich möchte hier nicht auf der Welle der populären und pauschalen Pharmaverteufelung reiten – Antidepressiva haben als befristete Behandlung zur Überbrückung depressiver Tiefs und zur Ergänzung von Psychotherapie durchaus ihren Platz (auch wenn die jüngste Studie von Irving Kirsch und Kollegen das infrage stellt, dabei allerdings diverse Mängel aufweist).[44] Es deutet jedoch alles darauf hin, dass es im bestehenden Gesundheitssystem primär um den Tablettenverkauf und nicht um Gesundheitssicherung geht[45] – hierzu später noch mehr –, womit Verschreibung fatalerweise Vorrang vor bestmöglicher Behandlung hat.

Doch die Bedeutung der Aggression für das Verständnis psychischer Erkrankungen reicht noch weiter. Neben Essstörungen (»Mir ist zum Kotzen«) können auch Panikattacken und Angstanfälle, auf psychoanalytischen Modellen fußend, partiell als Äußerungsform von Aggression verstanden werden. Sie wird in diesem Fall unbewusst auf die Umwelt projiziert, wodurch der folgenschwere Kreislauf in Gang kommt, den wir schon beim Menschen in der Masse kennenlernen konnten: Wenn die anderen so wütend sind, wie ich selbst es bin, dann muss ich verdammt auf der Hut sein. Zugleich ärgert mich das, wodurch meine Wut noch größer wird (mit dem Ergebnis, dass das Ausmaß meiner Projektion und damit auch der Grund für meine Angst weiter zunimmt).

Ganz entscheidend (und bereits seit Freud gut in der Literatur verankert) ist die Rolle von Aggression bei Selbstmorden und bei Selbstmordversuchen. Meist beinhalten sie (wiederum oft unbewusst) einen wütenden Vorwurf an die

Umgebung: »Ihr seid schuld daran, dass ich mir das antun muss!« Ein chinesisches Sprichwort bringt diese Anklage auf den Punkt: »Das Schlimmste, was ich meinem Feind antun kann, ist, mich vor seiner Tür zu erhängen!«

Ausnahmsweise plaudere ich hierzu einmal aus dem Nähkästchen. Geschichten meiner Praxispatienten sind für mich Tabuzone (auch in meinen Kriminalromanen), doch erinnere ich mich noch gut an eine Begebenheit aus meiner Zeit als junger Assistenzarzt an einem psychiatrischen Krankenhaus (inzwischen wurde der Pavillon meiner Station übrigens dem Erdboden gleichgemacht, damit der Sicherheitstrakt für straffällige Psychiatriepatienten ausgebaut werden konnte – so viel zur Aktualität des Themas Aggression): Eine Patientin mit wiederholten Selbstmordversuchen in ihrer Vorgeschichte kommt zu mir in die Stunde. Sie wirkt depressiv und berichtet mit tonloser Stimme, sie habe sich in einen Mitpatienten verliebt. Er sei die Liebe ihres Lebens, verstehe sie besser als jeder andere zuvor. Doch jetzt habe er ihr Geld gestohlen. Nein, wütend sei sie nicht, er könne doch nichts dafür, er sei ja ebenfalls krank. Ganz bestimmt sei sie nicht verärgert. Sie ziehe halt immer den Kürzeren und wisse sowieso, dass man niemandem trauen könne.

Als sie mein Zimmer verlässt, ist mir nicht wohl zumute. Ich gehe ihr nach, doch sie ist verschwunden. Schließlich wird sie von der Oberschwester in der Damentoilette gefunden, wo sie gerade dabei ist, sich mit einem Kabel zu erhängen; zum Glück sind wir noch rechtzeitig zur Stelle. Unvermittelt beginnt sie nun zu toben, rennt aus der Toilette in den Aufenthaltsraum, brüllt markerschütternd und wirft mit dem Mobiliar um sich. Erschöpft hockt sie sich schließlich auf den Boden, und ich setze mich neben sie. »Jetzt geht es Ihnen besser, nicht?« Sie schaut mich an. »Ja, stimmt.« Tags darauf schrillt auf der Station plötzlich der Alarm. Die Patientin hat ihn ausgelöst. Wieder hat sie versucht, sich zu erhängen, doch irgendwie will es heute nicht klappen. Deshalb hat sie selbst Hilfe geholt. Ihr dranghafter Wunsch danach, sich etwas anzutun, ist durchbrochen.

Alles zusammen, aber wie?

Essenz: Die psychische Entwicklung steht von Beginn an (Befruchtungszeitpunkt!) unter dem Einfluss der Umwelt. Stress verstärkt das Aggressionspotenzial. Gute Beziehungen helfen Stress vermindern. **Konsequenz:** Aggression dient der Bestätigung der Wirkmächtigkeit und der Überwindung von Grenzen. Nur wenn sie scheitert oder wenn aufgrund von exzessivem frühem Stress ihr Potenzial übermäßig ist, wird sie destruktiv.

Ein Gesamtmodell zur Aggressionsentstehung

Die Entstehung der Psyche

Mit der Verschmelzung von Ei- und Samenzelle beginnt die Entfaltung der in der Befruchtung vereinten genetischen Information. Etwa die Hälfte aller Gene ist hierbei für die Ausbildung der Grundstruktur des Gehirns zuständig. Von Beginn an steht dieser Prozess unter dem Einfluss der Umwelt, da die Genaktivierung nicht schematisch, sondern in Abhängigkeit von Außeneinwirkungen gesteuert wird. Dabei sind nicht allein direkte Gifte wie radioaktive Strahlung oder chemische Substanzen wirksam. Vielmehr ist das Spektrum an indirekten Faktoren auf dem Weg vom Gen zum ausgebildeten Merkmal enorm. Nahezu alles, was auf die werdende Mutter einwirkt, wird in modifizierter Form auch an Embryo und Fetus weitergereicht. Für die Aggressionsentstehung spielt hierbei jegliche Art von mütterlichem Stress die zentrale Rolle – psychisch und physisch.

Bereits Ende der achten Schwangerschaftswoche ist der Grundaufbau der Hirnstruktur fertig. Ab diesem Zeitpunkt

157

entsteht das erfahrungsabhängige Verschaltungsnetzwerk zwischen den einzelnen Nervenzellen. Damit ist der größte Teil der psychischen Entwicklung auch schon vor (!) der Geburt bereits von gespeicherter Information geprägt und keineswegs rein genetisch bestimmt. Hierdurch entwickelt sich jede Hirnstruktur bereits vorgeburtlich individuell, weswegen es selbst bei komplett gleichen Genen niemals zwei identische Klone geben wird.

Beim Embryo ist die Reaktion auf Außenreize ab der siebten Schwangerschaftswoche belegt. Der Fetus reagiert schon in der Mitte der Schwangerschaft nicht mehr viel anders auf störende Einflüsse als ein Neugeborenes. Er grimassiert, wendet sich ab, tritt aus. »Bei Rockkonzerten haben Schwangere durch das heftige Strampeln ihrer Ungeborenen sogar Rippenbrüche erlitten.« (Chamberlain, S. 29) Genauso lernen Feten; sie reagieren emotional, wie Beobachtungen an Frühgeborenen belegen; und bei Zwillingen im Mutterbauch fanden sich bereits Ansätze sozialer Interaktion zwischen ihnen. (ebd. S. 32 ff.)

Die Geburt selbst ist aus Sicht der psychischen Entwicklung zweifelsfrei ein einschneidendes Erlebnis, das die Gefahr vielfältiger Traumatisierungen mit sich bringt, sei es durch medizinische Eingriffe, Medikamente, Narkosen oder sonstige Komplikationen. Sie ist sicher nicht der Beginn des psychischen Erlebens. Wiewohl weitgehend ignoriert, ist auch dieses Wissen kein Neuland. Schon 1913 formulierte der Psychoanalytiker Ferenczi: »Wenn also dem Menschen im Mutterleibe ein wenn auch unbewusstes Seelenleben zukommt – und es wäre unsinnig zu glauben, dass die Seele erst mit dem Augenblick der Geburt zu wirken beginnt – ... können wir behaupten, dass die Spuren intrauteriner [vorgeburtlicher, Anm.] psychischer Vorgänge nicht ohne Einfluss auf die Gestaltung des nach der Geburt sich produzierenden psychischen Materials bleiben.« (Lorenz 1999, S. 15) Freud folgte ihm darin 1925: »Intrauterinleben und erste Kindheit sind weit mehr ein Kontinuum, als uns die auffällige Caesur des Geburtsaktes glauben lässt.« (Bd. XIV, S. 169) *Nicht das Ungeborene nimmt nichts wahr, sondern wir haben bislang das Ungeborene in seiner vielfältigen psychischen Existenz ignoriert,* weil es so versteckt im Bauch der Mutter für uns Außenstehende nicht sichtbar war.

In dem sich so abzeichnenden Kontinuum *unterliegt die psychische Entwicklung, ausgehend von der genetischen Basis, über das Leben im Uterus, Geburt, Säuglingszeit, Kindheit und Pubertät bis hin zum Erwachsenendasein, an jedem Punkt Einflüssen von außen.* Diese Wechselwirkung zwischen biologischer Vorgabe und Umwelt ist die Grundlage, aus der heraus sich die Psyche bildet und aus der heraus damit auch die Entstehung der menschlichen Aggression verstanden werden muss.

Da alles neu Gespeicherte in die bereits vorhandene Hirnstruktur integriert wird, beeinflusst diese die Wahrnehmung und Verarbeitung jeder hinzukommenden Information. *Früh gemachte Erfahrungen dürften damit potenziell stärker wirksam sein als spätere.* Wie bei einem Baum entscheiden Stamm und Wurzeln darüber, wie groß und zahlreich seine Äste sein können. Darüber hinaus sind einzelne biologisch sensible Phasen für die Entwicklung der menschlichen Psyche bekannt. Nicht nur so offenkundige Veränderungen wie die Pubertät fallen darunter, sondern sie existieren für viele Lernbereiche, wie beispielsweise auch Laufen oder Sprechen. Von der Aggression ist bekannt, dass sich ihr Potenzial bis etwa zum sechsten Lebensjahr weitgehend und irreversibel formt. (Psychotherapie von Erwachsenen kann damit nicht primär das Aggressionspotenzial selbst beeinflussen, sondern sie muss am Umgang mit diesem ansetzen – innerpsychisch und im Verhalten.)

Wirkmächtigkeit und Beziehung

Das gesamte psychische Erleben baut sich über die beiden zentralen Erfahrungsebenen von Wirkmächtigkeit und Beziehung auf. Sie formen die Vorstellung, die wir uns zeitlebens von uns selbst und von anderen erschaffen.

Wie wir gesehen haben, kann unser Gehirn ohne Reize von außen nicht existieren. Es braucht Wahrnehmungssignale wie unser Körper die Luft zum Atmen. Spätestens ab dem zweiten Lebensmonat benötigt es jedoch nicht nur ein passives Empfangen äußerer Stimuli, sondern auch das Erleben eigenen aktiven Handelns. Gelingt dies erfolgreich, so empfindet schon ein Säugling Lust, wird es gehemmt, so reagiert er mit Ärger. Schon hier erzeugt Frustration Aggression. Vor dem Hintergrund, dass sich Erlebtes in der Hirnstruktur niederschlägt, wird bereits ab diesem frühen Zeitpunkt eine wiederholte Hemmung der Wirkmächtigkeit eine Verstärkung des Aggressionspotenzials zur Folge haben.

Nun sind allerdings ab den ersten Lebensstunden Frustrationen und Angst unvermeidbar, werden kaum je alle Bedürfnisse des Neugeborenen befriedigt werden können. Kam es schon vor und während der Geburt zu außergewöhnlichen Belastungen, so ist bei ihm möglicherweise bereits eine erhöhte Stressempfindlichkeit angelegt und wird jetzt durch Hunger, Schmerzen, Trennungen und dergleichen noch verstärkt.

Die *zentrale Macht zur Stressbekämpfung,* zur Abmilderung von Ärger und zur Angstlinderung ist die *zwischenmenschliche Beziehung.* Denken Sie an den Versuch mit dem Affen im Käfig, der vom knurrenden Hund umkreist wurde (S. 135 f.). Seine Furcht verflog, als er sich an einen vertrauten Mitaffen klammern konnte. Der Säugling findet diese Sicherheit in der konkreten Anwesenheit und Verfügbarkeit der Mutter. Sie mildert seinen Stress bei Angst und Wut (die, indem sie projiziert wird, auch bei dem kleinen Wesen ihrerseits schon Angst verursacht). Dieses Auffangen von emotionalen Spitzen ist jedoch kein Kippschalter, der einfach umgelegt werden muss, sondern braucht wie alles Emotionale seine Zeit. Hieraus erklärt sich die Beobachtung, dass der nach der Brust schreiende Säugling diese anfangs kratzend und beißend ablehnt, wenn sie dann endlich kommt (siehe S. 109). Seine Wut, sein Stress muss sich erst abbauen, bevor er zu trinken imstande ist. Auch hierfür ist die einfühlsame Anwesenheit der Mutter von zentraler Bedeutung. Sie ermöglicht ein regelrechtes *Verdauen dieser frühen Gefühlsstürme.* *Gelingt das nicht, aus welchen Gründen auch immer, so staut sich der unverarbeitete Stress dauerhaft als gesteigertes Aggressionspotenzial* an, wie die Bindungsforschung eindrucksvoll belegt hat.

Das frühe Zusammenspiel zwischen Mutter und Säugling prägt entscheidend die ersten verinnerlichten Beziehungsmuster des Kindes, die die Basis für weite Bereiche seines gesamten emotionalen Erlebens sind und bleiben werden. Selbstverständlich kann an die Stelle der Mutter auch eine andere Bezugsperson treten, so wie ihre Brust auch durch ein Milchfläschchen ersetzt werden kann. Wenngleich nicht optimal, kann ein solcher Ersatz fraglos ausreichend gut für die psychische Entwicklung eines Kindes sein. Sicher ist eine liebevolle Ersatzperson eine bessere Alternative als eine frustrierte und damit aggressiv aufgeladene Mutter. Die Parole »Frauen an den Herd« ist damit nicht automatisch der Königsweg zu glücklicheren Kindern.

Aus der anfänglichen Abhängigkeit von einer realen Präsenz der Mutter entwickelt sich schrittweise ein verinnerlichtes Abbild von ihr, das Abwesenheiten der Mutter stabil überdauert. Das Verhalten spielender Kleinkinder, die sich über das Weggehen ihrer Mutter zwar verärgert zeigen, sich dann aber damit abfinden können, um sich anschließend bei ihrer Rückkehr zu freuen, verdeutlicht das. (Siehe Fremde-Situation-Test, S. 97 ff.) Mit der gelungenen Verankerung einer Abrufbarkeit der verlässlichen Mutter in der Psyche steigt die Toleranz für Angst und Frustration ganz erheblich. Die hierdurch verringerte Stressbelastung wirkt pathologischer Aggression entgegen.

Zugleich unterstützt die nun symbolisiert immer anwesende Mutter die neugierigen Erkundigungen ihres Kindes, das lustvoll seine Wirkmächtigkeit ausprobieren und üben kann. Anfangs vergewissert es sich noch (und hält inne, wenn die Mutter Angst oder Ärger signalisiert), doch bei ausreichender Bestätigung weiß es bald unbewusst: »Du schaffst das schon. Wenn Gefahr droht, wirst du dich ihr schon ausreichend gut stellen können, oder Mama wird kommen und dir helfen.« Ein Kreislauf kommt in Gang, der sich konkret und phantasiert immer aufs Neue bestätigt. Auch die Vergewisserung eigener Handlungsfähigkeit verbessert die Angsttoleranz, Stress nimmt ab, und Wut wird nicht destruktiv. Inzwischen konnte sogar neurobiologisch nachgewiesen werden, dass eine gute emotionale Bindung an die Mutter, vermittelt durch Dopamin (*Gelb*) und Endorphine (*Pink*), die Hirnreifung besonders zwischen dem 12. und 18. Lebensmonat stimuliert. (Ciompi, S. 58, 128)

Umgekehrt bildet sich bei unsicher gebundenen Kindern, denen die konstante innere »gute Mutter« fehlt, dysfunktionaler, das heißt übermäßiger, unangemessener und funktionsloser Ärger aus. Statt wiederholter Belohnung erfahren sie Stress. Ein generalisierter Teufelskreis aus aufgestauter und in die Wahrnehmung der Umwelt hineingedeuteter Aggression entsteht.

Doch selbst wenn eine Mutter mehr als gut genug ist und mit ihr die anderen Bezugspersonen, bleiben Frustrationen nicht aus. Die Realität fordert ihren Tribut. Das Kind experimentiert mit seiner Wirkmächtigkeit herum und ist dabei bemüht, auszutesten, wie weit es denn gehen kann. Besonders eignet sich dafür die Beziehung zu seiner Mama. Schafft sie es wirklich perfekt, pausenlos verfügbar zu sein und jeden Wunsch von seinen anfangs noch weitgehend sprachlosen Lippen abzulesen? Die Grenzen kommen und damit unvermeidlich auch die Wutanfälle.

In diesen Momenten, in denen der andere frustrierend unfähig ist, kocht der Zorn hoch. Die Mama, die ich abgöttisch liebe, ist jedenfalls eine andere als die, die sich jetzt weigert oder zu dumm ist, mich zu verstehen. In diesen Augenblicken heftigster Gefühlswallung manifestiert sich die Spaltung. Beide Abbilder der Mutter werden symbolisiert in der Psyche repräsentiert, doch voneinander getrennt gehalten, denn sonst würde die rasende Wut, die der bösen Mutter gilt, ja auch die gute angreifen und womöglich zerstören.

Erst wenn die Vorstellung vom anderen als konstant und nicht mehr nur aus dem aktuellen Zustand heraus erlebt wird, kann emotional zugelassen werden, dass beide Mütter ein und dieselbe Person sind. Schritt für Schritt etabliert sich so ein stabiles Konzept von anderen und von den eigenen Interaktionsmöglichkeiten mit ihnen, eine Integration des Selbst und der Objekte. Das gelingt allerdings nur, wenn die Erfahrung verinnerlicht werden kann, dass die gute Mutter durch die massive Wut eben nicht vernichtet wird, sondern den tobenden Ausbruch unbeschadet übersteht. Wird hingegen diese Wut nicht verarbeitet, etwa weil die Mutter nicht anwesend ist, weil sie unfähig ist, ein so heftiges Gefühl aufzufangen und abzufedern, weil sie im Gegenteil selbst unter massiver Anspannung steht und so weiter, so bleibt die Spaltungstendenz als wesentliche Charakterstruktur für die eigene Sicht auf die Welt auch außerhalb von emotionalen Extremen, wo sie wie beschrieben jeden erfasst, dauerhaft präsent. Dann gibt es immer nur Schwarz und Weiß, nur Gut und Böse. Zugleich wird die unverarbeitete Wut in die Umwelt hineinprojiziert, sodass diese tendenziell bedrohlich erscheint, was den Sog zu einer gespaltenen Sicht der Dinge noch verstärkt.

Wir sehen einmal mehr, dass letztlich alle Denkprozesse immer in sich selbst verstärkende Kreisläufe einmünden. Wir neigen dazu, uns unsere früheren Erfahrungen zu bestätigen und tragen selbst – meist ohne es zu merken – dazu bei, dass es dazu auch kommt. Zweifelsohne liegt darin ein weiterer Baustein für das Zustandekommen übermäßiger Aggressionspotenziale.

Wie wir denken

> **Essenz:** Jedes Gefühl hat seine Logik und neigt zur Selbstver-
> stärkung über die Phantasie.
> **Konsequenz:** Nur durch Einsicht lässt sich diese Spirale
> durchbrechen.

Einige Grundregeln bestimmen den Aufbau der Hirnstruktur, von denen insbesondere Generalisierung (»Das kenne ich schon«), emotionale Selektion (was stark gefühlsbesetzt ist, erscheint wichtiger) und Selbstverstärkung (»Ich bleibe bei Bewährtem«, das sich dadurch erneut bestätigt) einen wesentlichen Einfluss auf das Aggressionspotenzial haben. Stets wird eine neue Erfahrung nur auf der Basis der bereits bestehenden Struktur bewertet und immer auch modifiziert sie diese zugleich. Jeden Augenblick erschafft unser Gehirn seine Welt in dieser zirkulären Wechselwirkung mit der Umwelt neu. Eine solche Konstruktion kann nur subjektiv sein, und sie steht notwendigerweise unter dem Einfluss unserer Emotionen. Diese wiederum filtern gezielt unsere Wahrnehmung, sodass es abhängig von der aktuellen affektiven Verfassung zu unterschiedlichen Sichtweisen identischer Situationen kommen kann, also *jedes Gefühl seine eigene »Logik« entwickelt.* (Ciompi, S. 164)
Hirnstromanalysen weisen auf die Existenz von fünf Grundaffekten bei uns Menschen hin, die in gleicher Form auch bei Affen und sogar bei den meisten anderen Säugetieren zu beobachten sind: Neugier, Freude, Angst, Wut und Trauer. (Mir persönlich fehlt hier die Lust, doch vielleicht findet sie sich ja noch eines Tages.) Diese Basisaffekte jedenfalls sind genetisch kodiert und werden wie alles Denken umweltabhängig zur Ausprägung gebracht. (ebd., S. 81 ff.) Wesentliche Aufgabe der Affekte ist es, die Interaktion mit der Außenwelt zu strukturieren, ja letztlich überhaupt erst zu ermöglichen. Nur durch das affektiv gesteuerte Fokussieren und Selektieren unserer Wahrnehmung ist die Vielzahl an Sinnesreizen, die andauernd auf uns einprasselt, zu bewältigen. Zugleich regelt die

emotionale Filterung, was dauerhaft im Gedächtnis gespeichert wird und was nicht. Je stärker hierbei der Affekt ist, desto verengter (fokussierter) aber auch vertiefter (intensiver) ist die Wirkung des Wahrgenommenen. Nicht nur Liebe macht blind, sondern eben auch Wut. Die Affekte sind demnach der Treibstoff für die sich selbst verstärkenden Gedankenspiralen (mit den daraus resultierenden, möglicherweise auch fatalen Konsequenzen). Allesamt dienen sie der Hinwendung zur Umwelt (Neugier) und der Reaktion auf die Auseinandersetzung mit ihr, die abhängig vom Erfolg belohnend (Freude) oder frustrierend (Angst, Wut, Trauer) sein kann.

Grundsätzlich besteht die Funktion des Organs Gehirn in der Befriedigung unserer Bedürfnisse im weitesten Sinn – und zwar derjenigen des Körpers ebenso wie mit dem fortgeschrittenen Entwicklungsstand seiner Selbstorganisation auch seiner eigenen. Die Dynamik der Komplexitätszunahme hat sich ganz von allein immer weiter aus sich selbst heraus verstärkt. Ab einer bestimmten Abstraktionsstufe entstand so die Phantasie als Fähigkeit, unsere Interaktion mit der Umwelt auch fiktiv durchzuspielen, und erweiterte unser Denkpotenzial ins Grenzenlose. Doch zugleich beinhaltet sie auch die Gefahr, dass wir uns ohne notwendigerweise realen Hintergrund in Denkspiralen hineinsteigern.

Diesen Teilaspekt interpretierte Konrad Lorenz als Sackgasse der innerartlichen Selektion, doch stimmt sein Vergleich keineswegs. Die menschliche Aggression ist kein eigenständiges Merkmal, sondern ihre Entwicklung ist eingebunden in die Erweiterung unserer Denkebenen. Außerdem unterliegt sie massiv äußeren Einflussfaktoren auf die Hirnentwicklung, worin der Hauptgrund dafür liegen dürfte, dass Aggressionspotenzial und Intelligenz eines Menschen so wenig miteinander korrelieren. Und zu guter Letzt sind wir eben nicht passive Marionetten eines aggressiven Triebes; vielmehr können wir ab einer gewissen Abstraktionsstufe unsere Interaktion mit der Umwelt von außen betrachten, unser Denken und Handeln hinterfragen und damit Verhaltensregeln für unseren

Umgang miteinander schaffen, die Destruktion und Gewalt potenziell verhindern können. *Wir sind grundsätzlich zu Selbstreflexion, zu einer distanzierten Betrachtung von uns selbst und damit zur Übernahme von Verantwortung für unser Tun in der Lage.* Durch gezielte Nutzung dieser Einsicht in das eigene Verhalten konnte beispielsweise verhindert werden, dass Eltern, die selbst Opfer von Traumatisierungen gewesen waren, diese, wie sonst meist üblich, an ihre Kinder weitergaben. Jüngste Forschungsergebnisse weisen sogar darauf hin, dass es möglich ist, durch die willentliche Unterdrückung eines gelernten Gedächtnisinhalts dessen strukturelle Speicherung im Gehirn zu hemmen, also (selbst)bewusst die Hirnstruktur zu beeinflussen. (Spitzer 2003, S. 35 ff.)

Wer bin ich oder kann ich wollen?

Essenz: Auch wenn sich die Experten weiter darüber streiten, spricht alles dafür, dass unser Wille zumindest in Teilen durch bewusstes Denken gesteuert werden kann.
Konsequenz: Das Konzept der wenngleich begrenzten Verantwortung für unser Handeln ist nützlich und kann auch bei der Eindämmung von Aggression hilfreich sein.

Wie kommt es aber dann, dass sich die Gelehrten streiten, wenn es um die Frage nach dem freien Willen geht? Beispielhaft endete im Jahr 2000 der Versuch einer interdisziplinären Verständigung zwischen Philosophen, Psychologen und Neurobiologen zu diesem Thema damit, dass die diskutierenden Experten »sich mit wechselseitigen Schuldzuweisungen zerstritten und schließlich kapitulierten.« (Tress/Heinz S.12) Wollen die das (müssten die Philosophen fragen) oder können die nicht anders (so die Neurobiologen)? Hier ein paar kurze Erläuterungen, wie es zu diesem Dilemma kommen konnte:

Wieder einmal war ein Experiment der Stein, der die Lawine ins Rollen brachte und seither für die erbitterten Grabenkämpfe sorgt. Benjamin Libet forderte in den Achtzigerjahren verkabelte Freiwillige auf, eine einfache Bewegung mit der rechten oder mit der linken Hand durchzuführen und maß den Zeitpunkt der bewusst empfundenen Entscheidung. Was er fand, waren 350 Millisekunden, die die Welt verändern sollten oder eben auch nicht. Um diese Zeitspanne konnte regelmäßig im Gehirn ein motorischer Nervenimpuls gemessen werden, der bereits, bevor die menschlichen Versuchskaninchen ihre bewusste Wahl trafen, eindeutig ihre Handlung bestimmte. Sie hatten sich also unbewusst längst zwischen rechts und links entschieden gehabt, als sie sich vermeintlich dazu entschlossen!

Während Libet sich in seinen Schlussfolgerungen aus dieser Beobachtung bescheiden gab und sie lediglich als Beweis für die Existenz des Unbewussten ansah (Freuds Thesen im Hirnstrombild bestätigt!), waren andere Neurobiologen vollmundiger und erklärten pauschal den freien Willen zu einem Phantasiegespinst. Der empfundene Wille entstehe grundsätzlich erst nach einem Handlungsimpuls und diene lediglich als Vereinfachung, um die hochkomplexen Entscheidungsprozesse in unserem Nervennetzwerk uns selbst und anderen gegenüber vermitteln zu können. (Franz, S. 58) Verantwortung im eigentlichen Sinne sei damit Fiktion, da unser Verhalten ja ausschließlich von unbewussten Entscheidungsprozessen gesteuert werde. Strafrechtlich sei das Prinzip der moralischen Schuld hinfällig und müsse konsequenterweise durch den verantwortungsfreien Begriff der »Normenverletzung« ersetzt werden. (Roth, S. 79)

Werden da nicht aus einer einfachen Handbewegung Schlussfolgerungen abgeleitet, die weit übers Ziel hinausschießen? Aus einer simplen Handlung, die noch dazu keinerlei Konsequenzen nach sich zieht und emotional völlig unbesetzt ist, auf sämtliche Entscheidungsprozesse im menschlichen Gehirn Rückschlüsse zu ziehen, ist wohl schlichtweg Unsinn.

Der Faktor Zeit wird einfach fallen gelassen[46], obwohl gerade er eine ganze Palette von Verhaltensweisen unterscheidbar macht, solche mit und solche ohne Willen. Beispielsweise stellen Reflexe – unwillkürlich ziehe ich meine Hand von der heißen Herdplatte zurück – unmittelbare Handlungsabläufe dar, die willenlos nur über das Rückenmark gesteuert werden, um so schnell wie möglich aktiviert werden zu können. Der Wille ist hieran gar nicht beteiligt. Genauso entstehen die sogenannten Affekthandlungen ohne Entscheidungsfindung im Vorfeld, aus einer plötzlichen Situation heraus – der Vater, der zusehen muss, wie seine Tochter erschossen wird, bringt unmittelbar darauf im Affekt den Täter um (d.h. weitgehend willenlos unter dem emotionalen Einfluss des schockierenden Erlebnisses) – und münden demzufolge strafrechtlich in Freispruch.

Benjamin Libet selbst berücksichtigt den Zeitfaktor, anders als einige seiner Nachfolger, durchaus und gelangt zu der Schlussfolgerung, dass die Möglichkeit, einen Handlungsimpuls zu hemmen, als Ausdruck willentlicher Aktivität zu werten ist, und dass – dem schließen sich auch eingefleischte Neurobiologen an (Singer/Roth, S. 57) – das unbewusste emotionale Erfahrungsgedächtnis Handlungsplanungen zensieren kann (was eigentlich nicht überrascht, sind doch Hemmung und Verstärkung die beiden entscheidenden Mechanismen, mit denen Information in unserem Gehirn gefiltert wird).

Auf einer anderen Ebene spricht auch die Beobachtung, dass Einsicht zur Änderung von Erleben und Verhalten führen kann, eindeutig für die bewusste Beeinflussbarkeit unseres Handelns. Einen anschaulichen Beleg hierzu vermittelt das folgende Beispiel:

Philipp M. war nach einem Motorradunfall der verletzungsbedingt gelähmte linke Arm amputiert worden, und seither litt er an Phantomschmerzen. Ihm kam es so vor, als sei sein Arm in einer schmerzhaften Stellung fixiert. Erst der findige Neurologe S. Ramachandran aus San Diego verfiel auf einen Trick, der dem Gequälten Abhilfe verschaffte. Er konstruierte eine Vorrichtung, in die Philipp seinen gesunden rechten Arm stecken konnte und dabei über einen Spiegel den Eindruck bekam, als sei dieser zugleich auch sein linker Arm. Wenn er nun seinen rechten Arm bewegte, nahmen seine Augen es so wahr, als würde auch sein fehlender linker Arm die gleiche Bewegung ausführen, und genau diese Information wurde in seinem Gehirn verarbeitet. So ließ sich die vermeintliche Fehlstellung des amputierten Armes beheben! Die *bewusste* visuelle Wahrnehmung überspielte die alte *unbewusst* fixierte Rückmeldung zur Lage des verlorenen Körperteils. (Siefer/Weber, S. 245 f.)

Bei näherer Betrachtung bleibt von der ganzen Willensdebatte eigentlich wieder einmal nichts Überraschendes: eine *eingeschränkte Willensfreiheit*, wie sie schon von Freud und anderen vor und nach ihm postuliert wurde (Nitzschke, S. 41). Auf der Basis unserer verinnerlichten Erfahrungen verfügen wir über ein Sammelsurium an Handlungsalternativen, aus denen wir situationsabhängig auswählen können. *Abhängig von unserer emotionalen Verfassung und von der Zeit, die uns für eine Entscheidung zur Verfügung steht, haben wir eine begrenzte Freiheit der Wahl, die wir als Willen erleben*, ein Konstrukt, das sich als ausgesprochen nützlich im sozialen Umgang der Menschen miteinander erwiesen hat. Es erlaubt, die notwendige Information auf ein Minimum reduziert zusammenzufassen (Sparsamkeit im Umgang mit den Ressourcen verbessert die Konkurrenzfähigkeit) und so die abstrakte Vorausplanung unseres Handelns zu vereinfachen (Zukunftsplanung verbessert die Überlebenschancen, weswegen es Menschen zu Wahrsagern, Börsengurus und anderen Zukunftspropheten zieht).

So wie der Wille erweist sich auch unsere Erfahrung, ein Jemand, ein »Ich« zu sein, als sinnvolle Vereinfachung, die uns dabei hilft, die durch die Bewusstseinsschranke vorgefilterten Reize zu ordnen, die andauernd von Körperinnerem und Körperäußerem im Gehirn eintreffen. Und dieses Ich erleben wir als ein Entscheidungen treffendes und zur Übernahme von Verantwortung fähiges Individuum. Doch wie wird aus elektromagnetischen Wellen ein Selbstkonstrukt? Ein ganz neuer Wissenschaftszweig, die schon erwähnte Neurophilosophie, nimmt sich der Erforschung dieser Schnittstelle zwischen elektromagnetischer Stimulation und subjektiver Konstruktion an. (Erny, S. 84) Bislang erwies sich der Übergang von der Hirnfunktion zum Denken als unverstehbar, als sogenannte »Erklärungslücke«, an der sich bereits Generationen von Philosophen die Zähne ausgebissen haben, und man wird nie beide Ebenen austauschbar gleichsetzen können, da es sich um unterschiedliche Kategorien handelt (so wie etwa die chemische Formel von Zucker nicht dessen Geschmack beschreiben kann). Dennoch teile ich mit Georg Northoff, der an der Universität Magdeburg das Labor für Bildgebung und Neurophilosophie leitet, den Optimismus, dass elektromagnetische Wellen und Gedanken eines Tages parallel zueinander gesetzt werden können, wenngleich nicht eins-zu-eins, da die Komplexität der Gedanken (S. 42 f.) immer die Möglichkeiten der Bildgebung übersteigen wird. In einem ersten Schritt ist es Northoff jedenfalls schon gelungen, in Hirnstrombildern nachzuweisen, dass bewusstes Denken unsere Emotionen beeinflussen kann. (Siefer/Weber, S. 204)

Wesentliche Ebene der Ich-Werdung ist in den Worten der Philosophen die sogenannte Dritte-Person-Perspektive (ebd., S. 203), aus der heraus wir uns selbst beobachten können. Unweigerlich werden wir hier an die Stufen der Selbstwahrnehmung des Neurobiologen Cloninger erinnert (S. 56 f.). Offenbar nähern sich die Fakultäten einander an, und sei es gegen ihren Willen.

Mit der Dritte-Person-Perspektive ist nun prinzipiell auch die Beeinflussbarkeit potenziell aggressiver Handlungen gegeben – so wie wir das ja praktisch schon seit Ewigkeiten handhaben. Und weiter noch: Wir entscheiden ganz grundlegend mit, wie und wer wir sind. Und sogar noch weiter: Wie wir im Detail noch sehen werden, hat dieses Potenzial, Verantwortung zu übernehmen, sogar ganz konkrete Auswirkungen auf die uns nachfolgenden Generationen! Folgen Sie mir.

Was ist Aggression?

Essenz: Das Aggressionspotenzial lässt sich durch die Vermeidung von exzessivem Stress verringern. Wirkmächtigkeit ist die psychische Äußerungsform von Leben. Sie ist expansiv und beinhaltet damit Aggression, die bei einer massiven Behinderung der Wirkmächtigkeit destruktiv wird. Der Umgang mit Aggression lässt sich lernen; destruktive kann in konstruktive Aggression umgewandelt werden. **Konsequenz:** Gegen pathologische Aggression kann auf drei Stufen vorgegangen werden: während der psychischen Entwicklung, durch eine Verringerung realer Frustration und über die Beeinflussung des Verhaltens durch Einsicht.

Ein Zitat zur Einstimmung: »Wir definieren Aggression als jene dem Menschen innewohnende Disposition und Energie, die sich ursprünglich in Aktivität und später in den verschiedenen individuellen und kollektiven, sozial gelernten und sozial vermittelten Formen von Selbstbehauptung bis zur Grausamkeit ausdrückt. Aggression leitet sich vom lateinischen *aggredior – aggredi* ab und heißt ursprünglich herangehen (im Sinne von Annäherung), angreifen (im Sinne von Berühren, aus dem später Begreifen wird). Erst in neuerer Zeit ist Aggression als manifestes oder latentes Angriffsverhalten bekannt und zuweilen von Aggressivität als feindseliger Eigenschaft oder Einstellung unterschieden worden.« (Hacker, S. 80)

Die Definition der Aggression wandelte sich also von einer weit gefassten zu einer begrenzten, negativ besetzten, mit der Schlussfolgerung, dass eine strenge Trennung von konstruktiver und destruktiver Aggression erfolgte. Ich halte diese Spaltung (jawohl, noch einmal) für künstlich und schädlich. Warum?

Wir haben Aggression im engeren Sinn kennengelernt als eine in der menschlichen Natur angelegte Reaktionsweise auf jegliche Form von Frustration, bei Einbeziehung der neurobiochemischen Erkenntnisse besser noch auf jegliche Form von übermäßigem Stress. Die Aktivierung unserer Gene unterliegt ab dem Zeitpunkt, an dem Ei- und Samenzelle verschmelzen, Einwirkungen von außen, *von denen insbesondere die Stressreaktion die Ausbildung eines verinnerlichten Aggressionspotenzials beeinflusst, dessen Basis bei Geburt bereits besteht.* Sobald wir die vorgeburtliche Geborgenheit verlassen, übernehmen die beiden zentralen Einflussfaktoren auf die weitere Entwicklung unserer psychischen Struktur, zwischenmenschliche Beziehung und Wirkmächtigkeit, ihre formende Rolle. Vor allem die Mutterbindung, die auch Freud bereits erkannt, allerdings vorwiegend dem Ödipuskomplex zugeschrieben und damit viel zu eng gefasst hat, bestimmt die ersten Außenwelterfahrungen. Die Mutter muss vermitteln, dass das Verlassen des vertrauten Paradieses in ihrem Bauch durch andere Belohnungen versüßt wird. Sie muss Sicherheit durch Bindung schaffen und Wirkmächtigkeit zulassen.

Doch hat die Beziehung zu ihr Grenzen. Weder kann sie immer optimal verfügbar sein, noch jedes neugierige Interesse ihres Kindes vorbehaltlos unterstützen. Denken Sie nur an spitze Gegenstände und ähnliche Verlockungen. Frustrationen sind unvermeidbarer Bestandteil unserer psychischen Entwicklung, ja, so bedauerlich das ist, unseres Lebens schlechthin. Damit wird sich auch Aggression im engeren Sinn, als wütende Reaktion darauf, kaum vermeiden lassen. Bis ans Lebensende bedeutet jede Entscheidung für etwas zugleich auch die Aufgabe anderer Alternativen. Und zum krönenden Abschluss winkt uns die ebenfalls frustrierende Einsicht in unsere unausweichliche eigene Endlichkeit, in Krankheit und Tod. Diese existenziellen Grenzen und Kränkungen lassen sich nicht verhindern; uns bleibt also nichts anderes übrig als zu lernen, mit ihnen umzugehen. Das verbreitete »Prinzip der optimalen Frustration« (Deneke, S. 132) plädiert als Konsequenz daraus für ein behütetes Einüben begrenzter Frustrationen. Eltern sollten in einer grundlegend vertrauensvollen Beziehung die Bedürfnisse ihrer Kinder nicht vollkommen befriedigen – können sie ja eh nicht, ist man versucht anzumerken.

Wiewohl Frustration und Stress zwar unvermeidbar sind, gibt es jedoch die Möglichkeit, exzessiven Belastungen vorzubeugen. Das legt den Schluss nahe, dass es durchaus möglich sein müsste, hierdurch übermäßiger Aggression und damit insbesondere pathologisch destruktivem Verhalten vorzubeugen. Das als Reaktion auf das Unvermeidliche verbleibende Potenzial an aggressiver Energie wäre dann die Kraft, die uns hilft, Hindernisse im Leben zu überwinden. Statt für das Prinzip einer optimalen Frustration würde ich, außer für eine Vorbeugung vor Stressexzessen, daher eher für das *Erlernen einer optimalen Aggressionsnutzung* plädieren. Schließlich fällt auf, dass selbst heftige Aggression umgewandelt (um noch in dem gespaltenen Schema zu verbleiben), destruktive in konstruktive Aggression überführt werden kann. Alltägliches Beispiel hierfür ist die Tatsache, dass Aggression in körperlicher Aktivität abreagiert werden kann. Regelmäßiger Sport ist therapeutisch wirksam zur Bekämpfung von leichteren Depressionen. Die Aggression wird dann nicht depressiv gegen sich selbst gerichtet; zugleich erfährt die Wirkmächtigkeit Bestätigung.

Doch ich möchte weiter gehen und das gespaltene Aggressionsmodell (konstruktiv vs. destruktiv) grundsätzlich infrage stellen. Neurobiochemisch spricht alles dafür, dass jegliches Aggressionspotenzial auf demselben Weg entsteht, als die durch Kortisol (*Rot*) vermittelte Antwort auf Stress. Ebenso laufen alle Denkvorgänge in prinzipiell gleicher Weise in vernetzten elektrischen Mustern im Gehirn ab, die ineinander übergehen können, ohne dass ein spezifisches Aggressionszentrum existiert.

Die pauschale Verteufelung von Destruktivität, wie sie ein gespaltenes Konzept mit sich bringt und wie sie in unserer Gesellschaft vorrangig praktiziert wird, halte ich im Ergebnis für fatal. Destruktive aggressive Anteile werden hierdurch verleugnet und abgespalten und sind auf diese Weise unbewusst erst recht weiter aktiv. Dies lässt sich nur verhindern, wenn es uns ganz im Gegenteil gelingt, auch hasserfüllte, sadistische und zerstörerische Elemente unserer Psyche in unser aktiv verfügbares Aggressionspotenzial zu integrieren. Hierdurch werden destruktive Anteile nicht nur der eigenen Verantwortlichkeit unterworfen, sondern zugleich auch modifizierbar und dadurch in ihren negativen Auswirkungen begrenzbar. Sie werden eben nicht mehr automatisch unbewusst in unmittelbaren Handlungen (Zuschlagen) abreagiert, sondern können stattdessen auf einer symbolisierten Ebene, zum Beispiel verbal (Schimpfen) oder durch Abgrenzung (»Ich denke mir meinen Teil und gehe«) ausgelebt werden.

Um keine Missverständnisse aufkommen zu lassen: Mir geht es nicht um eine Verniedlichung von Aggression! Vielmehr eröffnet der Blick in die Abgründe unserer eigenen Seelen, die Überwindung der Ausgrenzung des ach so gestörten »bösen anderen«, eine echte, langfristige Strategie zur Überwindung destruktiver Aggressionsformen (als eine Strategie von mehreren, wie wir später noch sehen werden). Der Gedanke, Aggression so weit gefasst zu verstehen, wie ich es hier vorschlage, wurde auch innerhalb der Psychoanalyse schon angedacht. Wir fanden ihn in Freuds zweiter, bald verworfener Triebtheorie (S. 106), und, wenngleich nicht in aller Konsequenz ausformuliert, schlug auch der Psychoanalytiker und Kinderarzt Winnicott als Ergebnis seiner Säuglingsbeobachtungen eine einzige psychische, alle Aggressionsformen einschließende Kraft vor, die er Motilität nannte. (Winnicott, S. 102) Vergleichbar wandte sich auch der Psychiater Hacker gegen »die zwar energetisch und pathetisch postulierte, aber nirgends nachgewiesene Unterscheidung zwischen berechtigter und unberechtigter Aggression, zwischen defensiver und aggressiver Gewalt«. (Hacker; S. 247)

Ich selbst halte eine erweiterte Konzeption des Aggressionsbegriffs nicht nur in unserem eigenen Nutzen für sinnvoll, sondern sehe sie zugleich als plausible Konsequenz, wie sie sich aus unserem aktuell verfügbaren Wissensstand ableitet.

Leben wächst, Denken bewirkt

Leben an sich ist Entwicklung statt Stillstand, ist Expansion statt Stagnation. Schon ein Grashalm lebt, indem er wächst. Das expansive Sich-Ausbreiten ist die Kernkraft allen Lebens, und sie beinhaltet damit implizit auch eine aggressive Tendenz. In diesem erweiterten Verständnis ist *Aggression der expansive Lebenstrieb schlechthin*. Der Übergang von konstruktiver zu destruktiver Aggression ist hierbei fließend und situationsabhängig, beide sind also keineswegs grundverschieden. So ist selbst schwer destruktives Verhalten (Mord) in bestimmten Kontexten durchaus sozial erwünscht (Krieg, Todesstrafe).

Die *Wirkmächtigkeit ist hierbei das psychische Korrelat der Expansion.* Wir haben das Grundbedürfnis, uns zu beweisen, dass wir etwas bewirken können. »Ich bin, weil ich bewirke«, bestätigte auch Fromm und resümierte: »So entgegengesetzt diese Alternativen (der Selbstbestätigung) sind, sie sind nur Reaktionen auf das gleiche existenzielle Bedürfnis: etwas zu bewirken ... Wenn man sich mit Depressionen und Langeweile beschäftigt, stößt man auf reiches Material, aus dem hervorgeht, dass das Gefühl, zur Wirkungslosigkeit verdammt zu sein ... eines der schmerzlichsten und vielleicht fast unerträglichen Erlebnisse ist und dass der Mensch fast alles versuchen wird, um es zu überwinden – von Arbeitswut oder Drogen bis zu Grausamkeit und Mord.« (Fromm, S. 265 ff.)

Offenbar ohne es gemerkt zu haben, überwand hier selbst Fromm die Spaltung, die er sonst so überzeugt zementierte. Wirkmächtigkeit reicht in der Tat vom Auftürmen von Bauklötzen, um sie dann einstürzen zu lassen, über den Versuch, jemanden zum Lachen zu bringen oder beim Sex in Ekstase zu versetzen (was ist stimulierender für die eigene Lust?), bis hin zum Streben nach beruflichem Erfolg. Ein literarisches Denkmal des schon besessenen Ringens um den Beweis eigener Handlungskraft ist ihr in Hemingways nobelpreisgekröntem *Der alte Mann und das Meer* gesetzt worden. Der alte Fischer muss sich beweisen, dass er den großen Fang machen kann. Er setzt dafür sein Leben aufs Spiel. Dass er es schließlich schafft, ist entscheidend und nicht der Besitz der Beute, die wird ihm von Haien weggefressen.

Doch auch die dunklen Seiten unseres Handlungsspektrums, wie sadistische Quälerei und Mord, dienen der Bestätigung von Wirkmächtigkeit. Wo ist der zum Machtrausch verzerrte Wirkbeweis größer als beim sadistischen Mord? So verwundert es nicht, dass Mörder beschreiben, wie »das Gefühl, ein ›Niemand‹ zu sein, oft sein wenn auch nur kurzfristig wirksames Gegenmittel im Mord« findet (Volkan, S. 99). »Der Triumph und die Lust, die mit dem Akt des Tötens und Mordens kurzzeitig einhergehen, sind, wie die ›Kicks‹ der Rauschgiftsüchtigen, eine der letzten verfügbaren Möglichkeiten, die unerträglichen Gefühle von Leere, Wertlosigkeit, Überflüssigkeit und Fragmentierung zu kompensieren.« (Dornes, S. 279 f.)

Unser Gehirn belohnt uns mit Dopamin (*Gelb*), wenn wir Erfolg haben. Es verordnet uns Stress bei Misserfolg, der uns zum wütenden erneuten Versuch antreibt oder aber sich pathologisch anstaut. Die Folge davon ist dann meist eine Depression, seltener auch ein plötzlicher aggressiver Durchbruch. Der Amokläufer, der seine lange gehemmte Aggression in einem Gewaltrausch entlädt, war in der Regel bis zu seiner Tat ein braver, unauffälliger Zeitgenosse. »Ein allgemeines Entsetzen macht sich breit, und dann kommen von Emotionen getragene Feststellungen wie: ›Doch nicht derjenige, das war der liebe nette Neffe, welcher der alten ergrauten Tante die Kohlen hinaufgetragen hat. Es war der nette Nachbar, der den Rasen gemäht hat, das Wochenende mit seinen Kindern am nahen Fluss beim Grillen verbracht hat‹.« (Müller, S. 13)

Doch nicht nur in der (unmittelbaren) Handlung lässt sich die Wirkmächtigkeit erfahrbar machen. Es gibt auch die Möglichkeit, sie in die Phantasieebene zu verlagern. Ein höherer Sinn kann darüber hinwegtrösten, dass die Lage trostlos ist, allerdings auch verhindern, dass man sie schlichtweg ändert. So gibt es eigens sinnzentrierte Formen der Psychotherapie (nebenbei bemerkt auch Lachtherapien), und bestimmte religiöse Weltkonstruktionen erfüllen ganz ähnliche Bedürfnisse. Sie verhelfen selbst einer tristen Existenz zu einer tieferen Bedeutung. Die abstrahierte Erweiterung der Wirkbestätigung kann die eigenen Grenzen überschreiten helfen, da diese um vieles weiter phantasiert werden können, als sie real gerade sind, und hierdurch die eigene Kraft beflügeln: Glaube versetzt Berge.

Wird jedoch die Wirkmächtigkeit in der Realität dauerhaft massiv gehemmt und mangelt es an einer ersatzweise phantasierten Ebene, so eskaliert die Forderung des psychischen Expansionsbedürfnisses. Dann staut sich derart viel Aggression an, dass ab einem bestimmten Punkt das psychische »Überleben«, der Beweis eigener Handlungsfähigkeit, wichtiger wird als die Sicherung der physischen Existenz. Die tragische Zuspitzung ist der Suizid. Extremform sind die mordenden Selbstmordattentäter.

Wie wir gesehen haben, entwickelt sich unsere innere Vorstellung von unserem Wirkpotenzial aus unseren Wechselbeziehungen mit unseren frühen Bezugspersonen. Nirgends ist das Austesten der eigenen Möglichkeiten befriedigender als mit einem Gegenüber. Die schon erwähnten Spiegelzellen (S. 86 f.) erklären, warum das so ist. Die Eltern geben uns Bestätigung und zeigen uns gleichzeitig die Grenzen auf, die dann möglichst doch ein wenig weiter sind als gehofft. Zugleich bringen sie uns bei, zu tolerieren, dass eben nicht alles geht. Wir vertrauen ihrer Autorität.

Mehr· noch, wir sind auf ihre Präsenz angewiesen und werden trotz aller Austestversuche alles daransetzen, uns ihr Wohlwollen sicher zu erhalten. Zu Beginn des Lebens ist unsere Abhängigkeit total. Alleingelassen reagieren wir mit Angst. So wie bei eingeschränkter Wirkmächtigkeit unsere Wut mobilisiert wird (mit dem Ziel, unsere Kraft dafür einzusetzen, sie zurückzugewinnen), so löst Trennung Angst aus. Beide jedoch werden über den gleichen Mechanismus – nämlich Stress – gesteuert, und beide – Hemmung der Wirkmächtigkeit und Verlassenheit – fördern so ein gesteigertes Aggressionspotenzial.

Für den Psychoanalytiker Stavros Mentzos stehen Bindungssuche und Freiheitsdrang in ständigem Konflikt miteinander, und er vermutet hierin die »innere Aggressionsquelle« der menschlichen Psyche schlechthin. Der Mensch müsse entweder auf Autonomie oder auf Liebe verzichten. (Mentzos, S. 96 f.) Ich persönlich sehe die beiden Kräfte nicht in einem unausweichlichen Gegensatz zueinander. Echte Liebe lässt Autonomie zu, und umgekehrt kann Freiheit auch verloren gehen, ohne dass es Liebe zum Ausgleich dafür gibt (etwa bei Krankheit). Außerdem werden wir noch sehen, dass die gesuchte, ständig sprudelnde Quelle der menschlichen Aggression eine andere ist. (S. 201)

Dennoch ist die Spannung zwischen dem Erfüllen der an uns gestellten Forderungen (um dadurch die Liebe des anderen zu sichern) und dem Streben nach Bestätigung unserer Wirkmächtigkeit nahezu allgegenwärtig. Nur auf dieser Basis lässt sich meines Erachtens eines der eigenartigsten psychologischen Experimente am Menschen überhaupt erklären, ein Klassiker der Psychologie:

Die braven Sadisten

Essenz: Beziehung verringert Angst.
Konsequenz: In der Angst erfüllen wir, was ein anderer von uns verlangt!

Anfang der Sechzigerjahre ließen sich vierzig Männer aus Neuengland im Alter von 20 bis 50 Jahren bei dem Sozialpsychologen Stanley Milgram an der Yale-Universität auf ein heikles und bis heute umstrittenes Experiment ein. Sie bekamen die Rolle von Lehrern zugeteilt, die ihre in einem Glaskasten eingeschlossenen und an Sitzen festgebundenen Schüler mit Elektroschocks bestrafen sollten, wenn diese falsche Antworten auf die an sie gestellten Fragen geben würden. Was die schockenden »Lehrer« nicht wussten: Ihre Schüler waren Schauspieler, die nicht wirklich unter Strom gestellt wurden, sondern ihre Reaktion auf die vermeintlichen Stromschläge nur spielten. Anfänglich gaben sich die Schüler wissend, und die Versuchspersonen brauchten gar nichts tun. Dann kamen die ersten falschen Antworten, und die braven Lehrer folgten der Aufforderung des Professors und setzten die ihnen zugeteilten Zöglinge unter Strom. Ab 75 Volt zeigten die Geschockten Schmerzreaktionen, doch die gehorsamen Lehrer machten weiter. Ihnen war zuvor selbst die 75-Volt-Dosis zum Kennenlernen verabreicht worden, sie wussten also, was sie taten. Bei 180 Volt schrieen die Schüler, der Schmerz sei unerträglich, doch die Lehrer erhöhten die Voltzahl.

Vor dem Experiment befragte Psychiater hatten geschätzt, dass etwa jeder tausendste Versuchsteilnehmer so weit gehen würde, das brutale Spiel bis zum bitteren Ende fortzusetzen. Es kam anders: Fast zwei Drittel der Versuchslehrer quälten ihre vermeintlichen Opfer pflichtgetreu bis hinauf auf 450 Volt (schwerer Schock – Lebensgefahr). (Fromm, S. 67 ff.)

Doch dieses im wahrsten Sinne des Wortes schockierende Ergebnis ist nicht Ausdruck sadistisch aggressiver Veranlagung, sondern es spiegelt die Tatsache wider, wie weitgehend Beziehungen unser psychisches Sein definieren. Wir gehorchen, um den Beziehungsanforderungen gerecht zu werden, besonders dann, wenn der Fordernde durch seine Autorität quasi elterliche Macht zugeschrieben bekommt. Im Stress des Konflikts halten wir uns im Zweifelsfall an das, was uns gesagt wird, statt unserer eigenen Einschätzung zu folgen. Das Vertrauen in den anderen (als vermeintliche Ersatz-Elternautorität) ist unter Stress größer als das in uns selbst. Außerdem wird in Stress- und Angstsituationen die Anwesenheit des anderen für uns immer wichtiger, um das Gefühl zu bannen (wie bei den beiden klammernden Äffchen im Käfig, S. 135 f.). Wir stellen sicher, dass wir ihn nicht vergraulen, unterwerfen uns seinem Willen, umso mehr, je massiver unsere Angst ist.

Eine tragisch absurde Zuspitzung dieser Dynamik, die anders kaum nachvollziehbar scheint, ist immer dann gegeben, wenn Opfer ihre Täter zu »lieben« beginnen. Es ist ihre Angst, die sie in diese pervertierte Gefühlslage hineinzwingt. Das gleiche Phänomen – die Aufgabe des eigenen Willens – habe ich schon beim Menschen in der Masse geschildert (S. 118 ff.). Sich diesem Sog zu widersetzen, gelingt offenbar nur, wenn früh gelernt werden konnte, dass Autonomie nicht zur Zerstörung von Beziehung führt, indem eine verlässlich abrufbare Anwesenheit der Mutter sicher verinnerlicht wurde, beziehungsweise wenn darauf aufbauend die Selbstwahrnehmung weit genug gereift ist. (Das Milgram-Experiment wurde übrigens Ende der Sechzigerjahre in Bayern wiederholt. Dort gingen 85% der Versuchsteilnehmer in ihrem Gehorsam bis zum Äußersten – siehe Hacker, S. 253.)

Die Macht der Phantasie

> **Essenz:** In heftiger Emotion verstärkt die Phantasie das Gedachte zusätzlich.
> **Konsequenz:** Aggression, Angst und Liebe neigen besonders zur Selbstverstärkung.

So wie bei Milgram die auf der Basis von Vorerfahrungen verinnerlichte Autoritätsunterwerfung den totalen Gehorsam erst möglich machte, können in Stresssituationen bereits vorhandene aggressive Denkmuster aggressives Handeln besonders schnell anstoßen. Die Spirale aus dann projizierter und in der Folge auch wahrgenommener Aggression schaukelt sich dann in Windeseile hoch. Zugleich engt die gesteigerte Affektivität das Denken immer weiter ein, verstellt die Sicht auf etwaige Alternativen und fördert radikale Spaltungen in nur Gut und nur Böse.

Der Grund für die Annahme, dass Aggression triebhaft sei, liegt in der menschlichen Symbolisierungsfähigkeit. Das Gehirn konstruiert sich aus dem unbewusst Erinnerten die Welt so, wie es sie kennt. Im Falle von früheren Traumen reagiert es damit aggressiv auf eine Umwelt, die konkrete Auslösereize nur andeutungsweise bereithalten muss oder nicht einmal das. Entsprechend finden sich bei Gewaltverbrechern regelmäßig gewalttätige Phantasien, »die sich im Laufe der Jahre zu einem alles verschlingenden schwarzen Loch« (Müller, S. 124) entwickeln, sich also kontinuierlich selbst verstärken, in ihren Gedanken immer wieder durchgespielt werden und sich hierdurch regelrecht in ihre Hirnstruktur einbrennen. Erst dann folgt die Tat.

Doch nicht nur für Katastrophen gilt das Prinzip der Selbstverstärkung. Was sich in fataler Weise zuspitzen kann, funktioniert umgekehrt genauso. Wenn es uns gelingt, eine ausreichend sichere Vorstellung von unserer Wirkmächtigkeit in unserer Phantasie zu verankern, ein Bewusstsein davon, dass wir es schon irgendwie schaffen werden, verringert sich unser Aggressionspotenzial. Ein schriftstellerischer Kollege brachte das einmal auf den prägnanten Punkt: »Nicht Erfolg verdirbt den Charakter, sondern Misserfolg.«[48] Auch Fromm äußert sich entsprechend: »Jemand, der in Bezug auf seine der Selbstbehauptung dienende Aggression keine Hemmungen hat, verhält sich im allgemeinen weniger feindselig ... als jemand, dem diese Eigenschaft fehlt.« (Fromm, S. 218)

Aus unserem expansiven Streben heraus wollen wir nicht nur *sein*, sondern auch *haben* – die Basis von Gier (»Ich will mehr«) und Neid (»Ich will auch haben, was der andere hat«). Besitz sichert nicht nur die Existenz, sondern er bietet vor allem Entfaltungsmöglichkeiten in dem System, das wir uns (zumindest in der westlichen Welt) geschaffen haben, steht dort für die Gestaltung der individuellen Wirkmächtigkeit (darin unserer Natur entsprechend, was den Erfolg des Systems begründet). Er kann jedoch zum Selbstzweck verkommen, wenn alternative Bestätigungen fehlen, sei es als

verinnerlichte Erfahrung oder als Form gesellschaftlicher Anerkennung. Doch auch im Besitzstreben sind wir eingebunden in das
Netz unserer Beziehungen. In einem Spielversuch konnten
»Trittbrettfahrer« bestraft werden, die sich auf Kosten anderer Vorteile verschafften. Obwohl derjenige, der die Strafe ver-
hängte, dadurch selbst einen Nachteil in Kauf nehmen musste,
erklärte sich regelmäßig jemand dazu bereit. Nicht rationaler
Egoismus war hierbei die Triebfeder, sondern Neid und emo-
tionaler Gruppenzwang, denn die Gesamtgruppe gewann
durch den Akt der Bestrafung. Im Ergebnis wurde koopera-
tives Verhalten aller durch den Akt der Bestrafung deutlich
gefördert. (Spitzer 2003, S. 271 ff.) Dieses Beispiel erweist sich
nicht nur als exemplarisch dafür, wie wir uns selbst gesellschaftliche Strukturen erschaffen können, um unerwünschtes
Verhalten einzugrenzen, sondern auch, wie komplex aggressiv
getönte Interaktionen weite Teile unseres Umgangs miteinander bestimmen.

Teuflische Systeme

Essenz: Wir agieren niemals getrennt von unserer Umwelt.
Konsequenz: Wir sollten bei der Gestaltung unserer Umwelt
sorgfältig vorgehen.

»Das System ist schuld.« Wie vertraut klingt dieses Schlagwort,
wurde es doch zur Legitimation benutzt, um »das« System zu
zerschlagen und an seine Stelle ein Paradies zu setzen, das allerdings zuletzt keiner mehr wollte. Nun, wie so oft, und so pauschal dieser Slogan auch klingen mag: Ein Körnchen Wahrheit
steckt in ihm. Philip Zimbardo, Koryphäe der Sozialpsycholo-
gie, wähnt in seinem jüngsten Buch den »Luzifer-Effekt« am
Werk, wenn – seiner Einschätzung und psychologischen Tes-
tung nach – harmlose Durchschnittsbürger in einem unge-
wohnten Umfeld wie von selbst in teuflische Rollen schlüpfen.

1971 folgten 24 Psychologiestudenten dem Angebot für einen Ferienjob an der renommierten Stanford Universität. Zimbardo bot ihnen 15 Dollar am Tag an (der Dollar war damals noch mehr wert als heute), wenn sie zwei Wochen lang Gefängnis spielten. Kost und Logis waren frei, wie in solchen Institutionen üblich. Um Authentizität bemüht, versank das ganze Experiment innerhalb weniger Tage in einem Chaos aus sadistischen Erniedrigungen und Quälereien und musste vorzeitig abgebrochen werden. Die engagierten und menschenfreundlichen Studenten waren je nach zugeteilter Rolle zu aggressiven Bestien (Wächter) oder zu winselnden Opfern (Gefangene) mutiert – die hässlichen Einzelheiten erspare ich uns hier. Was war geschehen?

Freund Luzifer hatte ungebeten die Kontrolle übernommen – für Zimbardo ein Beleg dafür, dass des Menschen Verhalten fast ausschließlich Folge seiner Umgebung sei. In logischer Fortschreibung interpretiert er die perversen Folterexzesse US-amerikanischer Soldaten im irakischen Gefängnis Abu Ghraib als Steigerung umweltangepasster Grausamkeit und nennt im nächsten Atemzug auch schon den Genozid in Ruanda (wenngleich die in seinen Worten »friedfertigen Tutsi« ein altes Kriegervolk sind) und die alles Vorstellbare sprengenden Gräuel des Holocaust.

In der Tat ist der drastische Sog in den humanen Abgrund, dem selbst unbescholtene Laien erliegen, ein erschreckendes Faszinosum von weitreichender Konsequenz. Bleibt also nur, uns zurückzulehnen und fatalistisch zu raisonnieren: »Wir sind halt so« (womit wir wieder beim Aggressionstrieb angelangt wären)? Tragen wir unweigerlich das Luziferische in uns, sind wir alle »kleine« Sünderlein? Zimbardo würde dazu wohl sagen: »In der Hölle wird jeder zum Teufel«, und er identifiziert Phänomene, die ein System in die Menschenverachtung abgleiten lassen oder gezielt hineintreiben. Im Wesentlichen sind dies: Unterwerfung unter starre, möglichst auch noch sinnlose Regeln und deren Rationalisierung (»Das muss so sein, weil ...«), ungewohnte neue Rollenzuschreibungen, Anonymität (der Täter) und Entmenschlichung (der Opfer). (S. 212 ff.)

Doch die entscheidenden Fragen lässt Zimbardo unbeantwortet: Warum kommt es unter solchen Bedingungen zu einer solch fatalen Entwicklung? Wer, wenn nicht wir Menschen selbst, erschaffen solche Systeme, und was treibt (einige von) uns dazu, das zu tun?

Fast gewinnt man den Eindruck, dass Zimbardo einem die gesuchten Hintergründe auf einem Silbertablett serviert, ohne es zu merken, dass er auf eine Fundgrube psychodynamischer Erkenntnis gestoßen ist, ohne sie zu begreifen. Für ihn ist psychoanalytisches Denken »wachsweiche Lyrik« (S. 200), und er nimmt sich damit die Chance, die Kerndynamik, die einem an jeder Stelle seiner Arbeit ins Auge springt, zu erfassen – die Spaltung. Schon die Grundstruktur des Gefängnisses aus Wächtern und Gefangenen gründet auf einer massiven Spaltung. Der regressive Sog zu einer primitiven Schematisierung des Denkens, zu einer Welt, in der es Gut und Böse nur als Entweder-Oder gibt, wird damit in Gang gesetzt. Die Wächter-Menschen stehen den entmenschlichten Gefangenen-Nummern gegenüber: Die einen befehlen, die anderen gehorchen, die einen sind eingesperrt, die anderen dürfen hinaus und dergleichen mehr. Ja, Zimbardo registriert, wie er selbst der Spaltung verfällt (»Mein Denken war von meinen Handlungen getrennt.«, S. 168), und dass er mit seiner damaligen Assistentin und späteren Frau heftig wie nie aneinandergeriet, ohne zu verstehen, warum. Ihm fehlt das Modell zum dynamischen Verständnis der Fallen, die er da für seine Schützlinge aufgestellt hat und in die er gemeinsam mit ihnen hineingetappt ist.

Versuchen wir also eine Erklärung: Ausgehend von der massiv institutionalisierten Spaltung schon innerhalb der Versuchsanordnung finden sich die Teilnehmer in ihre Rollen ein und werden einem massiv regressiven und dadurch Spaltungen verstärkenden Strudel ausgesetzt. Das reicht von der Aufgabe der eigenen Identität bis hin zur Unterwerfung unter eine Autorität (einem Versuchsleiter der renommierten Stanford Universität), einer Totalversorgung im neuen Umfeld und einem massiven Stress durch Maßnahmen wie Schlafentzug und Ähnliches. Diejenigen, die als Wächter auf einmal nie gekannte Macht haben, geraten zugleich in den Sog, ihre Wirkmächtigkeit in den neuartigen Grenzen auszutesten: Wie weit kann ich gehen? (Dies erklärt auch, warum die Folterer von Abu Ghraib sich stolz posierend auf Fotos ablichten ließen.) Unter der Selbstverstärkungstendenz des Denkens und unter dem Druck der Gruppe gehen sie in ihren Demütigungen und Quälereien Stufe für Stufe weiter, und die (im Versuch ebenso wie in ihrer Dynamik) Gefangenen spielen mit, obwohl ihnen freisteht, jederzeit auszusteigen.

Im Nachhinein waren die Teilnehmer schockiert, wie weit sie sich in ihre Rollen hatten hineinziehen lassen. »Warum hat keiner etwas gesagt, als ich begann, Menschen zu misshandeln?« (S. 194)

Bei Zimbardo war es wissenschaftliche Neugier, die ihn ein System kopieren ließ, das so bereits vielfach existiert, doch die Frage bleibt: Warum gibt es das auch anderswo, und woran liegt es, dass ein solches System entgleiten kann?

Die Existenz von Gefängnissen zur Ausgrenzung Krimineller, zu deren institutionalisierter Abspaltung auf Zeit, findet sich in allen größeren Gesellschaftsformen. Das bedeutet aber nicht, dass diese Spaltung notwendigerweise von der Gesellschaft selbst ausgehen muss. Genauso gut kann sie eine Reaktion auf die in einer kriminellen Handlung inszenierte Psychodynamik der Täter sein, der regelmäßig Spaltungstendenzen zugrunde liegen. So gelten in der Welt der Kriminellen eigene Hierarchien und Gesetze, die sämtlich von drastisch gespaltenen Idealisierungen und Entwertungen durchzogen sind.

Ähnlich kann eine Gesellschaft auch regelrecht Spaltungstendenzen übernehmen, wenn ein Anführer im Rahmen der ihm zugeteilten Macht mehr oder weniger unbewusst seine eigene so geartete Psychodynamik entfaltet. War nicht das Staatssystem der Nationalsozialisten auf den Spaltungen ihrer

Anführer aufgebaut, angefangen bei Hitler, der als Hundetätschler und Kinderknuddler zugleich systematischer Massenmörder war und der die gesamte Welt in Freund und Feind teilte? Gerade die absurde, augenscheinliche Normalität vieler Nazigrößen lässt sich erst aus dem Gegensatz zwischen harmloser aggressionsgehemmter Angepasstheit auf der einen und explosiver Brutalität auf der anderen Seite begreifen (ähnlich wie er für Amokläufer charakteristisch ist). Und so überrascht es nicht, dass »ein halbes Dutzend Psychiater ihn [Eichmann, einen der leitenden Organisatoren des Holocaust] als ›normal‹ einschätzten – ›in jedem Fall normaler, als ich es nach seiner Untersuchung bin‹, wie einer von ihnen später meinte; ein anderer befand, dass das gesamte psychologische Erscheinungsbild, sein Umgang mit Frau und Kindern, mit Mutter und Vater, Brüdern, Schwestern und Freunden ›nicht nur normal, sondern ausgesprochen liebenswert war‹.« (Zimbardo, S. 484) Gerade das Übernormale des äußeren Erscheinungsbildes verschleiert oft die andere Seite der Medaille einer von tiefen Spaltungen durchzogenen Persönlichkeit.

Was tun? Zimbardo versucht heldenhaftes Tun als exemplarische Lernhilfe heranzuziehen, doch der Weg zum wahren Heldentum ist lang, und so schlägt er das schrittweise Einüben guter Dinge vor: »Der erste Knopf auf dem Generator des Guten könnte etwa sein, zehn Minuten eine Dankesnote an einen Freund zu schreiben oder Besserungswünsche an einen Kollegen«, von wo aus dann in Mehrminuten messbare Gutmenschstufen erklommen werden könnten. Auch seien bereits kleine Sünden zu vermeiden, wie »tricksen, lügen, tratschen, Gerüchte verbreiten, über rassistische oder sexistische Witze lachen« und was die moralistische Keule sonst noch zu erschlagen vermag. (S. 449 ff.)

Ich befürchte, dass dieser Strategie enge Grenzen gesetzt sind, und halte den (zugegebenermaßen ebenfalls langen) Weg der offenen Einsicht in die eigene Gefühlswelt und eine dadurch mögliche Wachsamkeit gegenüber regressiven und vor allem spaltenden Tendenzen für letztlich Erfolg versprechender. Nicht nur Einsicht in die Macht des situativen Umfelds, sondern vor allem das Bemühen, vereinfachenden Schematisierungen vorzubeugen, erscheint mir daher gefragt. Schließlich zeichnen sich auch die Helden, die Zimbardo identifiziert, durch eine überraschende Normalität aus (S. 486), nur fehlt ihnen die andere, die dunkle Seite einer gespaltenen Psyche.

Gönnen wir uns nach so viel Finsternis einen Lichtblick. Denn was wäre unser Leben ohne die andere Kraft, die unser soziales Handeln prägt, den großen Gegenspieler der Aggression, die Liebe?

Warum Liebe?

Leitet man die Entstehung von Aggression und Liebe aus der Evolution her, so erscheint es durchaus einleuchtender, die Aggression als die ältere Lebenskraft zu postulieren. Solange die Vermehrung der Art ungeschlechtlich vonstatten geht, ist Liebe überflüssig. Erst mit der geschlechtlichen Fortpflanzung wird es notwendig, sich einem anderen Wesen der eigenen Spezies womöglich liebevoll zu nähern. Liebe dürfte somit sekundär aus dem Drang zur Expansion entstanden sein, also aus der Aggression im weitesten Sinn heraus. Die Dualität, Liebe und Aggression einander als grundverschieden gegenüberzustellen, erscheint mir vor diesem Hintergrund (ein weiteres Mal) als nicht gerechtfertigt. Vielmehr stehen beide im Dienst derselben expansiven Lebenskraft. Nicht umsonst ist die Grenze zwischen beiden oft Definitionssache.

Unser genetisch angelegtes aggressives Potenzial ist eben keinesfalls notwendigerweise destruktiv. Es dient vielmehr sämtlichen expansiven Bestrebungen, die unserem Lebendigsein schlechthin entsprechen. All unser Denken hat letztlich diese eine Motivation als Grundlage. In diesem Sinn ist alles Denken Wunscherfüllung (und nicht nur das Träumen, wie Freud formulierte). *Das Streben nach Expansion bestimmt un-*

ser Sein. Erst sekundär lagert sich Erlebtes auf diesem genetisch fixierten Lebenstrieb auf und kreiert zusätzliche Bedürfnisse. Allem voran ist dies die der Expansion entgegenstehende Sehnsucht nach passivem Rückzug, genährt durch die früh erlebte Geborgenheit im Uterus und an der Mutterbrust. Unbewusst ist der Sog, zu den Anfängen zurückzukehren und das Aufgegebene zurückzugewinnen, nicht selten übermächtig. Das verlorene Paradies (mit seiner belohnenden Hirnchemie) wird weltweit gesucht – sei es mit gewissem Erfolg in der Obhut Gleichgesinnter (etwa in der Versorgung und Versenkung einer Klostergemeinschaft) oder auch scheiternd in Alkohol und Drogen. Freud sah, wie schon zitiert (S. 108), in dieser Sehnsucht nach dem Zustand vor der Geburt sogar die Wurzel für Aggression, für eine grundlegende Ablehnung der Welt: »Der Hass ist als Relation zum Objekt älter als die Liebe, er entspringt der uranfänglichen Ablehnung der Reiz spendenden Außenwelt von Seiten des narzisstischen Ichs.« (Bd. X, S. 231) Wie wir gesehen haben, ist diese Herleitung falsch (unser Gehirn lechzt regelrecht nach Außenreizen), die Schlussfolgerung jedoch richtig (Aggression ist älter als Liebe). Der zentrale Auslöser, der auf unserer genetisch vorgegebenen Basis eine Verstärkung unserer Aggression und damit eine Ausbildung potenziell destruktiven Verhaltens fördert, ist jedenfalls entschlüsselt: Es ist, wie schon erwähnt, der Stress.

Die Bedeutung von Stress

Essenz: Früher Stress macht ein Leben lang aggressiv.
Konsequenz: Stress in der Gesellschaft »züchtet« aggressive Menschen heran.

Ich schilderte bereits, wie Stress über Kortisol (*Rot*) von der ersten Zellteilung unserer Existenz an auf die Aktivierung unserer Gene einwirkt und damit die Ausgestaltung von Körpermerkmalen beeinflusst. Dies gilt vor allem für das Zentralnervensystem, da ja Schätzungen zufolge allein die Hälfte unserer Gene für den Aufbau der Grundstruktur unseres Gehirns zuständig ist und sich dort außerdem auf Kortisol sensible Areale befinden. Steroide wie Kortisol (*Rot*) und Sexualhormone (*Lila*) gelangen direkt vom mütterlichen in den kindlichen Blutkreislauf und von dort in das heranwachsende Gehirn, wo sie ihre Wirkung entfalten. In Tierversuchen konnte bewiesen werden, dass vorgeburtlicher Stress die Hirnentwicklung irreversibel beeinträchtigt. Bei Ratten bewirkte er einen veränderten Serotoninstoffwechsel (*Grün*) im Gehirn (Peters, S. 943 ff.), in dessen Folge es zu einer Verminderung dieses Transmitters kam, wie wir gesehen haben, dem zentralen neurochemischen Faktor von Depression und übermäßiger Aggression. Zugleich fand sich bei ihnen bis ins Erwachsenenalter hinein eine erhöhte Ängstlichkeit (die wie beschrieben eng mit vermehrter Aggression verknüpft ist).

Doch auch das Risiko für spätere psychische und psychosomatische Erkrankungen des Kindes steigt mit dem Ausmaß an mütterlichem Stress in der Schwangerschaft, sei es durch eine schwierige soziale Situation (allein erziehend, Spannungen in der Beziehung) oder durch psychische oder physische Krankheit. Ebenso erhöht Stress das Risiko von Fehl-, Früh- und Mangelgeburten, wobei hier eine verminderte Plazentadurchblutung als Wirkung des mütterlichen Noradrenalins und Adrenalins (*Orange*) im Vordergrund stehen dürfte. Selbst Auswirkungen auf die sexuelle Orientierung als Folge mütterlichen Stresses sind beschrieben worden. So wird eine Zunahme männlicher Homosexualität als Folge des verminderten Androgenspiegels (*Lila*) bei Kortisolerhöhung (*Rot*) vermutet. (Janus, S. 92)

Auch die Stressforschung in der Säuglings- und Kleinkindzeit hat Einschneidendes zutage gefördert. So wurden als Nebenwirkung von zu viel Kortisol neuronale Schäden vor allem an der zentralen Schaltstelle für die Gedächtnisspeicherung nachgewiesen (Spitzer 2003, S. 61), was nicht überrascht, wenn wir uns an die Strukturen auflösende Wirkung des Kortisol erinnern. Eine dauerhafte Beeinträchtigung der Lernfähigkeit ist die Folge.

Ein weiteres Mal mussten junge Affen herhalten. Ihren Müttern wurde in einer ausgeklügelten Versuchsanordnung die Futterbeschaffung schwer gemacht, sodass sie ihre Jungen immer wieder unbeaufsichtigt lassen mussten. Ganz den Beobachtungen der Bindungsforschung am Menschen entsprechend, wurden die Kleinen irritierbarer und ängstlicher als ihre normal aufwachsenden Artgenossen. Noch als erwachsene Affen fielen sie durch geringeres Selbstvertrauen, durch unsoziales und unterwürfiges Verhalten auf. So verwundert es nicht, dass auch beim Menschen frühkindliche unkontrollierte Stressbelastungen, wie in diesem Fall durch frühe Trennungen, als Risikofaktor für Angststörungen und affektive Erkrankungen gelten.

So wie Schmerz bei Kleinkindern Wut entfacht, bewirkt auch Angst, ja *führt letztlich jede Form schweren Stresses zu gesteigerter Aggressivität.* In Tierversuchen konnte aggressives Verhalten durch Stress ausgelöst werden, unabhängig davon, ob dieser durch gezielte Schmerzreize, durch Isolierung der Tiere oder durch die Überfüllung ihrer Käfige hervorgerufen wurde. (Hacker, S. 160 f.)

Schon Fromm verglich unsere heutige Gesellschaft mit der Käfighaltung von Tieren und schlussfolgerte, dass wir seit Zivilisationsbeginn in einem Aggressionen verstärkenden »Zoo« lebten (S. 123), weswegen davon auszugehen sei, dass die Destruktivität mit der fortschreitenden Entwicklung der Zivilisation zugenommen habe. (S. 21) Diese Herleitung ist hübsch erdacht, jedoch komplett unhaltbar, wie ich in Kürze zeigen werde. Fraglos verstärken bestimmte gesellschaftliche Tendenzen den Stress und damit auch die Aggression. Die entscheidenden Wurzeln für die destruktiven Extremformen menschlicher Aggression liegen jedoch in massiv erhöhter Stressexposition während der für den Aufbau der psychischen Struktur entscheidenden Phasen unserer Entwicklung.

Trauma und Aggression –
Zu den Ursachen pathologischer
Aggression

Essenz: Traumen sind Extremstress, führen damit zu verstärkter Aggression. Zugleich beeinträchtigen sie die Einsicht und damit die Fähigkeit, aggressives Verhalten zu steuern. Aus Opfern werden so oft Täter. **Konsequenz:** Traumen werden über Generationen hinweg in ewigen Opfer-Täter-Ketten weitergereicht, wenn es nicht zu einer Unterbrechung dieses Kreislaufs kommt.

Die charakteristische Variante eines *Stressexzesses schlechthin ist das akute psychische Trauma.* Vielleicht haben Sie sich von meinem Hinweis, dass selbst Orang-Utans heutzutage Teil eines Pauschalreisepakets sein können (S. 110), inspirieren lassen und sitzen gerade in einem Flugzeug nach Ostasien. Irgendwo über dem Indischen Ozean wird die Crew auf einmal nervös. Die Sauerstoffmasken fallen heraus. Brav schnappen Sie sich eine, und dann geht es abwärts, und zwar so richtig. Jetzt erleben Sie Stress, ebenfalls so richtig. Für den Fall, dass Sie überleben und später aus dem in der Weite des Meeres treibenden Schlauchboot gerettet werden, werden Sie aller Wahrscheinlichkeit nach von nun an auf das Betreten fliegender Objekte mit einer überschießenden Stressreaktion antworten.

Die traumatische Belastung hat sich dauerhaft in der Hirnstruktur und damit im Erleben niedergeschlagen. Die unweigerlich heftige emotionale Reaktion auf das auslösende Ereignis wird oft abgespalten und ruht dann im Unbewussten, um irgendwann an die Oberfläche zu treten. Selbst Jahre später noch können dann bereits einzelne mit dem Trauma verbundene Reize (Bilder, Geräusche, Gerüche) zu einem Auslöser massiver Angst und Panik werden, ohne dass auf den ersten Blick ein Zusammenhang zwischen Anlass und Reaktion ersichtlich ist. – Mehr noch: Unter Extremstress kann es sogar zu einem völligen Zusammenbruch der Informationsspeicherung kommen. Das im Anschluss an die akute Mobilisierung mit Adrenalin und Noradrenalin (*Orange*) massiv ausgeschüttete Stresshormon Kortisol (*Rot*) bewirkt, wie beschrieben, in exzessiv hohen Konzentrationen eine Strukturauflösung im Gehirn. Als Folge hiervon lassen sich in bildgebenden Verfahren regelrechte Defekte im Informationsverarbeitungszentrum der Hirnstruktur nachweisen. Scheinbar zusammenhanglos werden so ausschließlich die emotionalen Inhalte des traumatischen Erlebnisses dauerhaft behalten; das Ereignis selbst aber ist vergessen!

Doch es kommt noch ärger: Neben anderen Neurotransmittern werden zusammen mit dem Kortisol auch Endorphine, das körpereigene Morphium (*Pink*), ausgeschüttet. Zwar macht das wieder einmal Sinn, da so das akute Schmerzempfinden ausgeschaltet, die bewusste Wahrnehmung gedämpft und die Motivation stabilisiert wird. Langfristig jedoch kann auf diese Weise eine regelrechte Sucht entstehen. In dem unbewussten Sog danach, erneut den Endorphinkick zu bekommen, neigen schwer traumatisierte Personen dazu, Gefahrensituationen mit dem Risiko einer Wiederholung des Traumas aufzusuchen. Deshalb also zieht es nicht nur Täter zur erneuten Tat hin, wenn sie nicht therapiert werden, sondern auch Opfer unterliegen dem fatalen Drang, sich wieder und wieder traumatisieren zu lassen. Die Neurobiochemie der Sucht treibt sie an, und so verwundert es nicht, dass Trauma-Opfer ein erhöhtes Risiko für Suchterkrankungen aufweisen, denn auch die Drogen geben den ersehnten Kick. Überrascht es da, dass sich bei Drogenabhängigen häufig Hinweise auf traumatische Kindheitserfahrungen finden?

Langfristige neurobiochemische Folge einer posttraumatischen Belastungsstörung ist eine erhöhte Empfindlichkeit des Gehirns gegenüber Kortisol (*Rot*), also gegenüber Stress. Unter normalen Bedingungen bewirkt der körpereigene Regelkreislauf, dass der Kortisolspiegel von nun an besonders niedrig gehalten wird, ein leichter Auslöser kann jedoch jederzeit zu einer massiven Stressreaktion führen. Demgegenüber gehen Depressionen mit einer Erhöhung von Kortisol im Blut einher. (Kapfhammer, S. 18) Die Übersensibilisierung gegenüber ansonsten normalen Kortisolwerten – und damit gegenüber ansonsten normaler Stressbelastung – könnte folglich eine Ursache für die erhöhte Depressions- und damit auch Aggressionsneigung von Trauma-Opfern sein.

Exkurs zur Lust

Auch in exotischeren Gefilden entfalten Endorphine (*Pink*) ihre Wirkung: Tanzen auf glühenden Kohlen, Trancezustände mit Körperverstümmelungen inklusive, Selbstgeißelungen usw. – solche sonderbaren Freizeitbeschäftigungen dürften durch die Mobilisierung des körpereigenen Morphiums erklärbar sein. Der Schmerz schwindet und obendrein gibt es ein saugutes Gefühl. Nicht zuletzt das Phänomen der Dissoziation, das heißt der Trennung von Körpergefühl und Selbstwahrnehmung, wird mit Endorphinen in Verbindung gebracht. (Bauer 2007, S. 185) Bei extremem Schmerz wird – vergleichbar dem Totstellreflex bei Tieren – das subjektive Erleben regelrecht von der Körperwahrnehmung abgespalten. Der Körper wird wie von außen erlebt, womit eine weitere charakteristische (vermeintliche) »Jenseits«-Erfahrung ihre Erklärung findet, die Außerkörpererfahrung, bei der ein Sterbender sich selbst wie von oben betrachtet.

Wie wir gesehen haben, beeinflusst das in der Hirnstruktur gespeicherte Erleben spätere Wahrnehmungen mit der Tendenz, sich das bereits Bekannte zu bestätigen. Je früher ein Trauma wirksam ist, desto potenziell verheerender dürften somit seine Konsequenzen sein. Was für die Folgen von traumatischen Erlebnissen bei Erwachsenen gilt, sollte demnach vergleichbar, jedoch noch dramatischer auch für kindliche, frühkindliche und erst recht für vorgeburtliche Traumen gelten.

Und in der Tat weisen entwicklungspsychologische Forschungsergebnisse darauf hin, dass als Folge der Abspaltung von Gedächtnisinhalten durch *Traumatisierungen* weite Bereiche der psychischen Entwicklung massiv beeinträchtigt werden. Die Affektregulation und hierdurch die verinnerlichten Beziehungsmuster sind davon ebenso betroffen wie die Lernfähigkeit des Gedächtnisses, also die intellektuelle Kapazität – und dies vor allem bezogen auf das Verstehen und Beschreiben eigener Gefühlszustände. Nicht nur ist *dadurch aggressives Verhalten heftiger und häufiger, sondern zugleich ist die Fähigkeit, sich das eigene Handeln zu vergegenwärtigen und dadurch einer bewussten Kontrolle zu unterwerfen, gestört.*

Aus psychodynamischer Sicht schließlich werden die beiden Eckpfeiler der psychischen Entwicklung – Beziehung und Wirkmächtigkeit – durch frühe Traumen in ihren Grundfesten erschüttert. Eine Beziehung, real oder verinnerlicht, versagt dabei, Schutz zu bieten und die Katastrophe zu verhindern; das Vertrauen in ihre Sicherheit geht verloren. In gleicher Weise unterwirft das traumatische Ereignis sein Opfer einer totalen Handlungsunfähigkeit. Nicht selten streben daher in der Kindheit Traumatisierte ein Leben lang danach, sich ihre *Wirkmächtigkeit immer aufs Neue zu beweisen.* Nur in konstantem Aktionismus bleibt sie flüchtig greifbar.

Hierin liegt die treibende Kraft für das rastlose Schaffen vieler auch genialer Menschen. Nicht traumatische Erfahrungen in der Kindheit haben ihre Fähigkeiten trainiert, sondern der Versuch, die eigene Machtlosigkeit immer aufs Neue zu überwinden, ist die Grundlage ihres schier grenzenlos anmutenden Arbeitseifers und gelegentlich hierdurch auch ihres außergewöhnlichen Erfolgs. In Verbindung mit der Wirkung der *Endorphine kann ein solcher Bestätigungsdrang regelrechten Suchtcharakter* gewinnen und sich dadurch verselbstständigen hin zu einer unstillbaren Gier nach Anerkennung oder am destruktiven Ende des Spektrums hin zu zerstörerischer Randale und sadistischem Mord, falls andere Ausdrucksformen misslingen. Wie schon gesagt: Das frühere Opfer wird so selbst zum Täter.

Dass auf diese Weise Traumen unbewusst und wie von selbst von einer Generation an die nachfolgende weitergegeben werden können, leuchtet ein und ist vielfach belegt. Der eigentlich evolutionär sinnvolle Quantensprung, Wissen unabhängig von der genetischen Vererbung direkt weiterzugeben, führt hier zu fatalen Konsequenzen. Zur Veranschaulichung zitiere ich eine ihr Kind misshandelnde Mutter, die von sich sagte: »Ich fühlte mich in meinem ganzen Leben nie wirklich geliebt. Als das Kind auf die Welt kam, dachte ich, es würde mich lieben, aber als es die ganze Zeit nur schrie, bedeutete das, es würde mich nicht mögen, also schlug ich es.« (de Mause 2002, S. 117)

Eine solche Dynamik der fortgesetzten frühkindlichen Traumatisierung könnte ein regelrechtes *»Heranzüchten«* *pathologisch aggressiver Menschen* (siehe S. 38) zur Folge haben, denn wir erinnern uns: Traumen führen zu unbewältigtem Stress, und dieser bildet die Grundlage für übermäßige Aggression. Allerdings müsste frühkindliche Traumatisierung hierzu sehr verbreitet sein. Ist sie das? Die erschreckende Antwort lautet leider eindeutig: Ja!

Historische Hintergründe
pathologischer Aggression

Essenz: Die Häufigkeit schwerer Traumen in der Kindheit war und ist alarmierend! In jüngster Zeit kommt die Gewalt in den Medien hinzu.
Konsequenz: Die endlose Weitergabe von Traumen an die Nachkommen ist das unerschöpfliche Potenzial für das Abgleiten der menschlichen Aggression in die Destruktivität.

Schätzungen zur aktuellen Häufigkeit von Kindesmissbrauch und Kindesmisshandlung sind schlichtweg schockierend. Eine besonders sorgfältige Studie aus Deutschland kommt 1997 zu dem Schluss, dass mindestens 8,6 % aller Frauen und 2,8 %

aller Männer Opfer von sexuellem Missbrauch waren. Das ist wohlgemerkt eine absolute Mindestschätzung beim Herausrechnen sämtlicher möglicher Fehlerquellen. (Reddemann/Sachsse, in: *PTT* 1/1999, S. 16) Weniger zurückhaltende Schätzungen liegen darüber, meist deutlich. So ergaben retrospektive Befragungen in Großbritannien bei Männern, dass 20 – 30% von ihnen körperlichen Misshandlungen ausgesetzt waren, bei Frauen, dass 25 – 60% Opfer sexuellen Missbrauchs waren (Adshead, in *PTT* 2/2001, S. 81); in Deutschland lauten die Zahlen allein für sexuellen Missbrauch: Männer 10 – 15%, Frauen 20 – 30%. Eine Anhörung im Mainzer Landtag (1989) ergab, dass etwa »jede vierte Frau vor dem 14. Lebensjahr Erfahrungen mit sexuellem Missbrauch in der Familie gemacht habe«. (ebd. Dulz/Jensen, S. 167)

Ich habe hier nüchterne Prozente sprechen lassen. Die Fakten jedenfalls scheinen unglaublich zu sein, und ihre Erhebung ist ausgesprochen schwer. Einerseits schwanken sie aufgrund der unterschiedlichen Definitionsgrundlagen: Was ist Missbrauch und was (noch) nicht? Dann fehlt bislang eine klare Objektivierung der Frage, wann ein Ereignis traumatisierend wirkt und wann (noch) nicht. Denn wie bereits ausgeführt: Eine Folge gerade von starken Traumen ist ja, dass sie die Gedächtnisspeicherung massiv beeinträchtigen, also bewusst gar nicht erinnert werden können, aber dennoch nicht nur stattgefunden haben, sondern außerdem unbewusst auch weiter aktiv sind. Schließlich, zu allem Überfluss, gibt es dann umgekehrt noch die schon von Freud beschriebenen Fälle phantasierten Missbrauchs.

Wie dem auch sei; sämtliche aktuellen Erhebungen, selbst die vorsichtigsten, sind alarmierend. Berücksichtigt man, dass Studien zufolge bis zu *neunzig Prozent aller Opfer zu Tätern an ihren eigenen Kindern werden (Dornes, S. 218), so offenbart sich uns hier eine schier unerschöpfliche Büchse der Pandora an pathologischer Aggression.*

Und erst der Blick in die Geschichte: Kinder wurden (und werden immer noch) weltweit massenhaft Opfer von Morden, grausamen Verbrechen und absurden Quälereien – als Teil der Kultur, der üblichen Erziehung oder als Folge gesellschaftlicher Ausnahmesituationen (Katastrophen, Krieg, Gewaltherrschaft ...). Umfangreiche Studien und Bücher behandeln dieses Thema, dessen gesellschaftliche Konsequenzen jedoch (abgesehen von Ausnahmefällen – Stichwort: Kindersoldaten) meist vernachlässigt werden, da die Psychologisierung der Sozial- und anderer Geisteswissenschaften in weiten Kreisen immer noch als verpönt gilt. Wer jedoch, wenn nicht die menschliche Psyche, erschafft denn gesellschaftliche Strukturen, die zu solchen Auswüchsen fähig sind?

Der Psychohistoriker Lloyd de Mause hat in jahrzehntelanger akribischer Kleinarbeit Unmengen an Material zusammengetragen, das für sich selbst spricht:

Mord an Neugeborenen, so mag man argumentieren, kann wohl kaum als Trauma an die Nachfolge-Generation weitergegeben werden, schließlich ist das Opfer ja tot. Und doch sagt systematisches Kindertöten etwas über die Qualität der Bindung einer Mutter an ihr Kind aus. Ist es abwegig zu folgern, dass eine Mutter, die eines ihrer Kinder ohne zu zögern umbringt, durchaus Grenzen an warmherziger Zuwendung ihren anderen Kindern gegenüber an den Tag legen dürfte? Vor allem Mädchen wurden millionenfach nach der Geburt ermordet.

Hier seien nochmals Zahlen genannt, denn de Mause hat nachgerechnet und kam zu dem Ergebnis, dass in Europa im Mittelalter bis zu viermal so viele Jungen wie Mädchen geboren wurden. In Asien liegt das Verhältnis heute noch bei 2 : 1. Während diese biologisch nicht begründbare Verzerrung seit dem Beginn von Ultraschalluntersuchungen vor allem auf das Konto von Abtreibungen geht, wurden in der Zeit davor offenbar Millionen von Mädchen direkt nach der Geburt umgebracht, einfach nur, weil sie eben Mädchen waren.»Wenn ein Mädchen geboren wurde, so sagten die Hebräer, ›weinten die Mauern‹. Japanische Wiegenlieder lauteten: ›Wenn es ein Mädchen ist, trample sie nieder.‹ Bei mittelalterlichen musli-

mischen Kulturen ›wurde gewöhnlich noch vor der Nieder-
kunft neben der Ruhestätte der Mutter ein Grab vorbereitet,
[und] wenn das Neugeborene weiblich war, wurde es unmittelbar von der Mutter in das Grab geworfen.‹« (de Mause
2002, S. 211 ff.)

Doch auch den Überlebenden stand damit keineswegs
eine glückliche Kindheit bevor. Bis zum Ende des 19. (!) Jahrhunderts war die Säuglingssterblichkeit als Folge von Vernachlässigung eklatant hoch, selbst wenn man berücksichtigt,
dass die meisten Krankheiten noch nicht geheilt werden konnten. Sie reichte etwa »in der zweiten Hälfte des 19. Jahrhunderts von 21 Prozent in Preußen bis zu erstaunlichen 58 Prozent in Bayern«. (ebd., S. 143) Hinzu kam, dass Säuglinge
häufig verstoßen wurden. »Speziell Wien hatte eine der höchs-
ten Verstoßungsraten in Europa; die Hälfte aller Neugeborenen im 19. Jahrhundert wurde von der Mutter verlassen.« Die
Ammen, die sich der Kinder annahmen, taten dies meist aus
wirtschaftlicher Not und ließen nicht selten im Austausch für
das aufgenommene Kind ihr eigenes im Stich. »Die übliche
Praxis bestand darin, von ihr [der Amme] zu verlangen, dass
sie ihr eigenes Kind umbringt, um das fremde Kind zu stillen
– von den früheren Eltern ›ein Leben für ein Leben‹ genannt
... Die Gesellschaft sah dies als ein faires System an, da ›durch
das Opfern des Kindes der armen Mutter der Nachkomme
der reichen erhalten blieb‹.« Bis zu zwei Drittel der an Ammen übergebenen Kinder starben. (ebd., S. 232 ff.) Nur selten
wurden Säuglinge gestillt, waren daher oft »so hungrig, das
›diesen armen Würmern mit einem dreckigen Fetzen, gefüllt
mit zerkautem Brot, der Mund gestopft wurde, damit sie nicht
schrieen‹.« (ebd., S. 143)

Misshandlungen waren an der Tagesordnung und sind es
vielfach heute noch. In Altertum und Mittelalter scheint kaum
je ein Kind brutalen Züchtigungsmethoden entkommen zu
sein. »Wenn jemand sein Kind schlägt, bis es blutet, dann wird
es sich erinnern ...«, beginnt ein Gesetzestext aus dem 13.
Jahrhundert. Der englische König Heinrich IV. forderte: »Ich

habe eine Klage anzuführen: Ich erhalte von Ihnen kein Wort darüber, dass Sie meinen Sohn gezüchtigt hätten ... Als ich so alt war wie er, wurde ich oft gepeitscht. Darum will ich, dass Sie ihn versohlen.« Geradezu klassisch formuliert wird hier die Weitergabe eines Traumas von einer Generation zur nächsten. (ebd., S. 242 f.)

Und heutzutage? Vieles ist anders, aber beileibe nicht alles. »Nach der Geburt beginnen die Hälfte oder auch mehr der amerikanischen Mütter – abhängig vom Gebiet –, ihre Säuglinge im ersten Lebensjahr zu schlagen.« Nicht selten werden die Mütter zuvor selbst sogar während der Schwangerschaft von ihren Männern verprügelt, eine Praxis des ehelichen Miteinanders, die noch bis ins 20. Jahrhundert hinein vollkommen legal war und die längst nicht verschwunden ist. (ebd., S. 240)

Und auch das ist noch lange nicht alles. Jahrtausendelang und in ganz Europa bis ins 18. Jahrhundert hinein (in Teilen Osteuropas sogar bis heute) wurden (und werden) Säuglinge am ganzen Körper eingeschnürt. Dieses »Wickeln« bis zum Hals war (und ist) ein falsch verstandener Schutz davor, dass das Kind »seine Ohren abreißen, sich die Augen auskratzen, sich das Bein brechen oder seine Genitalien berühren« (ebd., S. 236 ff.) würde. Eine massivere Unterdrückung der eigenen Wirkmächtigkeit lässt sich kaum vorstellen. Aggression staut sich auf; erniedrigte Serotoninwerte (*Grün*) bei gewickelten Babyratten bestätigten das.

Auch was ich zur aktuellen Verbreitung von sexuellem Missbrauch ausgeführt habe, wurde in früheren Zeiten um Längen überboten. Bei Griechen und Römern war Päderastie alltägliche Umgangsform. Aristophanes legte dazu in einer Szene seiner *Vögel* einem Vater die folgenden Worte in den Mund: »Na, das ist ja ein schöner skandalöser Zustand ... Du triffst meinen Sohn, wie er eben aus dem Gymnasium kommt, frisch aus dem Bad und du küsst ihn nicht, du sagst kein Wort zu ihm, du umarmst ihn nicht, du greifst ihm nicht an die Hoden! Und dennoch sollst du ein Freund von uns sein?« Bei den Römern beschwerten sich die Frauen:»Bumst wieder einen Jungen! Habe ich nicht genauso einen Hintern?« (ebd., S. 266 f.) Selbst Päpste des 15. und 16. Jahrhunderts vergingen sich an ihren Kindern, die sie ja eigentlich gar nicht hätten haben sollen: Innozenz VIII., der Unschuldige (sic!), an seinen acht Töchtern und Julius III. an seinen zwei Söhnen, die daraufhin fünfzehnjährig zu Kardinalsehren kamen. (Dulz/ Jensen, S. 167)

Keineswegs Geschichte und in jüngster Zeit wiederholt in den Medien thematisiert ist die Beschneidung junger Mädchen. Zurzeit leben über 130 Millionen Frauen in arabischen Ländern und in Teilen Afrikas, denen im Alter von sechs Jahren ohne Betäubung (!) die Klitoris und Teile der Schamlippen herausgeschnitten wurden, mit Rasierklingen oder auch mit rostigen Messern. In Ägypten beispielsweise werden in ungebildeten Familien 97 % der Mädchen und in gebildeten Kreisen 66 % von ihnen genital verstümmelt. (de Mause 2002, S. 40, 226)

Ich habe selbst im Jahr 2006 mitbekommen, wie bei den Masai in Kenia eine ganze Nacht lang durchgefeiert wurde. Es war eine jener Reisen in einer bunt zusammengewürfelten Gruppe (S. 114 f.), doch das ist hier unerheblich. Vibrierend zog sich der Rhythmus der Trommeln durch die sternenklare Nacht. Der Eintritt von Jungen und Mädchen in die Gemeinschaft der Erwachsenen wurde vom ganzen Dorf in einem traditionellen Zeremoniell begangen, bei dem alle gleichaltrigen Kinder mit demselben Messer beschnitten wurden. Im Zuge der Verstümmelung wurde auf diese Weise zugleich auch reihenweise das HIV übertragen.

Allein schon der Blick nach Afrika, nicht wegen der geschilderten Szene, sondern wegen seiner politischen Landkarte, stellt die von Fromm und vielen Anthropologen vertretene These,»dass die primitivsten Menschen die am wenigsten kriegerischen« und damit am wenigsten gewalttätigen seien, da es ohne Besitz keinen Neid gebe, als pure Sozialromantik bloß. (Fromm, S. 171 ff.) Wie bereits erwähnt, wurden bei diversen Stämmen in Neuguinea – sicherlich mit die ursprünglichsten Menschengemeinschaften, die sich heutzutage noch finden lassen – bis in die jüngste Zeit Kleinkinder von ihren Müttern getötet, gekocht und an die Geschwister verfüttert. Neugeborene wurden »zu den Säuen geworfen, die sie prompt verschlingen. Die Mutter nimmt dann eines der Ferkel von der Sau, die als Erste den Korpus des Säuglings attackiert hat und stillt es mit ihrer Brust.« (de Mause 2002, S. 194 ff.)

Ich habe viele dieser skurril anmutenden Schilderungen direkt zitiert, weil sie mir selbst so unglaublich erschienen, als ich sie das erste Mal las. Weil, wie mehrfach betont, *erstens Traumen innerpsychisch in Aggression verwandelt und zweitens von Generation zu Generation weitergereicht werden, haben wir hier die stetig sprudelnde Quelle für die potenziell pathologisch destruktive Aggression der Menschheit* vor uns! Fast wundert man sich angesichts dieser Horrorszenarien, dass Mord und Totschlag nicht noch viel verbreiteter sind.

Mit dem Erkennen dieser Zusammenhänge eröffnen sich immense Möglichkeiten, etwas zu ändern, den steten Kreislauf der Gewalt zu durchbrechen. Meist ist ja nicht böser Wille, sondern automatische Wiederholung die Ursache für die psychisch vererbten Gewaltspiralen. Ein einfaches Beispiel für die Macht der Unkenntnis ist das Stillen. Der Verzicht darauf brachte Tod und Trauma zu Generationen von Kindern. Als es im 18. Jahrhundert dann wieder eingeführt wurde, sank die Säuglingssterblichkeit sofort deutlich. Der im 20. Jahrhundert erneut einsetzende unsinnige Trend, Stillen durch Flaschenfüttern zu ersetzen (die hieran beteiligten Wirtschaftsinteressen sind eine Kriminalgeschichte für sich), wurde vor dem Hintergrund eindeutiger Forschungsergebnisse und der einsetzenden Stillbewegung in den 1980er-Jahren glücklicherweise wieder durchbrochen. Der unermüdlichen Aufklärungspraxis der Stillberatung ist es zu verdanken, dass sich inzwischen ein ausgeprägtes Bewusstsein von den Vorteilen des Stillens etabliert hat.

Nochmals Phantasie

Traumen sind jedoch nicht nur Folge direkter körperlicher Gewalt. Es gibt massenhaft Hinweise darauf, dass auch die Zeugen eines traumatischen Ereignisses selbst schwer traumatisiert werden (Bühring, S. 636): das Kind, das mit ansehen muss, wie sein Geschwister geschlagen wird, der Zeuge eines Gewaltverbrechens oder im Extrem der Überlebende des Holocaust. Die absurd anmutenden Schuldgefühle früherer KZ-Insassen haben erschütternde Berühmtheit erlangt – das »KZ-Überlebenden Syndrom« wird sogar als eigene diagnostische Einheit klassifiziert; in ihrer »Überlebensschuld« fühlen die Davongekommenen sich auf ewig den Ermordeten verbunden und verpflichtet (und auch dieses Trauma wird nachweislich an die nachfolgende Generation weitergegeben).[49] Wir Menschen empfinden eben (von wenigen Ausnahmen abgesehen) unweigerlich Mitleid. In der Phantasie teilen wir das Leiden des anderen, um es dadurch zu mildern und zugleich die Schuld dafür abzubüßen, dass es nicht uns, sondern den anderen erwischt hat. *In der sich selbst verstärkenden Art unseres Denkens malen wir uns die Qualen des Opfers unter Umständen sogar dramatischer aus, als wenn wir ihnen selbst ausgesetzt gewesen wären!*

Die verbreiteten Formen an Psychoterror innerhalb von Familien und besonders an Kindern haben mit der Einführung der Massenmedien eine weitere Ergänzung erfahren: Denn nun gesellt sich die Möglichkeit hinzu, sich live und in Farbe am Bildschirm traumatisieren zu lassen. *Gewalt im Bild, egal ob real oder fiktional, hinterlässt bleibende Spuren in der Struktur unseres Gehirns und führt nachweislich zu mehr destruktiver Aggression.* Das vermutete schon Cicero im Jahre 80 v.Chr.: »Wenn wir zu allen Stunden grausige Geschehnisse mit ansehen oder mit anhören müssen, so verlieren wir schließlich, selbst die von Natur aus Zartesten unter uns, durch die ständige Folge der quälenden Eindrücke, jegliches Empfinden für Menschlichkeit.« (Watzlawick, S. 77)

Wie recht er hatte! Als 1973 in Kanada in einer von drei Gemeinden das Fernsehen eingeführt wurde, stiegen dort die Gewaltdelikte um 160%. Mit der Verbreitung des Fernsehens in den USA und in Kanada in den Fünfzigerjahren verdoppelten sich dort die Tötungsdelikte innerhalb der weißen Bevölkerung, während sie im damals fernsehlosen Südafrika leicht abnahmen. Erst 1975 kam es auch am Kap der Guten Hoffnung zum Anschluss an die Fernsehwelt und zugleich zu einer drastischen Zunahme der Morde, wobei andere Gründe hierfür weitgehend ausgeschlossen werden konnten. (Spitzer 2003, S. 172)

Gerade Kindern ist die Abstraktion von echt und fiktional noch nicht möglich. Davon abgesehen, dass massenhaft reale Gewalt über den Bildschirm flimmert, wird gerade von ihnen auch fiktionale Gewalt als Verhaltensform gelernt. In einer Langzeitstudie von 1960 bis 1981 wurde belegt, dass Kinder, die überdurchschnittlich viele Gewaltszenen im Fernsehen sahen, als Erwachsene häufiger kriminell wurden und außerdem auch öfter ihre eigenen Kinder schlugen. Vor diesem Hintergrund ist das folgende Rechenbeispiel zu sehen: »Der durchschnittliche amerikanische Schüler hat nach Abschluss der High-School (d.h. nach zwölf Schuljahren) nicht nur 13.000 Stunden in der Schule verbracht, sondern vor allem 25.000 Stunden vor dem Fernsehapparat. Hier sah er insgesamt 32.000 Morde und 40.000 versuchte Morde, eher vorsichtig geschätzt.« (ebd., S. 171)

Phantasiegebilde haben, wie schon erwähnt, ein sich selbst verstärkendes Potenzial. Gewaltgeladene Videospiele, die nicht umsonst in den USA zur Ausbildung von Soldaten eingesetzt werden, wirken sogar noch suggestiver auf die Psyche ein als das Fernsehen. »Die Schaffung und Automatisierung aggressionsbezogener Wissensstrukturen sowie die Desensibilisierung führen letztlich zu einer Veränderung der Persönlichkeit.« (ebd., S. 177) Allen anderen Medieneinflüssen voran erhöhen aggressive Computerspiele die Wahrscheinlichkeit, dass man Gewalttäter wird, sofern bereits andere Risikofaktoren bestehen.[50] Auch ein Serienmörder spielt seine Gewalt zuerst in der Phantasie durch. Erst dann handelt er. Die Phantasie unterliegt dabei auch virtuell Erlebtem. Wie sagte noch der Mörder, den ich auf Seite 21 zitierte, zur Inspirationsquelle für seine Tat:

»›... Ja, das habe ich im Fernsehen gesehen.‹« (Müller, S. 139)

Exkurs in ländliche Abgründe

Zugegebenermaßen widerwillig wende ich meinen Blick in den Untergrund, hin zu dem österreichischen Keller, der im Jahr 2008 in aller Munde war. Mein Zögern gründet sich sowohl in dem Umstand, dass diese Geschichte mit der Zeit als skurrile Fußnote in dem Strom viel bedeutenderer Grausamkeiten verschwinden wird, als auch in der Tatsache, dass hier medial eine Sensation produziert wird, die erschütternde realsatirische Blüten treibt und so die Opfer fortlaufend weiter missbraucht. Als Beispiel dafür die folgende Zeitungsmeldung: »Die beste Freundin von Elisabeth F. singt ... ›24 Jahre ohne Liebe, ohne Glück‹ lautet der Refrain der CD von Christa Woldrich (42). Die CD kann man um 7 Euro kaufen. ... Der Erlös geht an die Opfer von Josef F.« (Zeitschrift *Heute* vom 4.7.2008, S. 8)

Zweifellos ist das inszenierte Grauen in dieser Geschichte außergewöhnlich – zur Rekapitulation: Der beim Geständnis 73-Jährige lockte vor 24 Jahren seine Tochter, die er schon zuvor sexuell missbraucht hatte, in ein selbst gebautes Kellerverlies, hielt sie dort von der Umwelt unbemerkt 24 Jahre lang gefangen und zeugte insgesamt sieben Kinder mit ihr, die teils unterirdisch, teils zur Pflege bei der offenbar unwissenden Gattin des Betroffenen aufwuchsen. Und doch sehe ich in dieser Tat lediglich die perverse Spitze des Eisbergs von Vorfällen sexuellen Missbrauchs an Kindern, die, wie geschildert, viel häufiger als allgemein vermutet geschehen.

Dort in Amstetten hat ein Täter (mutmaßlich auf der Basis einer Persönlichkeitsstruktur, die in psychiatrischer No-

204

menklatur als schwere narzisstische Persönlichkeitsstörung mit antisozialen Tendenzen klassifiziert werden würde) die seinem Denken zu eigene Spaltung in der Wirklichkeit inszeniert, indem er sich ganz real eine zweite Welt geschaffen hat. Der über der Erde biedere unauffällige Elektrotechniker wurde unterirdisch zum gottgleich Allmächtigen. Die seiner narzisstischen Störung zugrunde liegenden (aller Wahrscheinlichkeit nach aus eigenen traumatischen Erlebnissen in der Kindheit heraus erklärbaren), tief verwurzelten Minderwertigkeitsgefühle konnte er so in der grandiosen Rolle, die er sich selbst schrieb, kompensieren. Alles an dieser Gegenwelt war selbst gemacht – der Bau bis in alle Einzelheiten ebenso wie seine Insassen!

Einmal begonnen, gewann das Projekt eine Eigendynamik und wurde zur Ersatznormalität für Täter (zeitweise) und Opfer (dauerhaft, die es daher schwer haben werden, in der für sie neuen Realität außerhalb ihres Verlieses Fuß zu fassen). Noch ein weiteres psychodynamisches Phänomen schwerer narzisstischer Störungen lässt sich hier beobachten: Der Täter nimmt die anderen Menschen letztlich gar nicht als eigenständige Wesen wahr. Sie sind entweder Teil von ihm (hier im Verborgenen), gehören zu ihm wie ein Körperteil (sind im vorliegenden Fall ja sogar vom eigenen Körper geschaffen) oder sie existieren nicht wirklich (am Tageslicht).

Vor dem Hintergrund dieses eher psychiatrischen als gesellschaftlichen Erklärungsmodells eines pathologischen Narzissmus überrascht es nicht, dass der Betroffene, glaubt man den Meldungen, nicht frei von Eitelkeit nach Anti-Aging-Cremes für sein Gesicht verlangt. (Zeitschrift *Heute* vom 16.7.2008, S. 8)

Doch warum ist dieser Fall für uns alle so interessant?

Nun, neben der aufbauschenden Berichterstattung in den Medien, die das Ihre dazu beiträgt, erliegen wir dem Kitzel des Bösen. Aggression zwingt uns beinahe unweigerlich in ihren Bann. Dies ist ein evolutionsbiologischer Überlebensvorteil, da Aggression potenziell bedrohlich ist, und es gilt, mögliche

Gefahren rechtzeitig zu erkennen. Nicht umsonst neigen traumatisierte Menschen dazu, möglichst ihr gesamtes Umfeld kontrollieren zu wollen. Und schließlich erlaubt eine Tat wie die in Amstetten auch, dass die zahlreichen kleineren Verletzungen, die wir anderen, die Eltern tagtäglich ihren Kindern zufügen, entschuldigenswert erscheinen angesichts der Dimension des in seiner Ausgestaltung Unfassbaren.

Krieg und Terror

Verlassen wir die Kellerenge der niederösterreichischen Provinz und begeben wir uns ins Schlachtgetümmel der Weltpolitik, wo uns Krieg und Terror als Formen gezielter und mehr oder weniger systematischer Gewalt gegen Menschen begegnen. Dem Krieg sind über die Jahrtausende hinweg ganze Bibliotheken gewidmet worden. Zum Thema Terror entstanden erst in den vergangenen Jahren zahllose Abhandlungen, vor allem seit dem 11. September 2001 und dem dadurch akut gestiegenen Bedarf. Da politische und gesellschaftliche Hintergründe beider Gewaltphänomene bereits in der vorhandenen Literatur ausführlich dargelegt wurden, werde ich mich hier auf jene Aspekte konzentrieren, die sich aus der in diesem Buch entworfenen Konzeptualisierung unserer Psyche herleiten lassen. Warum produziert unser Gehirn Formen von Aggression, deren Ziel das systematische Töten von Artgenossen ist? Warum riskiert es dabei zugleich die eigene Vernichtung (Krieg) oder führt sie sogar gezielt herbei (Selbstmordattentäter)? Sind wir also doch einer pathologischen Selektion unterworfen, wie Konrad Lorenz meinte? Sind wir verrückt bzw. sind wir noch zu retten?

Während ich die letzte der drei Fragen nicht sicher beantworten kann, gilt für die ersten beiden ein klares: Nein.

Wenn Mars mobil macht

Essenz: Krieg ist eine Institution zur Konfliktlösung mit vielen Ursachen: Realinteressen, Massendynamik, Wirkmächtigkeitsbeweis, Traumafolge, Aggressionsabfuhr, Glücksspiel, Entmenschlichung des Gegners. **Konsequenz:** Es gilt unter Berücksichtigung der verschiedenen Ursachen, bessere Konfliktlösungsstrategien zu entwickeln.

Der Krieg ist eine weitgehend gesellschaftlich akzeptierte Form der Gewalt zur Konfliktlösung, wobei man unterscheiden muss zwischen der Motivation derjenigen, die den Krieg anordnen, und derjenigen, die sich mit unterschiedlicher Begeisterung in Schlachten stürzen und dabei Gefahr laufen, darin umzukommen.

Schon Freud kam zu der Schlussfolgerung, dass »Interessenkonflikte zwischen Menschen ... prinzipiell durch die Anwendung von Gewalt entschieden« (Bd. XVI, S. 14) werden. Damit nähert er sich durchaus einem breiten Aggressionsverständnis an, wie auch ich es ja hier vertrete. Interessenkonflikte entstehen grundsätzlich dann, wenn die expansiven Bestrebungen eines Menschen auf die gegenläufigen eines anderen treffen. Über die somit unweigerlichen Frustrationen wird Aggression mobilisiert. Die Art, wie das daraus resultierende Gewaltpotenzial ausagiert wird, variiert in hohem Maße, wobei Krieg am destruktiven Ende des Spektrums liegt. Das Ergebnis des Kräftemessens ist eine Entscheidung gemäß dem Recht des Stärkeren.

Den Entscheidungsträgern fällt es hierbei leichter, eine gewalttätige Konfliktaustragung zu wählen, wenn die Gesellschaftsform ihnen keine direkte Rechtfertigung abverlangt. So wirken nicht wenige Kriege in den vergangenen Jahrhunderten bei näherer Betrachtung wie eine Mischung aus Familienstreit und Schachspiel, nur dass die Schachfiguren halt lebten bzw. starben. Die europäischen Herrscherhäuser waren nahezu alle miteinander verwandt und verschwägert. Ist nicht selbst das englische Königshaus der Abstammung nach deutscher als englisch und dennoch very british?

Wie wir aus den Statistiken zu Mord und Totschlag entnehmen konnten, treten beide Phänomene nirgends so häufig auf wie in Familienkreisen. Verwandtschaft schützt also keineswegs vor Kriegen. Die Tradition jedoch gebot, den Zwist nicht selbst auszutragen, sondern ihn austragen zu lassen. Hinzu kam ein psychisches Dilemma der Herrscher. Wie sollten sie mit ihrer zeitweilig absoluten Macht noch ihre Wirkmächtigkeit erfahren? Eigentlich blieb ihnen da gar nichts anderes übrig, als ihre Grenzen, die »ihres Reiches«, immer weiter auszudehnen, allenfalls noch sich wenigstens bleibende Denkmäler zu setzen.

Doch mit dem Ausbruch von Revolutionen und mit der Einführung von freien Wahlen mussten die Herrschenden auf einmal auch diejenigen für einen Krieg motivieren, die darin unmittelbar ihren Kopf hinhielten, denn sonst wäre es mit ihrer Herrschaft bald vorbei gewesen. Bloß welche Überraschung: Kaum ein politischer Schachzug war (und ist auch heute noch) für die eigene Wiederwahl so förderlich wie ein Krieg!

Wie das? Wieso lässt sich der einzelne Wähler oder Kämpfer so für einen Krieg begeistern, den er aus dem Bauch heraus sicherlich erst einmal ablehnen würde?

Noch einmal stoßen wir auf die Massenphänomene: Ein Staatsoberhaupt, das zur Einheit gegen einen Feind aufruft, streut der Masse Rosen, gibt ihr die ersehnte Spaltung in die Guten hier und die Bösen dort. Endlich sind wir die Guten. Da Kriegsgefahr berechtigterweise Angst macht, wird – einmal losgetreten – in einem sich selbst verstärkenden Kreislauf die Spaltungstendenz angeheizt. Wenigstens wissen *wir* Bescheid, wo richtig und wo falsch ist, das dämpft die Unsicherheit. Außerdem zwingt uns Angst in die Arme der anderen, also in die Zugehörigkeit zur Masse hinein.

Zugleich lockt der versprochene Sieg (oder die Bewährungsprobe gegen den übermächtigen Gegner) als überragender Beweis für die Wirkmächtigkeit der eigenen Gruppe. Je stärker der Feind, desto bedeutender der ersehnte Erfolg. Der Kalte Krieg der Westmächte mit dem ehemaligen Ostblock ist geradezu ein Lehrbeispiel dafür, wie der Wettstreit mit einem (real oder vermeintlich) stärkeren Gegner Ansporn für die eigene Leistungsfähigkeit sein kann. Wer hat die schlimmsten Waffen (hier gelten sicher auch freudsche Kriterien wie Größe der Bombe, Abschussgeschwindigkeit und Feuerkraft), oder wer ist zuerst auf dem Mond? Krieg (heiß oder kalt) als Extremvariante der Konkurrenz um den Wirkmächtigkeitsbeweis ist immer ein starker Motor für die Weiterentwicklung von technischem Fortschritt gewesen.

Vor allem eine frustrierte und damit aggressiv aufgeladene Masse ist aufgrund ihrer Sehnsucht danach, die eigene Selbstachtung zurückzugewinnen, zum Krieg verführbar. Außerdem drängt es sie, ihr erhöhtes Aggressionspotenzial auszutoben, das seinerseits, da projiziert, zur Quelle gesteigerter Angst wird und damit zum Handeln antreibt. Wenn der Gegner genauso geladen ist wie man selbst, dann ist er erst recht bedrohlich. Angriff ist die beste Verteidigung, um dem gefährlichen Feind zuvorzukommen.

Wie wir gesehen haben, bewirken Traumen abgespaltene Aggressionen, die zugleich über Generationen hinweg weitergereicht werden können. Einmal traumatisierte Massen sind und bleiben unter Umständen über lange Zeit hinweg latent hochaggressiv. Verwundert es da, dass in bestimmten Gegenden der Welt Kriege immer wieder aufs Neue aufflammen? Die Überraschung darüber, dass auf dem Balkan, inmitten des so zivilisiert gewähnten Europas, plötzlich am Ende des 20. Jahrhunderts wieder mittelalterliche Kriegsszenarien möglich wurden, legt sich angesichts dieser massendynamischen Erklärung. »Milosevic ›erfand‹ nicht die Gefühle der Serben ... diese waren jahrhundertelang in den Volksliedern, der Kunst, der Kirche und dem Schulunterricht lebendig geblieben ...,

[sondern] er ermutigte ... ihr Wiedererwachen und ihre Erweckung im kollektiven Bewusstsein«. (Volkan, in *PTT* 1/2000, S. 32) Und der Nahe Osten? Wird nicht auch dort mit der Strategie eines »Aug um Auge, Zahn um Zahn« die Spirale aus Trauma und Aggression ewig weitergesponnen?
Ist ein Krieg erst einmal losgetreten, lässt sich die freigesetzte Dynamik nur schwer wieder bändigen, nicht weil ein primärer Aggressionstrieb auf Entladung drängt, sondern weil die unweigerlichen realen psychischen Verletzungen – zusammen mit der sich selbst verstärkenden Natur unseres Denkens – Wut und Hass immer weiter aufschaukeln. Hierdurch werden die Massenprozesse exzessiv verstärkt; es gibt kein Zurück mehr.

Doch Krieg bietet noch mehr, gerade für den Einzelnen. Fraglos kann er auf dem Feld der Ehre sein ganz privates Aggressionspotenzial abreagieren (wer weiß, wie es im trauten Heim um die Qualität seiner Lebenspartnerschaft bestellt ist?). Auch kann er sich an der Front seine Wirkmächtigkeit beweisen (was möglicherweise in der alltäglichen Beschäftigung daheim schwerfällt, ohne hierbei bestimmten Berufsgruppen zu nahe treten zu wollen). Herausgelöst aus den üblichen Gesellschaftsstrukturen locken Freiheit und Abenteuer. Man kann sich beweisen, dass Mann ein Held ist. Nicht nur Armani® und Rolex® sind sexy, sondern auch Uniform und Orden (wenngleich heutzutage ein gewisser Geschmackswandel zu beobachten ist, was Anlass zu Hoffnung gibt).
Wie wir gesehen haben, ist der Wirkmächtigkeitsbeweis von besonderer Bedeutung für Menschen, die selbst Opfer vor allem früher Traumen wurden. Wie verbreitet solche Traumen waren und selbst heute noch sind, habe ich hinlänglich geschildert. Opfer von Gewalt streben danach, die einmal erlebte Machtlosigkeit immer aufs Neue zu überwinden. Was eignet sich dafür besser als die Rolle eines legalen Täters, in der sie ihre verborgenen Aggressionen abreagieren »dürfen«? Ich erwähnte auch den Rausch der belohnenden Endorphine, der eine regelrechte Sucht nach Gewalt hervorrufen kann.

Doch selbst wenn Traumatisierte zum Täter werden, unterliegen sie oft weiter dem unbewussten Sog, auch zu ihrer Opferrolle zurückzukehren. Wie viele Verbrecher stellen sich nicht selbst die entscheidende Falle in der unbewussten Quintessenz:»Ich habe alles im Leben versucht, doch mir will nichts gelingen«? Das Gehirn bleibt seinen verinnerlichten Mustern treu. Und wer gibt schon ohne großzügigen Ausgleich den Vorwurf an die Welt auf:»Seht, das wurde mir angetan«?

Stück für Stück offenbart sich hier, wie der *Krieg in geradezu idealer Weise die perfekte Kompromisslösung für Opfer eines jedweden Traumas* darstellt. Siegen oder Sterben, beides passt. Und so lassen sich wohl die Zeilen im Brief eines deutschen Soldaten aus dem Ersten Weltkrieg verstehen.»Sich selbst zu opfern ist ein Vergnügen, das größte Vergnügen ... Nie zuvor hat ein so mächtiges Sehnen nach dem Tod und Leidenschaft zur Aufopferung die Menschheit ergriffen.« (de Mause 2002, S. 135) Und marschierten nicht über die Jahrhunderte hinweg gerade unglücklich Verliebte voller Begeisterung in die Schlacht?

Meist jedoch zieht es Soldaten nicht in den Krieg, um zu sterben, sondern um als ruhmreicher Held heimzukehren. Das Schlachtgetümmel entpuppt sich hier als Glücksspiel. Ich spiele, weil ich davon überzeugt bin, dass ich gewinnen werde. Verlierer, das sind immer die anderen. Wenn Sie sich einmal mit Wahrscheinlichkeitsrechnung befasst haben (oder im Casino waren oder an der Börse spekuliert haben), dann wissen Sie, wie wenig rational der Mensch beim Spiel ist. Wieso sonst spielen Millionen Lotto? Die Aussicht auf den Dopaminkick des überraschenden Erfolgs, den es beim Gewinnen gibt, fegt das logische Denken »spielend« beiseite.

Doch wie steht es mit der natürlichen Tötungshemmung, die wir alle in uns haben? Nur eine Minderheit unserer Mitmenschen würde sein Gegenüber ohne weiteres ins Jenseits befördern. Warum versagt sie auf einmal im Krieg? Auch hier greifen wieder mehrere Mechanismen ineinander.

Ein gewisses Maß an Gehorsam haben die meisten von uns im Laufe ihres Lebens beigebracht bekommen. Das Milgram-Experiment (S. 178 ff.) ist ein eindrucksvoller Beleg dafür. Je größer unsere Unsicherheit ist, desto eher und mehr vertrauen wir dem Urteil anderer. Deshalb sind wir gerade in Angstsituationen besonders gehorsam. Zugleich zwingt uns Angst in die Nähe der anderen und damit in die Gruppe und in ihre Regeln hinein. Angst schweißt zusammen, und zwar so massiv, dass Kriegskameradschaften zu den besonders dauerhaften Freundschaften zählen.

In der militärischen Ausbildung wird zudem eine eigene Logik aufgebaut, ein umfangreiches Regelwerk trainiert, das mit dem Alltagsleben möglichst wenig gemeinsam hat. Die Eigenschaften des Individuums werden weitestgehend der Gleichheit in der Masse der Soldaten untergeordnet. Das beginnt bei Uniform und Haarschnitt und endet je nach Armee bei Erniedrigung, Entwürdigung und Zermürbung im Dauerstress. Wie wir sehen konnten, interpretiert unser Gehirn unser Sein zu jedem Zeitpunkt innerhalb einer emotional definierten Teillogik. Damit gehört Töten zur Soldatenlogik, während es in der Zivilistenlogik desselben Menschen (zumeist) strikt verboten ist.

Schließlich wird der Kriegsgegner regelrecht entmenschlicht. So sprachen die amerikanischen Piloten bei ihren Angriffen auf irakische Panzer von einer »Truthahnjagd« (Mentzos, S. 124). Während früher beim Töten das Kampfgebrüll vom Menschsein des Gegners ablenken sollte, sind die Methoden heutzutage raffinierter und noch weitaus wirkungsvoller geworden. Vor allem Videospiele, wie das erwähnte militärische Trainingsspiel »Doom« (S. 20), erlauben das spielerische Einüben von Tötungstechniken ganz ohne Konsequenzen, die dann anschließend im Ernstfall aber mit Konsequenzen angewandt werden können, ohne dass dies für den Spieler wirklich ersichtlich wäre. Sein Bildschirm im Panzer ist demjenigen am Übungspult zum Verwechseln ähnlich. Damit kopiert das reale Töten das zuvor virtuell gelernte bis ins Detail und verliert hierdurch nahezu vollkommen seine emotionalen Begleiterscheinungen. Mit der Einführung von Massenvernichtungswaffen lässt sich die Entmenschlichung auf die Spitze treiben. Statt eines Gegners – selbst eines vermeintlich virtuellen – hat man nur noch einen roten Knopf vor sich, den es abzudrücken gilt. Ich gebe zu, der Gedanke macht mich nervös.

Fraglos lässt sich der Mensch zu einer Kampfmaschine heranzüchten. Und das gilt interessanterweise auch für Menschen, die keiner traumatischen Kindheit ausgesetzt waren, wie ein nochmaliger Blick in den Dschungel offenbart. Die kriegerischen Yanomami sind allem Anschein nach ganz besonders liebevoll zu ihren Kleinkindern, lesen ihnen jeden Wunsch von den Augen ab, und diese liebevoll behüteten Kinder unterwerfen sich dann als Erwachsene willig den Regeln ihrer kämpferischen Gemeinschaft und morden. (Mentzos, S. 45) Wieder wird hier eine Spaltung geschaffen: Wir, die Guten, gegen den Rest der Welt.

Spaltungen schaffen Feinde und fördern damit Krieg. So überrascht es nicht, dass totalitäre Systeme, denen stets eine spalterische Ideologie zueigen ist, eine erhöhte Kriegsneigung aufweisen. Wer in einem solchen Umfeld aufwächst, kann nur schwer eine differenziertere Weltsicht entwickeln. Psychologische Untersuchungen bestätigen das eindrucksvoll.[51] Liegt hierin eine Ursache für die tendenziell stärkere Neigung zu radikalen politischen Ansichten in den Ländern des früheren Ostblocks?

In einem Buch über Aggression kann die aktuelle Situation im Irak nicht unbeachtet bleiben. George W. Bush erklärte Saddam Hussein den Krieg, weil gegen die al-Qaida kein Krieg zu führen war. Doch noch andere Gründe bewogen ihn zu diesem Schritt. Neben individuellen Realinteressen wirtschaftlicher Art wie ein hoher Ölpreis (ist sein Vermögen doch eng mit Öl verknüpft) oder eine Stützung der Rüstungsindustrie (auch dort sind seine Verflechtungen und die seiner Mitstreiter bekannt und vielfältig) sowie der Strategie, als Kriegspräsident die eigenen Wiederwahlchancen zu verbessern, lassen sich auch bei ihm Hinweise auf psychodynamische Ursachen seiner Kriegswilligkeit finden.

Wie seine Reden plakativ offenbarten, dachte Bush in vereinfachenden Spaltungen. Exemplarisch hierfür ist die von ihm kreierte »Achse des Bösen«. Wo das Böse so massiv im anderen gesehen wird, liegt es nahe, dass es sich hierbei nicht um reine Wahrnehmung, sondern immer auch um eine Projektion eigener aggressiver Anteile handeln dürfte. Wird die eigene Aggression auf den Gegner projiziert, erscheint dieser erst recht viel gefährlicher, als er in Wirklichkeit oft ist. Die Massenvernichtungswaffen des Irak entsprangen, wie sich herausstellte, der Phantasie der Geheimdienste, die dem Wunsch ihres Präsidenten und seines Stabes zu entsprechen trachteten.

Zugleich stand Bush augenscheinlich unter massivem Druck, seine Wirkmächtigkeit unter Beweis zu stellen, sei es, um von eigenen Schwächen wie seinen recht begrenzten Erfolgen oder seinem zeitweise übermäßigen Alkoholkonsum abzulenken, mehr noch aber wohl, um sich gegenüber seinem insgesamt erfolgreicheren Vater zu behaupten. Und der hatte Saddam im Sattel gelassen.

Doch wie sieht es auf der Seite seiner Gegner aus? Ich meine nicht Saddam, der ist inzwischen Geschichte, sondern die fundamentalistischen Terroristen. Macht es Sinn, einen »Krieg gegen den Terror« zu führen?

Bomben für – ja für wen eigentlich?

Essenz: Terroristen haben ein gespaltenes, aggressiv aufgeladenes Weltbild, das in einer Ideologie fixiert ist. Sie bomben sich ihren Wirkmächtigkeitsbeweis herbei.
Konsequenz: Jede Aufwertung (»Krieg gegen den Terror«) ist damit Öl ins Feuer des Terrorismus.

Terrorismus im heute verstandenen Sinn[52] ist der mit kriegerischen und kriminellen Mitteln geführte Kampf des Unterlegenen gegen eine Übermacht. Er bedient sich einer Partisanen-Taktik, weil er in einer klassischen Kriegssituation keine Chance gegen den von ihm gewählten Gegner hätte. Auch das ist wesentlich: Der Terror sucht sich aktiv seinen Gegner, nicht ihm wird passiv der Krieg erklärt. Der Terrorist entscheidet sich demnach für Gewalt als Mittel zum Erreichen seines Ziels; und er ist zu der Einsicht gelangt, dass er schwach ist – zu schwach für eine direkte Konfrontation mit dem Gegner. So gesehen wird er durch eine Kriegserklärung aufgewertet. Kann er sich ein schöneres Lob wünschen?

Doch wer wird Terrorist? Zweifellos ist die Entscheidung durch ihre Radikalität stärker als etwa bei Berufssoldaten von persönlichen Beweggründen geprägt. Die individuelle psychische Struktur des zukünftigen Terroristen ist der Nährboden für seinen Kampf gegen die von ihm empfundene Ungerechtigkeit. Ein Blick in die Biographien führender Terroristen bestätigt das. Auf den ersten Blick überraschend sind die meisten von ihnen nicht selbst Opfer geknechteter Verhältnisse. Vielmehr waren sie Zeugen davon, wie andere leiden, und das hat in ihnen Schuldgefühle und Wut geweckt.

Osama bin Laden entstammt einer reichen saudischen Familie, »besuchte während seiner College-Zeit häufig Nachtclubs, Casinos und Bars, sprach dem Alkohol zu und war ein Frauenheld«. (de Mause, in: Baecker u.a., S. 56) Dann gab er auf einmal sein hedonistisches Leben auf, begann zu predigen und »lebte fortan mit seinen vier Frauen und fünfzehn Kindern in einer kleinen Höhle ohne fließendes Wasser, von wo aus er gegen all die kämpft, die jene sündigen Aktivitäten und Freiheiten genießen, die er selbst sich nicht zugestehen kann.« (ebd. S. 57) Dieser radikale Umschwung lässt aufhorchen. Hat ihn der Irrsinn gepackt, ist er einem religiösen Wahn verfallen?

Das wäre eine plausible Erklärung. Doch spricht sein organisiertes Vorgehen dagegen, dass er unkontrolliert halluzinierend in der Wüste herumsitzt und der Stimme seines Gottes lauscht. Vielmehr haben wir es hier offenbar erneut mit einer massiven Spaltung zu tun – hier gut, da böse. Wegen seines bis dahin an islamischen Werten gemessen sündigen Lebenswandels von massiven Gewissensbissen geplagt, projiziert er mit einem Mal alles Schlechte auf den Feind, exkulpiert sich damit (»Ich konnte nichts dafür, ich wurde verführt«) und wäscht sich zusätzlich noch rein durch seine ausgesucht asketische Lebensform (»Jetzt mache ich alles anders«). Er erschafft sich komplett neu, jetzt als nur Guter. Sein eigenes schlechtes Gewissen eines Privilegierten agiert er aus im Hass auf diejenigen, die weiter so leben, wie er es bis dahin ebenfalls tat. Je mehr Schuld ich auf mich geladen habe, umso mehr kann ich sie dem bösen anderen zuschreiben und umso stärker kann ich ihn hassen.

Wir finden hier die Zutaten des radikalen Anführers wieder, ein übermäßig hohes Maß an Aggression zusammen mit einem von Spaltungen durchzogenen Weltbild, wobei die Aggression, indem sie auf die Umgebung projiziert wird, die Spaltungstendenz zusätzlich verstärkt. Doch nicht jeder hochgradig Aggressive wird zum Anführer einer radikalen Gruppierung. So finden einige Menschen konstruktive Wege – beispielsweise beruflichen Ehrgeiz – um ihre Aggression zu kanalisieren und sie weder zum Schaden für sich selbst noch für andere werden zu lassen. Weitaus häufiger jedoch wird ein ausgeprägtes Aggressionspotenzial destruktiv ausgelebt und zum Beispiel mit Alkohol und Drogen gegen die eigene Person oder in Gewalt und Kriminalität nach außen gerichtet.

Doch erst die Ideologie macht aus dem aggressiv Aufgeladenen einen Terroristen. Andreas Baader beispielsweise war Kleinkrimineller, bevor er sich dem Kampf gegen den »Konsumterror« verschrieb, Kaufhäuser in Brand setzte, entführte und mordete. Ihre Sprengkraft erhält eine Ideologie dadurch, dass sie sich selbst aus einer massiven Spaltung heraus definiert. Keine terroristische Ideologie ist frei davon, weder der radikale Islamismus, noch Links- oder Rechtsextremismus. Erst mit Hilfe der Ideologie lassen sich Gleichgesinnte finden, wird der Einzeltäter zum Teil einer Terrorgruppe. Der Begriff »Terrorist« ist hierbei in der Regel eine Zuschreibung an jemanden, der sich selbst wohl eher den Titel Revolutionär oder Freiheitskämpfer verleihen würde. Aber nur wenn es einem Terroristen gelingt, auch eine gekränkte Masse zu mobilisieren, hat er das Potenzial zum Revolutionär. Eindrucksvoll zeigt dies die Biographie Che Guevaras. Nachdem er sich im Anschluss an den Machtwechsel in Kuba mit Castro überworfen hatte, verließ er den Inselstaat, um sich auf die Suche nach einer neuen frustrierten Masse zu machen. Er versuchte es im Kongo, später in Bolivien, doch ohne Erfolg. Aus dem Vorzeigerevolutionär wurde wieder ein Terrorist, der verfolgt und schließlich umgebracht wurde.

Und wie steht es nun mit Osama bin Laden?

In den Ländern der arabischen Welt ist die Zahl der Gekränkten groß, zurzeit wahrscheinlich größer als an jedem anderen Ort unseres Planeten. Im Geldrausch des Öls opfern dort viele der Reichen und Mächtigen die eigenen moralischen Grundfesten den Verlockungen eines luxuriösen Lebenswandels. Kaum eine Gesellschaft ist solch massiver Ungerechtigkeit und solch drastischen Spaltungen unterworfen wie die arabische. Wo ist die Kluft zwischen reich (saudische Ölscheichs) und arm (Palästinenser) krasser? Und ist es nicht auffallend, dass die im Geld schwimmenden Ölmilliardäre ihren Glaubensbrüdern entgegen allen Solidaritätsbekenntnissen kaum finanzielle Unterstützung zukommen lassen? (Priddat, S. 121)

Vor diesem Hintergrund hat Osama bin Laden das Potenzial, zum Revolutionär zu werden, allerdings nicht in den USA, gegen die sich sein Terror nur zu richten scheint. Nicht dort wird er seine Gefolgsleute finden, sondern in den islamischen Ländern. Die USA als mächtigster Gegner der Erde dienen ihm nur als symbolische Demonstration im Kampf gegen die Ölmilliardäre am Golf.[53] Er beweist hiermit Wirkmächtigkeit und Grandiosität, um darüber die arabischen Massen für sich zu gewinnen: »Folgt nicht dem kleinen Vorstadtprediger des

Hasses, sondern mir! Ich nehme es mit jedem auf.« Indem die USA ihm den Krieg erklärten, werteten sie ihn förmlich in einer Weise auf, die seinem strategischen Wunsch direkt in die Arme spielt. Besser konnte es für ihn gar nicht laufen. Denn – wir erinnern uns – die gedemütigte Masse wünscht sich Wirkmächtigkeit und Größe zurück. Wieder finden wir in der Ideologie, jetzt der radikalislamischen, die Versprechen von Größe, siegreicher Gerechtigkeit und Unsterblichkeit. Der religiöse Hintergrund betont vor allem Letzteres. Im Fall der Selbstopferung lockt das Paradies (und ganz nebenbei erhalten die Hinterbliebenen schon auf Erden eine monatliche Rente ausbezahlt). Diese Verlockung ist umso süßer, je weniger das reale Leben Befriedigung bietet. Kaum jemand dürfte hierfür anfälliger sein als die Frustrierten des Islam. Tür an Tür leben sie mit den Reichsten dieser Erde, die sich wie im Hohn auch noch als Brüder im Glauben inszenieren.»Eine Mutter eines palästinensischen Selbstmordattentäters, der sich in Stücke gerissen hatte, sagte mit entschlossen freudiger Miene:»›Ich war sehr glücklich, als ich es erfuhr. Ein Märtyrer zu sein, das ist etwas. Nur wenige Menschen können das. Ich habe gebetet, um Gott zu danken. Ich weiß, mein Sohn ist nahe bei mir‹.« (de Mause, in: Baecker u.a., S. 43)

Der Selbstmordattentäter ist endlich wieder wer. Mit seiner Tat hat er sich seine Wirkmächtigkeit zurückgebombt. Unter dem Verlust des eigenen Lebens hat er im Morden seine quälende Passivität überwunden, sein psychisches Ungleichgewicht kuriert und zugleich die drastische Spaltung ausagiert, in der er lebt. Dabei verwundert es auch nicht, dass die meisten Attentäter aus durchaus geordneten sozialen Verhältnissen der oberen Mittelklasse kommen. Denn es ist wieder ein tiefer, unüberbrückbarer Kontrast – zwischen ausgeprägter Normalität im häuslichen Umfeld einerseits und himmelschreiender Ungerechtigkeit in einer von Hass aufgeladenen Umgebung andererseits –, der einen bis dato unauffälligen Menschen ins Morden treibt (wobei oftmals gezielte Hirnwäsche und massiver äußerer Druck nachhelfen müssen).

Das oben genannte Zitat der palästinensischen Mutter aber lenkt ein weiteres Mal den Blick darauf, dass die Sehnsucht des Attentäters nach dem Paradies (also unbewusst nach den bereits erwähnten Verlockungen der vorgeburtlichen Geborgenheit) nicht nur in realen Frustrationen aus Krieg und sozialem Missstand einschließlich der daraus resultierenden Stressbelastung wurzelt. Es offenbart vielmehr einen Zusammenhang mit einer Mutterliebe, die erschreckende Grenzen hat. Warum das?

Wieder stoßen wir auf fatale Verkettungen. Im arabischen Raum leben Frauen und Männer meist streng getrennt. Ein saudischer Soziologe bestätigt: »In unserer Gesellschaft gibt es kein freundschaftliches Verhältnis zwischen einem Mann und einer Frau.« (Al Munajjed, S. 39) Noch dazu werden in diesen Regionen Millionen von Frauen durch Beschneidung ihrer sexuellen Liebesfähigkeit beraubt. In einem Lied, das Mütter bei dem Ritual singen, heißt es: »Wir waren einmal Freunde, aber heute bin ich der Herr, weil ich ein Mann bin. Schau – ich hab ein Messer in meiner Hand ... Deine Klitoris, ich werde sie abschneiden und sie wegwerfen, weil heute bin ich ein Mann.« (ebd. S. 40)

Sind diese Frauen nicht so gut wie sicher schwer traumatisiert? Und Traumen werden an die Folgegeneration weitergegeben. Ist es dann noch »verwunderlich, dass bei ›Ärzte für Menschenrechte‹ herausgefunden wurde, dass ›97 [sic!] Prozent der afghanischen Frauen ... unter schweren Depressionen litten‹«? (ebd. S. 41)

Den Zusammenhang zwischen Trauma, Aggression und Depression habe ich in diesem Buch bereits deutlich geschildert. Die schreckliche Eigendynamik von Krieg und Elend im Nahen und Mittleren Osten fußt damit wahrscheinlich auf einem endlosen Hass, der dort noch andere, nämlich frühere Wurzeln im Umgang traumatisierter Mütter mit ihren Kindern hat. Zugleich sind schon die werdenden Mütter in

Krisengebieten wiederholten Stressexzessen ausgesetzt, wodurch bereits vor der Geburt das Aggressionspotenzial ihrer Kinder verstärkt wird – ein zusätzlicher Grund für die nicht enden wollende Gewalt in den Dauerkrisenherden unserer Erde.

3

Konsequenzen
für den Einzelnen,
die Gesellschaft
und politisches
Handeln

Die Wurzeln der menschlichen Aggression – eine Zusammenfassung

Aggression ist kein biologischer Trieb, sondern ein reaktives Verhalten auf Frustration, das zwar genetisch angelegt ist, dessen Potenzial aber weitgehend durch erlebten Stress bestimmt wird. Bereits ab dem dritten Schwangerschaftsmonat wird die Struktur des menschlichen Gehirns außenreizabhängig beeinflusst. Sie reagiert über Kortisol auf Stress und speichert die so gemachten Erfahrungen dauerhaft. Jede neue Wahrnehmung erfolgt auf der Basis der bereits bestehenden Hirnstruktur, wird also unweigerlich vom früher Erlebten beeinflusst. Zugleich schlägt sie sich selbst in der Hirnstruktur nieder und modifiziert hierdurch von nun an alle nachfolgenden Wahrnehmungen.

Als Ergebnis neigt unser Gehirn dazu, sich einmal verinnerlichte Erfahrungsinhalte immer wieder aufs Neue zu bestätigen. Wesentlicher Filter hierfür sind die Emotionen; es gibt kein Denken ohne emotionale Beteiligung. Je stärker ein Gefühl ist, desto gezielter und intensiver fokussiert es unser Denken. Jedes Gefühl entwickelt seine eigene Logik: Der Mensch, den ich liebe, hat andere Eigenschaften als der, den ich hasse, selbst wenn beide ein und dieselbe Person sind. Hier liegt die Ursache für das Phänomen der Spaltung. Im Gefühlsextrem wird die Wahrnehmung zugespitzt und vereinfacht. Es gibt nur Gut und Schlecht; alles muss in eine der beiden Kategorien hineinpassen.

Während diese Art zu denken bei Erwachsenen meist nur unter Stress auftritt, ist sie bei Säuglingen und Kleinkindern verbreiteter und ganz normal. Erst über das Erleben konstant guter Beziehungen, besonders mit der Mutter, lernt das Kind, das Sowohl-als-Auch von Gut und Böse zu akzeptieren. Schafft die Mutter es aufgrund von Belastungen oder eigener psychischer Defizite nicht ausreichend, das Kind bei dieser Integration zu unterstützen, so behält es seine Spaltungstendenz oft ein Leben lang bei. Doch Gleiches geschieht auch, wenn ein Kind emotional nicht zu bewältigenden Traumen ausgesetzt wird, die dann unverarbeitet und abgespalten im Unbewussten fortleben.

Sämtliche destruktiv aggressiven Phänomene gehen mit Spaltungen einher. Eine Situation wird nicht mehr differenziert gesehen, der Zorn nicht relativiert, sondern er tobt gegen das Böse an, kann in Amoklauf und Selbstmord enden, bei einer Menschenmasse in Panik und Krieg münden.

Unsere Psyche neigt dazu, von sich selbst auf andere zu schließen (weil unser Denken ja aus unserer bestehenden Hirnstruktur heraus erfolgt). Eigene Gefühle werden so in andere hineinprojiziert. Meine Wahrnehmung des anderen ist damit stets eine Mischung aus dessen realem Verhalten und meiner eigenen Projektion auf ihn. In einer Menschenmenge ist das verwirrend, weil einfach zu viele da sind. Deshalb entsteht Unsicherheit. Stress kommt auf, der unser Denken einengt. Wir sind latent gereizt, übernehmen dann gerne die Einschätzungen anderer und suchen zu vereinfachen. Dadurch werden wir für Spaltungen empfänglich: Wir sind die Guten, draußen ist der Feind. Das erklärt, warum der Mensch in der Masse leicht manipulierbar ist, sich unter Umständen sogar bis in den »totalen Krieg« treiben lässt, besonders dann, wenn das Aggressionspotenzial der Masse aufgrund von Frustrationen bereits massiv angeheizt ist.

Doch zurück zum Einzelnen. Die psychische Entwicklung endet nicht mit der Überwindung von Spaltungen. Neurobiologisch lassen sich drei Entwicklungsstufen identifizieren, zwischen denen wir normalerweise hin und her pendeln: *Selbstzentriertheit* (ich will), *Interaktion mit dem anderen* (du und ich) und *weitgehende Einsicht in eigenes Handeln*, einschließlich dessen Grenzen und Möglichkeiten (intuitiver Überblick, Weisheit).

An jedem Punkt dieser psychischen Entwicklung sind Frustrationen unvermeidbar. Deren Hauptauslöser sind reale Grenzen in unserem tief verwurzelten Drang nach Entfaltung, denn: Alles Leben ist Expansion. Mit der zunehmenden Komplexität unseres Gehirns hat die Psyche über ihre ursprüngliche Funktion, die Sicherung der körperlichen Existenz, hinaus ein Eigenleben entwickelt. Zwei zentrale Grundbedürfnisse bestimmen dabei unser psychisches Sein: Wirkmächtigkeit (die psychische Entsprechung zur Expansion) und Beziehung. Wir wollen etwas bewirken können, müssen uns das beweisen, und wir brauchen andere Menschen.

Grenzen machen uns deutlich, wie weit wir gehen können. Erst über sie können wir die gesamte Fülle unserer Wirkmächtigkeit erfassen. Zugleich stellen sie den Anreiz dar, mit Hilfe der reaktiv ausgelösten Wut doch noch ein Stück weiterzugehen. Wut ist demnach ursprünglich eine Bündelung expansiver Kraft zur Überwindung eines Hindernisses. Sie ist Teil der Expansion. Eine Trennung destruktiver von konstruktiver Aggression ist demnach eine künstliche Unterscheidung, eine Frage der Definition, für die es keine neurobiologische Grundlage gibt. Wir alle tragen den Drang zu mehr Wachstum und damit ein aggressives Potenzial in uns.

Wesentlichen Einfluss darauf, wie wir diesen Wachstumsdrang nutzen, haben die uns umgebenden Beziehungen, da sie exzessiven Stress, die Hauptursache für vermehrte und damit potenziell destruktive Aggression, abmildern können. Häufigster Stressfaktor ist neben übermäßiger Frustration die Angst. Kein Mittel ist wirksamer gegen sie als die Anwesenheit einer vertrauten Person. Die Qualität vor allem unserer frühen Bindungen beeinflusst maßgeblich unsere Stresstoleranz und darüber das spätere Aggressionspotenzial. Zugleich lernen wir von unseren Bezugspersonen auch Strategien für den Umgang mit Stress und für den Einsatz von Aggression. Das Gewaltpotenzial des Einzelnen in der Gesellschaft ist damit nicht nur über die Begrenzung aggressiven Verhaltens beeinflussbar, sondern auch über Stressregulation, vor allem durch gute Beziehungen, und über das Erlernen von Kompetenzen zur konstruktiven Aggressionsnutzung.

Ein Trauma ist Stressexzess pur, ist sozusagen Öl ins Feuer pathologischer Aggression. Frühe Traumen schaffen latent aggressive Menschen. Da alles Denken, weil in der Hirnstruktur verankert, nach Selbstbestätigung drängt, suchen Traumatisierte unbewusst nahezu süchtig nach immer neuer Verletzung. Zugleich versuchen sie, das erlebte Trauma ungeschehen zu machen, indem sie die erfahrene Wirkunfähigkeit ins Gegenteil verkehren – das Opfer wird selbst zum Täter. Hierdurch werden Traumen von einer Generation auf die nachfolgenden übertragen und so in einer Kettenreaktion potenziell endlos am Leben erhalten, ganz so wie ein vermeintlich »rein« genetisch vererbtes Merkmal.

Die Komplexitätszunahme unseres Gehirns hat aber noch ein weiteres Phänomen hervorgebracht: die Phantasie. Sie dient der Handlungsplanung schon im Voraus, bereitet uns auf Erwartetes vor. Ausschließlich aus Bedürfnissen und aus gespeicherten Erfahrungen gebildet, neigt auch die Phantasie wie alles Denken dazu, sich selbst zu verstärken. Ohne gegenteilige Außenwahrnehmung bestätigt sie sich damit tendenziell in einem fort selbst. Engen zugleich heftige Emotionen wie Angst oder Wut das Denken ein, so ist leicht eine Radikalisierung die Folge (beispielsweise ist Fremdenhass oft dort hoch, wo die Fremden gar nicht sind).

Auch auf die Eigendynamik der Phantasie kann eingewirkt werden, und zwar im positiven wie im negativen Sinn. Fernsehen, Videospiele, aber auch schon Bücher (klassisches Beispiel war die durch Goethes *Die Leiden des jungen Werther* ausgelöste Selbstmordepidemie) führen, beinahe egal, ob real oder fiktional, zu einem direkten Niederschlag in der Hirnstruktur: Gewalt in ihnen bewirkt Gewalt im Gehirn und im Verhalten!

Es gibt viel zu tun

Wie können wir der Aggressionsspirale entkommen? Vieles ist möglich. Das ist die eindeutig gute Nachricht, die sich trotz allem Erschreckenden aus dem in diesem Buch Geschilderten ableiten lässt. Wenn so viele Faktoren an der Zuspitzung von Aggression beteiligt sind, dann ist jeder einzelne von ihnen auch ein Ansatzpunkt, um die vielfältigen Teufelskreise sich immer wieder entzündender Gewalt eines Tages zu durchbrechen. Sowohl die Eindämmung des bereits existierenden Aggressionspotenzials als auch die künftige Vermeidung übermäßiger Aggression überhaupt sind durchaus machbar.

Da den gutartigen und bösartigen Ausdrucksformen von Aggression die gleiche Wurzel – der uns allen zu eigene Drang nach Expansion – zugrunde liegt, lässt sich grundsätzlich die eine in die andere umwandeln.

Zugleich offenbaren die Zusammenhänge zwischen übermäßigem Stress und Gewaltneigung, vor allem als Folge psychischer Traumen, dass das eben nicht ausschließlich genetisch bedingte Aggressionspotenzial während der Entstehung der Psyche beeinflussbar ist. Je früher, also schon während der Schwangerschaft, desto fundamentaler.

Was heißt das nun in der Praxis?

Für sich sorgen

Ein zufriedener Mensch ist nicht gewalttätig. Wie macht er das? Bei genauerer Betrachtung ist die Antwort recht simpel. Er lebt sein Leben, ist mit sich im Reinen, braucht sich nicht selbst etwas vorzumachen, sorgt für seine grundlegenden Körperbedürfnisse ebenso gut wie für Bestätigungen seiner Wirkmächtigkeit im Großen wie im Kleinen, und er ist eingebunden in ein Netz erfüllender Beziehungen. Bedrohungen und Frustrationen schätzt er intuitiv richtig ein, und er reagiert auf sie mit seinem Ärger angemessen, indem er sie aus dem Weg schafft oder – wo das nicht geht – sich mit ihnen arrangiert. Basis für eine solche Lebensgestaltung ist eine ausreichende psychische Gesundheit. Zwar lässt sich dieser Begriff nicht sicher objektivieren[54], doch haben wir alle eine Ahnung davon. Nur, wie gelangen wir da hin?

Das Bedürfnis danach ist jedenfalls enorm. Die Flut an Selbsthilfelektüre wird nur von den Blüten ausufernder Esoterik übertroffen. Ich bin über meinen Schatten gesprungen, habe in einige Selbsthilfestellungen hineingeschaut und mich durch Formulierungen hindurchgequält wie: »Ja, es ist vorbei. Das Sich-ewig-Wehren gegen all das, was ganz tief in unserem Innersten bohrt und brennt. Das, wogegen wir uns stemmen und wehren. Ja, hört auf mit dem Kampf gegen Euer innerstes und tiefstes Sein! Schau sie Dir an! Unsere Städte, Dörfer, Felder, Wälder, Menschen und Tiere!« (Doell, S. 41) Doch inmitten der ganzen Ausrufezeichen fand sich ein Kern, der sich mit dem Ergebnis der Ausführungen in diesem Buch durchaus deckt: Nur über das Eingeständnis der eigenen Aggression kann ich deren expansive Kraft in bewusstes und gewolltes Handeln verlagern und verhindern, dass sie unbewusst mein Verhalten bestimmt und mich auf das Glatteis destruktiver Boshaftigkeit zerrt, zwischen zwanghafter Stichelei, Depression und Amoklauf.

Ein letzter Auftritt meiner Dackeldame: Ich war mit ihr in einem Tierpark, landschaftlich wunderschön gelegen, in dem entgegen sonstiger Gepflogenheiten auch Hunde erlaubt sind. So muss das Hundeparadies aussehen, schien es. Kleine Präriehunde tollten freilaufend umher und waren willkommene Jagdbeute, wenngleich viel zu flink, um sich schnappen zu lassen. Dann jedoch das Gepardengehege. Direkt am Zaun saß die gefleckte Katze, deren Größe diejenige eines ausgewachsenen Dackels um ein Vielfaches übersteigt. Und was macht der Hund? Er schaut weg. Selbst wenn ich ihn unmittelbar vor den Geparden hinhielt, drehte er den Kopf so zur Seite, dass er nicht sehen konnte, was nicht sein durfte, Katzen in der Größe von Doggen. Auch Tiere verleugnen.

Solange mich das Verleugnete nicht betrifft (der Gepard also in seinem Käfig eingesperrt bleibt) ist das durchaus sinnvoll, denn was soll ich mir anderer Leute Kopf zerbrechen? Hier ist die Abgrenzung eine überlebenswichtige Strategie. So macht es auch wenig Sinn, wenn ich den Tag heulend damit verbringe, dass ich an Krebs sterben könnte, sofern gar nichts dafür spricht, dass ich krank bin. Verleugne ich aber Dinge, die in Wirklichkeit vorhanden sind, dann holt mich früher oder später die Realität ein. Läuft der Gepard frei herum, dann hilft kein Weggucken, dann heißt es: Nichts wie weg! Oder: Hat man bei mir Krebs diagnostiziert, dann sollte ich so schnell wie möglich nach der besten Behandlungsmöglichkeit suchen.

Was unsere Gefühle betrifft: Sie existieren. Man kann sie weder verbieten noch sie befehlen. Was für »Sei spontan« gilt, trifft ebenso zu auf »Sei nicht böse.« Nur wenn ich mir auch meine unangenehmen Gefühle, meine Wut, vielleicht sogar meinen Hass, offen eingestehe, kann ich die in ihnen gebundene Kraft in bewusstes und konstruktives Handeln überführen und reagiere sie nicht unbewusst in destruktivem Verhalten an mir oder an anderen ab.

Machen Sie hierzu einen Selbstversuch: Das nächste Mal, wenn Sie etwas auf die Palme bringt, Sie so richtig Stress haben, dann laufen Sie ein Stück – am besten Treppen rauf und runter. Sie werden merken, dass Sie sich durch das Abreagieren besser fühlen und leichter zu einem klaren Überblick über die Sachlage finden werden. (Warnung: Das gilt nicht für Herzkranke!)

Unsere Hirnfunktion stellt uns eine Ebene der Selbstbeobachtung zur Verfügung, die uns, wenn wir sie erreichen, *prinzipiell zur Übernahme von Verantwortung für unser Handeln* befähigt. Ihre Weiterentwicklung ist Ziel und Kern der Psychoanalyse, und ihre Existenz findet inzwischen auch neurobiologisch Bestätigung. Wir können also, um noch einmal zu

Konrad Lorenz zurückzukehren, wie Ratten handeln, müssen es aber nicht.

Doch Einsicht kann mehr. Sie schärft den Blick für unsere Bedürfnisse, physisch und psychisch. Wenn ich weiß, was ich brauche, kann ich gezielt dafür sorgen, dass ich es bekomme – die beste Strategie zur Frustvermeidung. Ist das einmal wirklich nicht möglich, bleibt mir nichts anderes übrig, als mich damit abzufinden beziehungsweise nach Alternativen Ausschau zu halten. Andernfalls werde ich mich in meiner eigenen Frustration ertränken.

Trage ich nun aus gemachter Erfahrung und aus deren Bestätigung in Beziehungen die Gewissheit in mir, dass ich mir, komme was wolle, mein psychisches Grundbedürfnis nach Wirkmächtigkeit ausreichend bestätigen kann, bin ich einer zufriedenen Gestaltung meines Lebens schon recht nahe: Bei Bedarf kann ich mir den notwendigen Beweis selbst liefern. Genau das ermöglicht mir, mich frei und offen in meine Beziehungen einzubringen. Ja, erst mit dieser Fähigkeit beantwortet sich die Frage nach dem Sinn des Lebens von selbst. Konzepte wie Spaßgesellschaft oder Wohlstandsmaximierung greifen da zu kurz, denn sie befriedigen immer nur Teilaspekte dieses Wirkbeweises.

Allein schon die Einsicht in unser Streben nach dem Bewirken bringt uns dessen Erfüllung einen Schritt näher, da wir nun unsere tagtägliche Lebensgestaltung gezielt daraufhin ausrichten können. So beweisen wir uns etwa in Beruf, Sport, Kunst und im Kontakt mit anderen, was wir können. Zusätzlich steigern wir unser Wohlbefinden mit regelmäßigen Endorphinkicks, sei es beim Sex oder beim Lachen. Und doch hindern uns Fallstricke in unserer verinnerlichten Hirnstruktur oft daran, diese eigentlich recht einfache Grundregel konsequent in unserer Lebensplanung zu berücksichtigen. Die Lösung kann hier nur lauten, dass wir alles daransetzen sollten, ein Mehr an Offenheit uns selbst gegenüber zu erreichen, um so die unbewussten Hemmnisse auszuschalten.

Gelingt uns das nicht allein, sollten wir nicht zögern, uns

entsprechende Hilfe zu holen. Der Blick eines neutralen anderen kann uns die Augen dort öffnen, wo wir selbst blind sind und uns im Weg stehen. Da es sich allerdings praktisch kaum machen lassen wird, einen Großteil der Bevölkerung für ein paar hundert Stunden auf die Couch eines Analytikers zu legen, bedarf es noch anderer Ansätze, um Einsicht zu fördern. Denkbar wären gesamtgesellschaftliche *Aufklärungskampagnen*, die am besten schon in den Schulen beginnen sollten. Es gilt, der *Aggression das Stigma des Bösen zu nehmen,* sie als die uns allen verfügbare expansive Lebenskraft kenntlich zu machen *und der Pseudovereinfachung durch Spaltungsprozesse entgegenzuwirken.* Jeder sollte motiviert werden, sein psychisches Entwicklungspotenzial auszuschöpfen, um hierdurch selbstreflexiv sein Handeln möglichst frei und verantwortungsbewusst bestimmen zu können. Je mehr das gelingt, umso weniger Gewalt wird es geben.

Wir stehen keineswegs am Ende der Evolution – es sei denn, wir radieren alles Leben aus. Damit ist Weiterentwicklung nicht nur prinzipiell möglich, sondern eigentlich selbstverständlich. Jeder von uns kann ein Stück zur weiteren Entwicklung der Welt beitragen, da er seine eigenen Fortschritte fast automatisch seinen Kindern und Kindeskindern zukommen lassen wird – die liebevollen Rattenmütter (S. 142 ff.) beweisen es.

Wer selbst nicht loskommt von seinen destruktiven Phantasien und Taten, der jedenfalls sollte therapeutische Hilfe bekommen. Denken Sie nur an den auf Seite 21 erwähnten Serienmörder: Während der Haft spielte er seinen nächsten Mord in der Phantasie immer wieder durch. Niemand kümmerte sich darum. Angesichts der selbstverstärkenden Kraft des Denkens überrascht es nicht wirklich, dass er bereits drei Tage nach seiner Entlassung über ein neues Opfer herfiel. Und er bestätigt es uns: »Ja, das wäre hilfreich gewesen«, hätte im Gefängnis jemand mit ihm über seine Gewaltphantasien gesprochen. (Müller, S. 41)

Das offene Anerkennen unserer eigenen Aggressionen bietet jedoch nicht nur (begrenzten) Schutz vor Lustmördern. Wie in diesem Buch bereits deutlich wurde, besteht die volkswirtschaftlich kostspieligste aller Erkrankungen, die Depression, im Wesentlichen aus gegen sich selbst gerichteter Aggression. Wird diese in einer Psychotherapie freigesetzt und bearbeitet (falls erforderlich unter befristeter (!) medikamentöser Behandlung), so lässt sich Depression durchaus oft heilen. Bei leichten Depressionen genügt unter Umständen schon das Abreagieren der aggressiven Energie. Ausdauersport (Jogging, Schwimmen) wird inzwischen als therapeutisch wirksam anerkannt (und das nicht nur gegen Depressionen, sondern beispielsweise auch gegen Vorhofflimmern, wie mir jüngst ein Kollege berichtete[55]).

Für jede ursächlich wirksame Psychotherapie bedarf es der Einsicht in die tieferen Zusammenhänge. Leider stößt dies auf Widerstand nicht nur beim Einzelnen. Aktuell stehen psychotherapeutische Ansätze zur Depressionsbekämpfung oft im Gegensatz zu den Interessen der Pharmaindustrie; nicht weil die gierig und böse ist, sondern weil sie in ein System eingebunden ist, in dem sie Gewinne nur über den Verkauf ihrer Präparate machen kann. Von den Mitarbeitern pharmazeutischer Firmen, die ich kenne, haben mir nicht wenige versichert, dass sie glücklich wären, könnten sie, statt Tabletten zu verkaufen, Gewinne und Gesundheit im Einklang miteinander maximieren. *Ein grundsätzliches Umdenken im Gesundheitssystem ist angebracht!* Wir brauchen andere Entlohnungsmechanismen.

Ist es nicht vorstellbar, dass eine Firma die Gesundheitsversorgung für einen bestimmten Krankheitsbereich in einer Region übernimmt und dann nicht nach der Menge der verkauften Medikamente, sondern nach der nachweislichen Besserung dieses Gesundheitssegments in der Bevölkerung bezahlt wird? Das kann gelten für die Anzahl an Herzinfarkten oder Schlaganfällen genauso wie für die Häufigkeit und Schwere von Depressionen, die sich in psychologischen Tests verlässlich erfassen lassen. Die Firmen würden ihre Forschungsaktivitäten nicht wie heute weitgehend auf das Entdecken neuer Wirkstoffe beschränken müssen, sondern ent- und belohnt werden, wenn sie ganzheitliche Ansätze für eine bessere Gesundheit der Bevölkerung entwickeln. Viel von dem Geld für Marketing könnte dadurch in die Forschung fließen (aktuell übersteigt das Marketing-Budget der Pharmafirmen das ihrer Forschungsaktivitäten!), da nicht Verkaufserfolge, sondern direkt gemessene Gesundheitserfolge honoriert würden. Zugleich würden die Ärzte von dem unsäglichen Konflikt zwischen Unabhängigkeit ihrer Entscheidung und direkter oder subtiler Beeinflussung durch die Firmen befreit. Insbesondere in Psychiatriekreisen wird aktuell das Verhältnis zur Industrie (zum Glück) heftig diskutiert.[56]

Einsicht in sich selbst kann sogar noch mehr, als bei Gewaltvorbeugung, Depressionsbekämpfung und aktiver Lebensplanung behilflich zu sein. In bildgebenden Untersuchungsverfahren am Gehirn wurde beispielsweise nachgewiesen, wie chronischer Schmerz über das Bewusstmachen moduliert und damit wirksam behandelt werden kann. Der Schmerz wird dabei regelrecht weggedacht. (Singer, S. 48 ff.) Auch hier stehen wir erst am Anfang einer Entwicklung.

Gesellschaft heute und morgen

Aus allen Menschen zufriedene Erdenbürger zu machen und auf diesem Weg Gewalt zu beseitigen – diese Latte ist allerdings recht hoch gelegt. Wir kommen also kaum umhin, bis auf Weiteres nach anderen Strategien zu suchen. Und in der Tat gibt es ganz konkret Möglichkeiten, wie sich Gewalt eindämmen lässt, von kurzfristigen und naheliegenden Maßnahmen bis hin zu langfristigen und auf den ersten Blick eher ungewöhnlichen Ansätzen. Die folgende Aufzählung kann keinen Anspruch auf Vollzähligkeit erheben, aber sie soll, so hoffe ich, erste wesentliche Impulse liefern.

Verbote durchsetzen. Frauen, die nach einem tätlichen Angriff durch ihren Mann zur Polizei gingen, wurden deutlich seltener nochmals Opfer eines Übergriffs. (Dornes, S. 281)

Indem er selbst geringe Straftaten konsequent ahnden ließ, verwandelte der damalige Bürgermeister Giuliani die Stadt New York in den Neunzigerjahren von einer Hochburg der Kriminalität in eine der sichersten Großstädte der Vereinigten Staaten.

Waffen beseitigen. »Nur 5 % aller Schwerverbrechen mit tödlichem Ausgang werden mit Händen oder Fäusten begangen, 60 % mit Schusswaffen, der Rest mit Messern etc.« (ebd., S. 282) Die Präsenz einer Waffe verführt dazu, sie im Affekt auch einzusetzen.

Gewöhnung vermeiden. Nach Kriegen sind Gewaltverbrechen deutlich häufiger, obwohl es weniger junge Männer gibt (die die häufigste Tätergruppe darstellen). Auch Gewalt im Fernsehen und besonders in Videospielen führt eindeutig zu einem Gewöhnungsprozess.

Ich habe jüngst einen Videofilm angesehen, der hochoffiziell ab sechs Jahren zugelassen ist. In Großaufnahme werden darin mehrere Personen brutal erschossen. Ist es nicht eine Perversion, wie selbstverständlich Morde Teil unserer Zerstreuung sind (und zugleich der Aufschrei groß ist, wenn irgendwo ein nackter Schwanz sein Stelldichein gibt)? Hier muss sich einiges ändern, nicht nur in den Unterhaltungsmedien. Ist es wirklich ein Mehrwert an Information, wenn ich in einer Nachrichtensendung die Toten eines Bombenanschlags flächendeckend über meinen Bildschirm verteilt bekomme? Desensibilisierung gegenüber Gewalt kann nicht die ausschließliche Alternative zur Verleugnung von Information sein.

Aggression konstruktiv einsetzen. Was für den Einzelnen gilt, ist auch gesamtgesellschaftlich richtig. Es gilt, Strukturen zu schaffen, die eine gewaltfreie Konfliktaustragung ermöglichen.

Unser Rechtssystem ist exemplarisch dafür (was nicht bedeutet, dass es immer reibungslos funktioniert). Bereits in ursprünglichen Gesellschaftsformen (und bei vielen Tierarten) finden sich ritualisierte Kämpfe zur Streitschlichtung. Ein schönes, wenngleich skurriles Beispiel dafür sind die Gesangsduelle der Eskimos im Osten Grönlands. (Fromm, S. 164) Genauso bieten Sport und Kunst dazu Gelegenheit, überschüssige Aggression abzureagieren, und beugen damit tendenziell Gewalt vor.

Therapie nutzen. Ein kleines Kind setzt Gefühle unmittelbar in Handlungen um, Ärger in einen Wutanfall. Mit zunehmender Symbolisierung können die Gefühle auch in der Phantasie abreagiert werden. Das Kind lernt, sie psychisch zu »verdauen«. Psychotherapien, die an den verinnerlichten Erlebens- und Beziehungsmustern arbeiten, erweitern neben der Einsicht auch die Symbolisierungsfähigkeit des Einzelnen. Sie bieten eine Beziehung, in der eben dieses »Verdauen« von Gefühlen nachgeholt werden kann. Inzwischen ist neurobiologisch belegt, dass der Abruf gespeicherter Gedächtnisinhalte diese nachweislich veränderbar macht. (Siefer, S. 153)

Ein ausreichendes Angebot an Psychotherapie ist daher nicht nur gesundheitsfördernd und kann damit langfristig die explodierenden Kosten im Gesundheitswesen reduzieren helfen, sondern beugt zugleich auch Gewalt vor. Einzelne Entscheidungsträger, wie der leitende Beamte im Österreichischen Gesundheitsministerium Kierein, leisten hier international beispielhafte Vorarbeit, indem sie konsequent die Gleichstellung von seelischer und körperlicher Gesundheit unterstützen (übrigens ganz im Einklang mit den Forderungen der WHO). Voraussetzung hierfür ist allerdings zugleich ein gesellschaftliches Klima, in dem das Aufsuchen eines Psychotherapeuten nicht als Ausdruck von Schwäche und Krankheit stigmatisiert wird. Wie falsch und schädlich ein solches Stigma ist, zeigt sich angesichts der beschriebenen Häufigkeit von Gewalt in Familien. Das Gegenteil trifft also zu: Mut beweist, wer bereit ist, an sich zu arbeiten (und so auch die Entwicklung seiner Kinder zu schützen)!

Aggression in Therapien berücksichtigen. Wesentliche Bausteine einer wirksamen Psychotherapie sind Einsicht (in die eigene Gefühlswelt und in Möglichkeit und Grenzen der eigenen Wirkmächtigkeit) und Beziehung (zum Erleben neuer Beziehungsmuster und zum »Nachverdauen« von Gefühlen). Kernthema ist hierbei neben dem Überwinden von Angst die Aggression. Gelingt es nicht, ihr Potenzial ins bewusste Handeln zu überführen, boykottiert sie nicht nur den Verlauf einer Therapie, sondern zugleich erhöht sie langfristig die Gefahr seelischer und über die Schwächung des Immunsystems auch körperlicher Krankheiten. Wenngleich es den Todestrieb nicht gibt – es sei denn, man definiert den Triebbegriff entsprechend um –, so war seine Erfindung dennoch nützlich, um der Aggression des Menschen die ihr gebührende Aufmerksamkeit zukommen zu lassen.

Spaltungen vorbeugen und überwinden. Ein wesentlicher Baustein psychodynamischer Psychotherapien[57] besteht im Identifizieren und Auflösen von Spaltungen, die oft hochemotional und dabei aggressiv besetzt sind und die die Sicht auf die umgebende Welt deutlich verzerren können (ihre ursprüngliche Aufgabe liegt ja in der Vereinfachung). Auch andere Psychotherapieformen haben mittlerweile die Steigerung von Einsicht in die eigenen psychischen Reaktionsweisen (und damit das Erkennen von Spaltungen) für sich entdeckt, etwa die dialektische Verhaltenstherapie, die hierbei von innerer Achtsamkeit spricht. Grundsätzlich erscheint überall dort, wo eine Wahrnehmung extrem eindimensional wirkt, ein Hinterfragen auf eine mögliche Spaltung ratsam (was nicht heißen muss, dass diese immer unangebracht ist).

Doch nicht nur die eigene Lebensgestaltung profitiert von einem Weniger an Spaltung. Vielmehr trifft dies auf weite Bereiche unseres gesellschaftlichen Miteinanders zu, von der Ausgrenzung Andersdenkender, beispielsweise von Ausländern, bis hin zur Konfliktlösung, etwa in der Politik. Der demokratische Konsens lebt von der Fähigkeit differenzierterer Betrachtung und der damit einhergehenden Kompromissfähigkeit, auch wenn dies in polarisierenden Debatten oft unkenntlich wird. Totalitäre Systeme hingegen neigen zur Spaltung und damit zu einem Freund-Feind-Denken, weswegen sie viel häufiger in Kriege hineingeraten; rechnet man »kalte« Formen kriegerischer Auseinandersetzungen hinzu, so münden sie eigentlich immer in eine Konfrontation mit einem Gegner.

Auch im jüngst heftig diskutierten Umgang mit Verbrechern – vor allem mit kriminellen Jugendlichen – weisen Strategien, die deren Einfühlungsvermögen und damit die Verantwortungsfähigkeit gegenüber dem eigenen Leben und gegenüber dem anderer fördern, in neuartige Richtungen und werden zurzeit erprobt. Dazu gehören beispielsweise erzieherische Maßnahmen wie Schadenswiedergutmachung oder direkter Kontakt mit den Opfern. Spezielle Erziehungseinrichtungen basieren auf solchen Ansätzen wie das Boxcamp in Kassel[58], wo straffällig gewordene Jugendliche statt im Gefängnis in einer Gruppeneinrichtung leben, in der sie in eine klare Struktur und in persönliche Beziehungen eingebunden sind. Sie erhalten damit die Chance, sich aus der kriminellen Sackgasse heraus weiterzuentwickeln und die fatale Spaltung »Ich gegen den Rest der Welt« überwinden zu lernen.

Welche Konzepte wirklich langfristig erfolgversprechend sind, muss erst herausgefunden werden. Zwar erscheint nach heutigem Wissensstand im Umgang mit Gewalttätern nur begrenzter Optimismus angebracht (wir erinnern uns daran, dass das Aggressionspotenzial bereits mit sechs Jahren weitgehend fixiert ist), doch einfaches Wegsperren verzichtet auf jede Chance zur Änderung – was nicht heißen muss, dass es in bestimmten Fällen nicht durchaus berechtigt sein kann.

Traumen vermindern. Wie eindrucksvoll belegt wurde, entsteht ein verstärktes Aggressionspotenzial durch übermäßigen

Stress während der psychischen Entwicklung, wobei sich die sensible Phase im Wesentlichen vom dritten Schwangerschaftsmonat bis zum sechsten Lebensjahr erstreckt. Eine Vermeidung von Stressexzessen in diesem Zeitraum stellt damit eine langfristig wirksame Strategie zur Senkung der Aggressionsbereitschaft dar und ist zugleich Vorbeugung vor diversen psychischen und psychosomatischen Krankheiten. Während die *Schonung von Schwangeren vor Stressspitzen* bislang auch von der Forschung ignoriert wurde, aber bezüglich der psychischen Entwicklung des Kindes eindeutig zu fordern ist, sind aus den ersten Lebensjahren nach der Geburt ganz konkrete Stressfaktoren für ein erhöhtes Krankheitsrisiko identifiziert worden (zu denen sicher noch weitere hinzukommen werden): eine fehlende oder häufig abwesende Mutter im ersten Lebensjahr (durch Berufstätigkeit, Krankheit oder Verlust), alleinerziehende Mutter, niedriger sozioökonomischer Status, Missbrauch, Geburtskomplikationen.

Aus der Welt schaffen lassen sich diese Stressfaktoren nicht, doch es gibt konkrete Ansatzpunkte, sie zu lindern:

Schonende Schwangerschaft und Geburtshilfe. Medizinische Eingriffe vor und während der Geburt sollten nur wenn unumgänglich und dann so schonend wie möglich erfolgen. Hier liefert die Technik Fortschritte. Beispielsweise dürften direkte Fruchtwasseruntersuchungen in Kürze überflüssig werden, da sich eine vollständige Gen-Analyse mittlerweile auch anhand von Einzelzellen des Kindes, wie sie regelmäßig im Blut der Mutter herumschwimmen, durchführen lässt.[59]

Eine aktive Hinwendung der Mutter zu ihrem Kind schon während der Schwangerschaft hat dauerhaft positive Auswirkungen. Schwangerschaftskomplikationen sind seltener, und das Kind wird nach der Geburt besser angenommen. (Janus 1997, S. 49) Angstfreiheit der Mutter verringert ihre Wehenschmerzen und verkürzt die Geburt, ebenso wie sich eine Stress reduzierende Geburtsatmosphäre als förderlich für Mutter und Kind erwiesen hat. (Lorenz 1999, S. 65) Selbst einfache Maßnahmen sind hierbei nützlich: das Vermeiden grellen Lichts, entspannende Musik, ein angenehmes Ambiente, der direkte Hautkontakt zwischen Mutter und Kind unmittelbar nach der Geburt. Die Kinder lachen häufiger, und sie haben eine höhere Intelligenz. (ebd. S. 47)

Eltern bei der Erziehung unterstützen. Wir lernen Algebra, Quantenphysik und Sudoku, aber keiner bringt uns bei, wie man Kinder richtig erzieht. Als sei uns ein genetisches Programm eingegeben (wie bereits festgestellt, ist das für den wesentlichen Teil unserer Hirnstruktur nicht der Fall), sollen junge Mütter und Väter quasi aus dem Bauch heraus dazu befähigt sein, ihre kleinen Lieblinge bis ins Erwachsenenalter hinein optimal zu versorgen, nonstop über achtzehn Jahre hinweg. Wie sehr das schiefgehen kann, sehen wir allenthalben.

Verschärft wird dieses Problem noch durch den aktuellen Trend zur Kleinfamilie und zum Alleinerziehen. Die Möglichkeit, Belastungen aufzufangen, vor allem Frustration und Aggression abzubauen, ist in solchen Minimalfamilien massiv eingeschränkt. Die Mutter findet niemals eine Pause. Es gibt keine anderen Bezugspersonen, zu denen das Kind sich bei Konflikten mit der Mutter zurückziehen kann. Addiert sich hierzu noch gesellschaftlicher Leistungsdruck auf die Mutter, dann artet das leicht in Dauerstress für Mutter und Kind aus.[60] Die massive Zunahme von Selbstverletzungen bei Jugendlichen, wie sie seit einigen Jahren beobachtet wird, überrascht dann nicht mehr. Wie anders sollen sie ihre Aggressionen abreagieren?

Da sich die gesellschaftlichen Trends zur Familiengestaltung wohl nicht – oder, selbst wenn wir das wollten, nur sehr langfristig – in eine andere Richtung lenken lassen, erscheint neben massiver Aufklärung der Aufbau von Elternschaftszentren, in denen konkrete Beratung und Unterstützung vor allem zur Vermeidung von Gewalt in Familien angeboten wird, ein Lösungsansatz, der sich auch bereits bewährt. Pilotversuche in den USA beugen erfolgreich Kindesmissbrauch vor. (de

Mause 2002, S. 306 – Denken wir daran, welch zentrale Rolle gerade Missbrauch und Misshandlung von Kindern als Ursache für ein früh in der Hirnstruktur verankertes Übermaß an Aggression zukommt!)

Aber auch simple Empfehlungen bringen schon viel. So ist ausreichend langes Stillen gut für die psychische Entwicklung des Kindes. Der Endorphinstoß für beide – im Mix mit dem »Liebeshormon« Oxytocin – den der Stillvorgang mit sich bringt, fördert eine enge und stabile Bindung zwischen Mutter und Kind. Und eine Beratung, die von Anfang an die Einsicht der Mutter in die Gefühlswelt ihres Kindes (und in ihre eigene in der Interaktion mit diesem) fördert und dabei gerade auch die wütenden Anteile nicht ausspart, hilft ihr dabei, die völlig normalen Aggressionen auszuhalten und konstruktiv umzuleiten.

All dies beugt Gewalt vor. *Ein Mehr an Einsicht und ein Weniger an Stress haben sich als die beiden wesentlichen Faktoren erwiesen, die helfen, den Teufelskreis von Misshandlungen zu durchbrechen.* (Dornes, S. 239 f.) Wäre es da nicht sinnvoll, bereits in der Schulzeit den zukünftigen Müttern und Vätern praxisbezogene Unterrichtsfächer anzubieten wie Einsichtsförderung, Kindererziehung und Konfliktlösung?

Traumen behandeln. Schwere Traumen sind, wie wir gesehen haben, viel weiter verbreitet, als wir das wahrhaben möchten. Zugleich sind sie häufig nicht zu verhindern – denken wir nur an körperliche Krankheiten, Unfälle und Naturkatastrophen. *Unabhängig davon, worin ein Trauma seinen Ursprung hat, neigt es dazu, über Generationen hinweg am Leben erhalten zu werden. Eine konsequente Behandlung von Traumen hilft damit nicht nur dem Opfer selbst, sondern beugt zugleich einer potenziellen Traumatisierung auch seiner Kinder vor.* Wesentliche Bausteine der Traumabehandlung sind im akuten Fall Reizabschirmung und schützende Beziehung, im weiteren Verlauf dann der Aufbau von Einsicht in die als Reaktion auf das Trauma hervorgerufenen Gefühle und Verhaltensweisen. Erst hierdurch lässt sich die Weitergabe des Traumas verhindern. In vielen großen Städten sind mittlerweile spezialisierte Zentren für die Behandlung von Traumen entstanden – eine ausgesprochen begrüßenswerte Entwicklung. Zugleich eröffnet das Internet den Zugang zu Information, Therapieangeboten und Selbsthilfegruppen.[61] Es ist damit hilfreich dabei, das Thema aus seinem Verleugnungsversteck zu befreien und Opfern (ebenso wie Tätern) den Weg zu einer wirksamen Therapie zu erleichtern.

Bislang noch ganz im Erprobungsstadium gibt es erste therapeutische Ansätze, die auch die Anfangsphase der psychischen Entwicklung zu berücksichtigen beginnen. Sie arbeiten mit dem atmosphärischen Eintauchen in vorgeburtliche Erinnerungen, um hierdurch Krankheiten zu behandeln, deren Ursache zumindest in Teilen in frühesten Traumen begründet sein könnte, wie »Autismus, Mutismus und jugendliche Schizophrenie«. (Lorenz 1999, S. 49 f.) Den Patienten wird dabei von einem Tonband die Stimme ihrer eigenen Mutter vorgespielt, allerdings so gefiltert, wie sie im Bauch der Mutter geklungen haben muss. (ebd. S. 49) Hierdurch werden tief verwurzelte Gefühle zugänglich und lassen sich offenbar anschließend bearbeiten.

Auch in der Behandlung erwachsener Schizophreniekranker versucht man in speziellen Zentren ein Umfeld zu schaffen, das durch eine beruhigende, sichere Umgebung und durch die konstante Anwesenheit von Betreuern einer frühen Geborgenheit ähnelt – vergleichbar »einer verständigen Mutter ..., die ihrem von wüsten Albträumen gequälten fieberkranken Kind beisteht«. (Ciompi, S. 297 f.) Der Medikamentenbedarf und die damit verbundenen Nebenwirkungen lassen sich so um das Drei- bis Fünffache verringern.

Das sind neue und ungewöhnliche Ansätze. Eingefahrene Denkweisen (und gerade auch die Realinteressen der Pharmaindustrie im Umgang mit psychisch Kranken) stehen solchen Versuchen jedoch entgegen. Wie wäre es daher, in ärmeren Ländern, die sich die hohen Medikamentenkosten sowieso nicht leisten können, ein Netzwerk von einfachen Zentren zur psychotherapeutischen Basisbehandlung aufzubauen, das nicht nur Selbsthilfe für die sonst Hilflosen bieten würde, sondern zugleich Versuchslabor wäre für mögliche alternative Behandlungsstrategien? Im Zentrum eines solchen Projekts müsste die Traumabehandlung stehen, da diese im Wesentlichen von Mensch zu Mensch erfolgt, und da weite Teile psychischer Krankheit durch Traumen mitverursacht sein dürften. Selbstverständlich müsste eine kompetente fachliche Betreuung des Projekts gegeben sein, um nicht therapeutische Willkür ins Kraut schießen zu lassen, und traditionelle Heiler vor Ort müssten der Akzeptanz wegen mit eingebunden werden.

In Schulen vorbeugen. »Keine Feuerwaffen«, warnen Schilder am Eingang zu vielen Schulen in den USA. Metalldetektoren wachen darüber, dass dieses Verbot auch eingehalten wird. Doch auch in Europa eskalieren die Zustände. Der spektakuläre Hilferuf der Lehrer einer Hauptschule im Berliner Stadtteil Neukölln vom 30. März 2006 war nur die Spitze des Eisbergs. Frustrierte und traumatisierte Heranwachsende beweisen sich ihre Wirkmächtigkeit und toben ihre Spaltungen aus, indem sie Mitschüler quälen und randalieren.

Dass es auch anders geht, beweisen Versuche an Schulen, in denen systematisch solchen Gewaltexzessen vorgebeugt wird. Es beginnt damit, dass Lehrer und Schüler gemeinsam das äußere Schulumfeld nach ihren eigenen Vorstellungen verbessern. Pausenräume werden angenehm gestaltet, Spiel und Sport optimiert. Dann finden regelmäßig Klassentreffen statt, in denen nicht nur soziale Kompetenzen gefördert, sondern auch gewalttätige Vorfälle zur Sprache gebracht und gemeinsam Strafen über die Täter verhängt werden.[62] Diese reichen von Aufräumarbeiten bis hin zum Schulverweis. Außerdem gibt es direkte Gespräche zwischen Tätern und Opfern zusammen mit deren Eltern und mit den Lehrern.

Direkte Gewalt, aber auch anderes destruktives Verhalten, lässt sich mit diesen leicht umzusetzenden Maßnahmen um rund die Hälfte reduzieren. (Dornes, S. 284) Besonders wichtig erscheint mir, dass die Schüler aktiv in die Umsetzung einbezogen werden. Erst durch diese Mitgestaltung wird der Frustration durch die alltägliche Wirkunfähigkeit etwas entgegengesetzt.

Inzwischen gibt es sogar erste ermutigende Programme, mit denen bei Jugendlichen eine Nachreifung von Mitgefühl und hierdurch eine Verminderung ihres Gewaltpotenzials bewirkt werden soll.[63]

Prosoziales Verhalten belohnen. Unsere gesellschaftliche Realität unterliegt einem Trend, bei dem egoistischer Reichtum stärker belohnt wird als im weitesten Sinn soziales Verhalten. Selbst wer halblegal oder illegal Millionen macht, genießt mehr Ansehen als jemand, der integer arm ist. Wer seinen Verpflichtungen für die Gemeinschaft nachkommt, indem er seine Steuern zahlt, sieht sich mit dem Stigma geistiger Dummheit konfrontiert, wenn zugleich legale Schlupflöcher für Superreiche geschaffen werden, weil Verflechtungen im internationalen Finanzsystem mit seinen Steueroasen die Finanzministerien in diese Absurdität hineindrängen. Allenfalls durch Übereinkommen aller Nationen wäre dies zu ändern, aber das erscheint wenig aussichtsreich. Auch eine Neiddebatte erregt mehr Häme bei den Beneideten, als dass sie ein Umdenken fördern würde. Die Tatsache, dass sich in der jüngsten Finanzkrise die Häme einmal umkehrt, ändert nichts daran, dass sie diejenigen, deren Verluste absolut kleiner sind, mehr schmerzen wird. Schon Donald Trump lebte, als er milliardenfach verschuldet war, noch fürstlich, und den heutigen Bankmanagern ergeht es ähnlich, wenn sie im schlimmsten Fall entlassen und großzügig abgefunden werden.

Will man nicht das gesamte Wirtschaftssystem zerschlagen und es so seiner freien Entfaltung von Wirkmächtigkeit berauben, was unweigerlich zu massiver Verarmung führen dürfte, bleibt wohl nur, das soziale Klima selbst zu wandeln – hin zu mehr Anerkennung, zu einer stärkeren Belohnung für diejenigen, die sich um die Gemeinschaft verdient machen. Erst wenn statt aufgesetzter Statussymbole soziales Handeln sexy wird, ist viel erreicht.

Einen bemerkenswerten Schritt in diese Richtung unternimmt aktuell der frühere US-Präsident (und nun doch nicht erste First Man) Bill Clinton. Nach seinem gescheiterten Versuch, den Mann sexuell zu emanzipieren, hat er ein neues altruistisches Betätigungsfeld gefunden. Er versammelt in seiner »Clinton Global Initiative« Milliardäre um sich und bringt sie in riesigen Wohltätigkeits-Veranstaltungen, die so international bestückt sind, dass sie leicht eine Sitzung der Vereinten Nationen in den Schatten stellen können, mit den Staatsführern der Ärmsten der Armen zusammen. Diese schildern eine konkrete Notsituation in ihrem Land, und sogleich nimmt der rührige Ex mit seinem schon legendären Charme einen der anwesenden Multis in die Pflicht. Rund 7,3 Milliarden Dollar wechselten so im September 2006 an nur einem Wochenende in New York die Besitzer.[64] Konkrete Projekte erhalten direkte Hilfe.

Es bleibt dabei: Wir entscheiden aktiv mit, wohin sich unsere Evolution weiterentwickeln wird. Das lässt sich eindeutig aus der Art ableiten, wie sich unsere Hirnstruktur selbst aufbaut und dabei von der Vorgeneration Gelerntes übernimmt. Welches Wissen, welche Werte wir an die nächsten Generationen weitergeben, verantworten wir selbst.

Politik

Die Politik ist gefordert, wenn es darum geht, mögliche Ansätze zur Verhinderung von Gewalt in die Tat umzusetzen. Einige der hier vorgestellten Maßnahmen würden sich mit verhältnismäßig geringem Aufwand durchführen lassen, andere sind Zukunftsmusik. An die zuständigen Stellen, insbesondere in den Bereichen Bildung, Gesundheit, Soziales, Inneres und Justiz, wären abgeleitet aus den Ergebnissen dieses Buches folgende Empfehlungen zu richten:

- Thematisierung von Aggression, ohne sie mit dem Stigma des Bösen zu dämonisieren. In Kampagnen wäre die Einsicht jedes Einzelnen in sein Denken, Fühlen und Handeln zu fördern mit dem Ziel, hierdurch mehr Verantwortungsbewusstsein zu wecken und damit Gewalt vorzubeugen.
- Hilfsangebote für potenzielle Täter vor der Tat und für Opfer nach der Tat, damit diese weder dauerhaft krank, noch selbst zu potenziellen Tätern werden. Viele solcher Angebote gibt es bereits, doch auch hier bedarf es einer massiven Aufklärungsarbeit, vor allem mit dem Ziel, die Teufelskreise der Missbrauchsweitergabe zu durchbrechen.
- Gewalteindämmung durch klare und strikte Verbote, restriktive Waffengesetze, massive Einschränkung von Gewalt in den Medien.
- Gleichstellung seelischer und körperlicher Gesundheit auch in der (finanziellen) Praxis, da langfristig Psychotherapie preiswerter ist als die Kosten, die durch dauerhafte Krankheit und durch die Weitergabe von Traumatisierungen entstehen (ganz abgesehen von ethischen Erwägungen).
- Grundsätzlicher Wandel im Gesundheitssystem, bei dem der Pharmaindustrie die Möglichkeit geschaffen wird, vom Tablettenproduzenten und -verkäufer zum ganzheitlichen Anbieter von Gesundheit zu werden.
- Schwangerenschutz zur Vermeidung vorgeburtlicher Stressexzesse, schonende Geburten, Eltern-Trainingsprogramme.
- Gezielte Schaffung von Raum für Wirkmächtigkeitserfahrungen vor allem für Jugendliche. Traditionell bietet dies der Beruf, doch wo es an Arbeitsplätzen mangelt, könnten soziale Projekte oder Umweltprojekte Alternativen bieten, ebenso auch Sport .

Dieser letzte Vorschlag leitet schon über zu der Tatsache, dass anhaltende Frustration durch dauerhafte Hemmung der eigenen Wirkmächtigkeit – ganz im Einklang mit der beschriebenen Funktionsweise unseres Gehirns – auch ohne spezifische Vorbelastungen zu vermehrter Aggression führt. Und diese Aggression hat anschließend die fatale Tendenz, über Generationen hinweg erhalten zu bleiben. *Soziale Katastrophen* wie die verbreitete Jugendarbeitslosigkeit *haben* damit zusätzlich zu ihrer wirtschaftlichen Belastung einschneidende und *langfristige Auswirkungen* auf die seelische, ja, sekundär auch auf die körperliche Gesundheit der Bevölkerung und führen zugleich zu einer Massierung von Gewalt und Kriminalität. Wenn ganze Gegenden in sozialem Elend und Perspektivlosigkeit versinken, entstehen nachhaltige Traumen, schafft das Leid und Ballast für kommende Jahrzehnte. Die Explosion der Randale in den Vorstadt-Gettos, wie sie 2005 in Paris zu erleben war, oder die politische Radikalisierung und Verrohung, wie sie Teile des früheren Ostblocks erfasst hat, sind alarmierende Belege dafür, dass dort bereits frustrierte Massen mit all ihrem Gewaltpotenzial und all ihrer Manipulierbarkeit entstanden sind.

Selbst wenn wir akzeptieren, dass Strafe durchaus sein muss, ist sie dennoch keine Lösungsstrategie, um das Frustrationspotenzial andauernder sozialer Kränkung zu beseitigen. Wenn die Politik ihre Anstrengungen auf die Bekämpfung der Arbeitslosigkeit fokussiert – so sie es denn erfolgreich tut –, ist das zugleich eine Maßnahme zur Gewaltvorbeugung. Und doch ist die direkte kausale Verknüpfung von Armut oder niedrigem Sozialstatus und Gewalt nicht so unmittelbar, wie sie in der Regel ausformuliert wird. Um es nochmals zu betonen: Der eigentliche ursächliche Faktor und damit das Bindeglied zwischen Armut und Gewalt ist die aus den fehlenden Wirkmächtigkeitsbeweisen resultierende Kränkung – genauer: der darin bedingte wutgeladene Dauerstress. Diese Differenzierung ist keine Haarspalterei. Zwar lässt sich Gewalt durch eine Besserung der sozialen Lage eindämmen, doch ist das oft nicht so einfach, da es nicht zu bezahlen ist, an der wirtschaftlichen Entwicklung scheitert oder wie auch immer. Wirkmächtigkeit lässt sich aber auch, wie in der Empfehlungsliste genannt, ohne großen Aufwand anders erfahrbar machen. In dieser Richtung gilt es, kreative Lösungen zu entwerfen.

Was im Kleinen gilt, gilt auch im Großen. Auch die internationale Politik wird von Menschen gemacht, folgt den Grundregeln ihrer psychischen Funktion. Ein System, das die Entfaltung der Wirkmächtigkeit erlaubt, ist demnach für unser psychisches Wohlbefinden attraktiv. »Das Streben nach individuellem Erfolg erhöht die Freiheit und schafft zugleich Wohlstand.« So lautet das einfache Credo der Vereinigten Staaten von Amerika und begründet ihre Anziehungskraft.

Doch auch die USA unterliegen wie alle Staaten dem Einfluss der Anführer, die sie sich wählen. Vieles spricht dafür, dass es durchaus in unser aller Interesse wäre, die Auswahlkriterien für unsere Politiker stärker unter die Lupe zu nehmen. Die zunehmende Manipulierbarkeit der Wähler durch die Massenmedien erlaubt derzeit oft, dass vor allem das strahlende Lächeln vor der Kamera, gestützt vom Budget einiger Lobbyistengruppen, über die Macht im Staat entscheidet – und nicht notwendigerweise ein Zeichen besonderer Qualifikation.

Die psychologischen Kriterien, die einen guten Anführer ausmachen, sind bekannt: hohe Intelligenz, emotionale Reife, moralische Integrität, stabiles Selbstbewusstsein und gesundes Misstrauen. (Kernberg in *PTT* 1/2000, S. 19) Zwar wird es kaum möglich sein, sämtliche Politiker vor ihrer Kandidatur entsprechenden psychologischen Tests zu unterziehen, doch würde es vielleicht schon helfen, wenn Kandidaten und Politiker eine Pflicht zur Selbsterfahrung auferlegt bekämen. Nicht nur würden hierdurch ihre Sinne für tiefere Zusammenhänge auf der politischen Bühne geschärft, sondern zugleich würden Menschen mit einer massiven psychischen Störung vom Betreten dieser Bühne abgeschreckt, schließlich müssten sie sich persönlichen Wahrheiten stellen, denen sie durch den narzisstischen Gewinn der Macht eigentlich aus dem Weg zu gehen trachten. Im Moment jedenfalls scheint das bestehende Auswahlverfahren Politiker mit einem latenten Hang zur Gestörtheit – zu einer vereinfachenden und gespaltenen Sicht der Welt – zu begünstigen, ein Thema, das sicher eine eingehende Analyse wert wäre.

Fraglos (oder auch nicht, fragt man sich) besteht eine vorrangige Aufgabe der internationalen Politik darin, Krieg und Gewalt zu vermeiden. Hierzu bedarf es konsequenter Bemühungen dabei, der Entstehung destruktiver Aggressionsspiralen vorzubeugen; insbesondere, indem die Entstehung frustrierter Massen verhindert wird, und indem friedliche Lösungsstrategien verbindlich zur Konfliktaustragung zwischen den Nationen vereinbart werden. Eine Zentralgewalt zur Konfliktlösung, wie es die Vereinten Nationen sein sollen, erscheint mir als die einzige Alternative, selbst wenn dort in der Praxis vieles bislang nicht optimal gelingt. Da Konflikte zwischen Menschen nicht aus der Welt zu schaffen sein werden, weil ihre expansiven Bestrebungen unweigerlich kollidieren, bedarf es eindeutiger Spielregeln für das Erarbeiten von Kompromissen. Und diesen müssten sich im Laufe der Zeit alle Staaten verbindlich verpflichten. Doch wie bekommen wir sie dazu?

Hier scheint mir die Europäische Union praktische Vorarbeit zu leisten. Nur wer sich ihren rechtlichen und ethischen Strukturen unterwirft, gelangt in den Genuss der umfangreichen wirtschaftlichen Belohnung, den die Mitgliedschaft mit sich bringt. So könnte (und wird ja bereits zum Teil) wirtschaftliche Hilfe an verbindliche Rechtsnormen als Vorbedingung geknüpft werden und diese hierdurch verbreiten helfen.

In den zu schaffenden allgemeingültigen Ethikregeln für die gesamte Menschheit wäre es dann erforderlich, Krieg konsequent zu tabuisieren, ihn als – wenn man so will – ritualisierte Institution zur Konfliktaustragung abzuschaffen. Der Krieg ist eine von Menschen kreierte Tradition (in der Hirnstruktur von Generation zu Generation weitergereicht und nicht genetisch angelegt), die damit prinzipiell, wie schon andere Traditionen zuvor, über Bord geworfen werden kann.

Der Zentralgewalt der Vereinten Nationen käme die Aufgabe zu, als neutrale Instanz die Strukturen eines jeweiligen Konflikts offenzulegen, das heißt neben den klar zu definierenden *Realinteressen* vor allem auch die *emotionalen Hintergründe* von Auseinandersetzungen ans Tageslicht zu holen (denn: kein Denken ohne emotionale Beteiligung). Diese müssten von beiden Konfliktparteien ausformuliert werden, denn nicht selten sind sie sogar wichtiger als die thematisierte Verhandlungsmasse selbst. Daran anschließend müssten die Gegner sich gedanklich in die *Lage des jeweils anderen* hineinversetzen und auch dessen Positionen explizit ausformulieren, um auf diese Weise die eigene gespaltene Sichtweise durchbrechen zu helfen. Jeder Lösungsversuch wird immer das Bedürfnis beider Seiten nach einem *Beweis für ihre Wirkmächtigkeit* einbeziehen müssen, andernfalls wird er scheitern.

Ein Blick in die Geschichte liefert unzählige Beispiele dafür, wie Anführer auf der Woge der spaltenden Massenprozesse Kriege und Völkermorde anzettelten. Doch es gibt auch Ausnahmen, Staatsmänner, die intuitiv (aus ihrer eigenen stabilen psychischen Struktur heraus) Spaltungen überwinden halfen und Integration förderten, selbst wo dies kaum möglich schien. Als es zum Machtwechsel in Südafrika kam, erwarteten viele Beobachter, dass das Land am Kap der Guten Hoffnung nun im Chaos versinken werde; zu tief schien die Spaltung in Schwarz und Weiß, zu mächtig der Hass, der jahrzehntelang geschürt worden war. Doch Nelson Mandela gelang das Kunststück, über die Gräben zu schreiten und in symbolischen Gesten die Einheit aller Südafrikaner zu beschwören.

1995 war Südafrika Gastgeber der Rugby-Weltmeisterschaft, nachdem es wegen der Apartheid in den Jahren zuvor von dem Wettbewerb ausgeschlossen gewesen war. Der Sport galt als eines der Symbole weißer Herrschaft, und auch jetzt war in der Nationalmannschaft, den Springboks, nur ein einziger schwarzer Spieler zu finden. Mandela besuchte dennoch demonstrativ das Team, »reichte den Spielern die Hand, klopfte ihnen auf die Schultern und trug selbst eine Mütze der

Springboks.« (Volkan, in *PTT* 1/2000, S. 32) Mit diesen Gesten führte er die Mannschaft ins Herz aller Südafrikaner. Als sie dann in einem spannenden Finale sogar den Weltmeistertitel gegen den haushohen Favoriten Neuseeland gewann, jubelten ihr auch die Millionen Bewohner in den Townships zu. Der bis dahin »weiße« Sport gehörte auf einmal allen. Kaum ein Politiker hätte die Spaltung glaubhafter überwinden können als Mandela, denn er sprang über den eigenen Schatten seiner achtzehn Jahre dauernden Haft unter dem Apartheid-Regime.

Das genaue Gegenteil einer solchen staatsmännischen Weitsicht lässt sich aktuell bei Südafrikas Nachbar Zimbabwe mitverfolgen, dessen Präsident Mugabe sich nur über den Missbrauch der von Hass geschürten Massenmanipulation und inzwischen auch über massive Rechtsbeugung an der Macht hält und dabei das Land in den Ruin treibt.

Angesichts solcher Staatslenker erweist sich eine andere Institution als ebenfalls zukunftsweisend, der »Internationale Strafgerichtshof der Vereinten Nationen in Den Haag«, dessen noch schwache Stellung (zurzeit erkennen weniger als 50 Länder seine Entscheidungen als bindend an) zu bedauern ist. Würde er zu einem Instrument, das verlässlich verbrecherische Politiker zur Rechenschaft zieht, wäre (auch im Sinne der abschreckenden Wirksamkeit von Strafe) ein weiterer Schritt zur Kriegs- und Gewaltvorbeugung getan.

Noch einmal zurück zum Terrorismus. Vieles spricht dafür, dass terroristische Strukturen langfristig einfach in sich zusammenfallen, da nur der gemeinsame Feind sie eint. Ist der besiegt oder erweist er sich als unbesiegbar, naht das Ende der Organisation. (Simon, S. 27)

Der islamische Fundamentalismus ist exemplarisch dafür, wie der Drang danach, die eigene Wirkmächtigkeit zurückzugewinnen, um so erlittene Kränkungen ungeschehen zu machen, zum Motor für Gewalt wird. Eine Kriegserklärung an ihn verschafft ihm die ersehnte Anerkennung, gibt ihm Bestätigung und legitimiert damit seine immer stärkere Radikalisierung geradezu.

Statt so eine Zuspitzung zu forcieren, sollte besser versucht werden, die zugrunde liegenden massiven Spaltungen abbauen zu helfen. Was spricht gegen einen echten Marshallplan für die Palästinensergebiete, für Afghanistan und für den Irak, bei dem auch die reichen Ölstaaten in die Pflicht genommen würden? Fraglos läge das doch auch in ihrem Interesse (schließlich richtet sich der Kampf der al-Qaida vor allem gegen sie!). Könnte der Westen nicht vorsichtig nachhelfen, und sei es, indem er notfalls massive Forschungsaufwendungen zur Förderung ölunabhängiger Energien in die Diskussion einbringt?

Sicher wären nicht alle Einwohner der ärmeren Regionen für die Mitarbeit an einer echten Aufbauhilfe zu gewinnen, selbst wenn diese Strukturen zur Selbsthilfe und zum Wirkmächtigkeitsbeweis bereitstellen und dabei Religion und Kultur respektieren würden (unter strikter Wahrung der Menschenrechte natürlich). Doch ich vermute, dass ein wesentlicher Teil der Bevölkerung zur Mitarbeit gewonnen werden könnte, und allein das dem Terrorismus auf Dauer die Basis entzöge. Die Übrigbleibenden wären dann nicht mehr Revolutionäre, sondern irgendwann nur noch gewöhnliche Kriminelle, gegen die entsprechend den Regeln des Strafgesetzes vorzugehen wäre. Ich teile somit nicht die fatalistische Einschätzung, die eine Reduzierung des Gewaltpotenzials im Nahen Osten mit friedlichen Mitteln als unlösbar ansieht.[65]

Ein abschließender Punkt verlangt noch Beachtung: Während die Konfliktaustragung mit friedlichen Mitteln in den vergangenen Jahrzehnten in Teilen der Welt durchaus zugenommen hat, sind dort, wo historische Traumen weiterleben, bislang keine signifikanten Fortschritte erzielt worden. Noch einmal lenkt sich unser Blick auf die Tatsache, dass ein Umfeld, in dem Kinder schon vorgeburtlich übermäßigem Stress und danach schwersten Traumen ausgesetzt sind (wie in Kriegsgebieten), der Teufelkreis endloser Brutalität niemals durchbrochen zu werden scheint. Internationale Aktionen gegen Gewalt an Kindern (im weitesten Sinn zur Vermeidung von pathologischem Stress) sind damit nicht nur ethisch geboten, verringern nicht nur Leid und Krankheit, sondern sie dienen auch dem Frieden.

In Gedanken schlendere ich durch die obere Galerie der Hagia Sofia, einem Höhepunkt der menschlichen Baukunst. Byzanz, Konstantinopel, Istanbul – das Gebäude hat den Wandel der Stadt überdauert. Spuren christlicher Fresken und Reste der alten Heiligenmosaike finden sich an ihren Wänden, während in den Ecken des Saales große grüne Schilde mit Koransprüchen hängen. Das gesamte Spektrum an menschlicher Aggression findet sich hier symbolisiert, ihr Streben nach dem Austesten von Grenzen in der für die damalige Zeit unvorstellbaren architektonischen Leistung, ihre Destruktivität in den Spuren von Zerstörung, Krieg und Glaubenskampf. Heute sind sie hier in tolerantem Nebeneinander vereint.

An diesem geschichtsträchtigen Ort, an dem sich zugleich zentrale Zukunftsfragen stellen, möchte ich unsere Reise beenden. Die verschiedenen Schauplätze, an die ich Sie mitgenommen habe, haben hoffentlich Leben in nüchterne Fakten gebracht und Ihnen zugleich bei allem Schrecken die Schönheit unserer Existenz in Erinnerung gerufen. Uns selbst und unseren Kindern zuliebe sollten wir unser Wissen nutzen und mit Hilfe der vorgeschlagenen Schritte die ganze Verantwortung für unser Handeln übernehmen. Mit einem Mehr an Freiheit würden wir belohnt.

Zum Schluss kehre ich zurück zu meiner älteren Tochter. Sie ist inzwischen sieben und hat, sieht man von gelegentlichen Temperamentsausbrüchen ab, ihre Wut erfolgreich als Teil ihres konstruktiven Handlungsspektrums verinnerlicht. Ihre jüngere Schwester trat als kleine Wutteufelin an ihre Stelle, doch auch das ist inzwischen vorbei.

Nachbetrachtung

Viele Aspekte, die oft selbst schon eine eigene Abhandlung wert wären, konnte ich in diesem Buch nur anreißen, um seine zentrale Aufgabe, die menschliche Aggression verstehbar und beherrschbar zu machen, nicht in den Hintergrund treten zu lassen.

Wie wir eindeutig sehen konnten, besteht Anlass zu Optimismus. Es gibt konkrete Handlungsansätze fernab von Moralpredigten und illusionärem Wunschdenken.

Beim Rückblick in die Geschichte wird deutlich, wie viel sich bereits zum Besseren gewandelt hat. Noch im 18. Jahrhundert gaben Staaten etwa 75 % ihres Budgets für die Rüstung aus, heute sind es noch rund 10 %. Im Mittelalter waren Morde gemessen an der Bevölkerungszahl etwa fünfzigfach so häufig wie heute. Selbst die unvorstellbaren Massenmorde der Neuzeit liegen relativ gesehen unter denen früherer Jahrhunderte.

Sofern wir uns nicht selbst in die Luft jagen, sollte sich dieser Trend fortsetzen lassen. Unsere psychische Evolution geht pausenlos weiter, hin zu mehr Selbsterkenntnis und zu mehr Eigenverantwortung (auch wenn der Alltag Zweifel daran nähren mag). Haben wir nicht die von Göttern beherrschte Welt der Antike längst zu unserer eigenen gemacht, auch den einen Gott erst streng und dann gnädig gestaltet, um uns immer mehr auf eine freie Selbstbestimmung hinzubewegen? Wenn dem so ist, dann ist uns auch die Freiheit gegeben, uns ein System zu erschaffen, das imstande ist, Konflikte in Kompromissen zu lösen.

Doch noch gibt es in dieser Entwicklung ganz so wie im sozialen Bereich massive Ungleichgewichte auf unserem Planeten, existieren Strukturen des Mittelalters neben denen des 21. Jahrhunderts. Um sie zu überwinden, müssen wir unser Wissen verbreiten. Das Internet als Motor der Informationsdemokratisierung ist dafür wie geschaffen. Vor allem die Erkenntnisse zu den Ursachen von Gewalt und als Konsequenz daraus ganz besonders die Grundlagen für eine menschenwürdige, ja liebevolle Kindererziehung gilt es allen zugänglich zu machen. Wir sollten die Chance der zwischenmenschlichen Wissensweitergabe nutzen, wo wir nur können. Wir müssen nicht wie die Dinosaurier an der Starrheit unserer Hirnstrukturen scheitern, denn sie sind die flexibelsten und lernfähigsten, die es je gab.

Aggression ist unsere expansive Lebenskraft. Wir müssen sie befreien vom Stigma des Bösen, um – bei allen Grenzen des Machbaren – ihre Kraft für die Erfüllung unserer Sehnsüchte zu nutzen; befreien zum Aufbau einer Welt, in der sich die andere, die jüngere Macht, die unser Sein bestimmt, entfalten kann, die Liebe.

Anhang

Anmerkungen

1 Lorenz, K.: *Das sogenannte Böse*, Wien (Borotha-Schoeler) 1963, hier: München (dtv) 1974, S. 47

2 Im Detail dazu z.b.: Dornes, M.: *Die frühe Kindheit*, Frankfurt/ Main (Fischer) 1997

3 Bisher erschienen: Thomashoff, H.-O.: *Keiner sah den anderen,* München (Piper) 2003 und Thomashoff, H.-O.: *Die Notizen des Doktor Freud*, Wien (Deuticke) 2004

4 Fromm, E.: *Anatomie der menschlichen Destruktivität,* Stuttgart (Deutsche Verlags-Anstalt) 1973, hier: Reinbek bei Hamburg (Rowohlt) 2005 (21. Auflage), S. 282-283
Ähnlich gelagert scheint auch das Motiv dreier Jugendlicher aus der Steiermark zu liegen, die planten, ein Mädchen zu vergewaltigen und dann zu ermorden. Die Tageszeitung *Die Presse* widmete ihnen die gesamten ersten vier Seiten ihrer Wochenendausgabe vom 28.7.2007.

5 Aus dem Vortrag von Fonagy, P.: »Violent Attachments« beim Symposium: »Love and Hate, a challenge for contemporary neurobiology«, 7.-8. Juli 2006, Wien

6 Moses 4, 31-9-15 aus der Bibel in der Übersetzung von Martin Luther in der revidierten Fassung von 1984. © 1984 Deutsche Bibelgesellschaft, Stuttgart, aus: www.bibelserver.de

7 Aus dem Vortrag von Fonagy, P.: »Violent Attachments« beim Symposium: »Love and Hate, a challenge for contemporary neurobiology«, 7.-8. Juli 2006, Wien

8 Im Detail dazu z.B. Schmidt, R.F./Thews, G. (Hrsg.): *Physiologie des Menschen*, Berlin, Heidelberg, New York (Springer) 1983 (21. Auflage), S. 265-271

9 So ist eine andere Schätzung noch drastischer. Bei dem Bruchteil von nur einer Million Nervenzellen mit lediglich je zwei Neuronen kommt sie schon auf Verknüpfungsmöglichkeiten in Höhe von einer Zahl mit weit über zwei Millionen Nullen. Fromm, E.: *Anatomie der menschlichen Destruktivität*, Stuttgart (Deutsche Verlags-Anstalt) 1973, hier: Reinbek bei Hamburg (Rowohlt) 2005 (21. Auflage), S. 252

10 Man bezeichnet diese Erfahrungsabhängigkeit der neuronalen

Repräsentanz als Neuroplastizität. Spitzer, M.: *Nervensachen*, Stuttgart (Schattauer) 2003, S. 25

11 Siehe auch: Cloninger, C.R.: *Feeling Good: The Science of Well-Being*, Oxford, New York (Oxford University Press) 2004, S. 51

12 Sie fanden statt anlässlich des 2. Regionalkongresses des Weltpsychiaterverbandes und gleichzeitig des 19. Peruanischen Psychiatriekongresses in Lima vom 30.11.-3.12.2006

13 Experiment von Goldberg, I. et al 2006, in: Spitzer, M.: *Vom Sinn des Lebens*, Stuttgart (Schattauer) 2006, S. 26

14 Experiment von Dexton, Herron und Scott aus: Hacker, F.: *Aggression. Die Brutalisierung der modernen Welt*, Wien (Molden) 1971, S. 179 f. In gleicher Weise klassisch die Schilderung in der Schachnovelle von Stefan Zweig.

15 Hierzu Tierversuche bei Fromm, E.: *Anatomie der menschlichen Destruktivität*, Stuttgart (Deutsche Verlags-Anstalt) 1973, hier: Reinbek bei Hamburg (Rowohlt) 2005 (21. Auflage), S. 119

16 Diese Szene überliefert durch Spitzer, der mit Skinner in den USA arbeitete: Spitzer, M.: *Nervensachen*, Stuttgart (Schattauer) 2003, S. 17 f.

17 1939 von Dollard, Doob, Miller, Mowrer und Sears, siehe: Zimbardo, P.G.: *Psychologie*, Berlin (Springer) 1995 (6. Auflage), S. 429

18 Berkowitz 1974, siehe: Zimbardo, P.G.: *Psychologie*, Berlin (Springer) 1995 (6. Auflage), S. 429

19 Abbildung zum Beispiel bei Schmidt, R.F./Thews, G. (Hrsg.): *Physiologie des Menschen,* Berlin, Heidelberg, New York (Springer) 1983 (21. Auflage), S. 221

20 Wird eine Mutter im dritten Schwangerschaftsmonat in den Bauch gezwickt, versucht der Fetus sich wegzuwinden, d.h. eine erste sensorische Wahrnehmung besteht. Lorenz, S.: *Wie das Seelenleben des Kindes schon im Mutterleib geformt wird*, Berlin (Verlag für Wissenschaft und Bildung) 1999, S. 23

21 Beispielsweise in dem 690 Seiten umfassenden Standardwerk: Ahrens, S./Schneider, W.: *Lehrbuch der psychosomatischen Medizin,* Stuttgart (Schattauer) 2002 (2. überarbeitete Auflage)

22 In diesem Sinne auch Deneke, ebd., S. 170

23 Etwa Dornes und Parens: Dornes, M.: *Die frühe Kindheit,* Frankfurt am Main (Fischer) 1997, S. 253 und S. 257

24 Kast, B.: *Revolution im Kopf. Die Zukunft des Gehirns,* Berlin (Berliner Taschenbuchverlag) 2003, hier in: *Meine Medizin,* Heft 5/2007, Wiener Neustadt (Verlag für Moderne Medizin), S. 6

25 Versuch von Lewis 1993; Dornes, M.: *Die frühe Kindheit,* Frankfurt am Main (Fischer) 1997, S. 260

26 Versuch von Lewis 1990; ebd., S. 261

27 Versuch von Ainsworth; Strauß, B.: »Die Bedeutung der Bindungstheorie und -forschung für die Psychotherapie«, in: Ahrens, S./Schneider, W.: *Lehrbuch der psychosomatischen Medizin,* Stuttgart (Schattauer) 2002 (2. überarbeitete Auflage), S. 150 f.

28 Aus dem Vortrag von Fonagy, P.: »Violent Attachments« beim Symposium: »Love and Hate, a challenge for contemporary neurobiology«, 7.-8. Juli 2006, Wien

29 Freud, S. 1937 in einem Brief an Marie Bonaparte nach Jones, bei Krejci, E.: *Psychogenese im ersten Lebensjahr,* Tübingen (edition diskord) 1999, S. 54

30 Im Detail dazu Fromm, E.: *Anatomie der menschlichen Destruktivität,* Stuttgart (Deutsche Verlags-Anstalt) 1973, hier: Reinbek bei Hamburg (Rowohlt) 2005 (21. Auflage), S. 492 ff.

31 Im Detail dazu Mentzos, S.: *Der Krieg und seine psychosozialen Funktionen,* Göttingen (Vandenhoeck & Ruprecht), 2002 (2. Auflage), S. 92

32 Zitiert nach Dornes, M.: *Die frühe Kindheit,* Frankfurt am Main (Fischer) 1997, S. 199 f.

33 Aus dem Vortrag von Dickson, B.: The genetics and neurobiology of love and hate: lessons form fruit flies? Beim Symposium: »Love and Hate, a challenge for contemporary neurobiology«, 7.-8. Juli 2006, Wien

34 So der offizielle Genkatalog des Menschen laut des bioinformatischen Forschungsprojekts Ensembl (www.ensembl.org) Stand Dezember 2006, laut FAZ (Frankfurt) vom 19.12.2007, S. N1 sind es sogar nur 20.500

35 Hier federführend die Arbeiten von Schepank, H. im Überblick bei Deneke, F.-W.: *Psychische Struktur und Gehirn,* Stuttgart (Schattauer) 1999, S. 107

36 Dem sogenannten CRH-Gen (Corticotropin-Releasing-Hormon-Gen); Bauer, J.: *Das Gedächtnis des Körpers,* Frankfurt (Eichborn) 2002, hier: München (Piper) 2007 (10. erweiterte Auflage), S. 25

37 Details hierzu: Buddecke: *Pathobiochemie,* Berlin (de Gruyter), 1983, S. 169 ff.

38 Aus dem Vortrag von Fonagy, P.: »Violent Attachments« beim Symposium: »Love and Hate, a challenge for contemporary neurobiology«, 7.-8. Juli 2006, Wien

39 Aus dem Vortrag von Panksepp, J..: »The affective neuroscience of joy and sadness: implications for psychiatry« beim Symposium: »Love and Hate, a challenge for contemporary neurobiology«, 7.-8. Juli 2006, Wien

40 So der Wiener Psychiater Siegfried Kasper im Interview, in: *News Leben* (Österreichs Gesundheitsmagazin), Wien (Verlagsgruppe News) Heft 10/2006, S. 69

41 Anlässlich des 2. Regionalkongresses des Weltpsychiaterverbandes und gleichzeitig des 19. Peruanischen Psychiatriekongresses in Lima vom 30.11.-3.12.2006

42 So der Wiener Schmerzforscher Jürgen Sandkühler im Interview, in: *CliniCum PSY* (Das Medium für Psychiatrie und Neurologie), Wien (Medizin Medien Austria) Heft 4/2006, S. 58

43 Jacobsen, E.: *Depression,* Frankfurt (Suhrkamp) 1977, hier (Suhrkamp Taschenbuch) 1983, S. 231; die These geht zurück auf den Freud-Schüler Abraham, siehe Miller, A.: *Das Drama des begabten Kindes*, Frankfurt (Suhrkamp) 1979, hier TB 1983, S. 101

44 Dies wurde jüngst auf dem Kongress »Update« in Wien berichtet (29.-30.05.2008).

45 Die Spitze des Eisberges hierzu in: Virapen, J.: *Nebenwirkung Tod – Ein Ex-Manager packt aus,* Leipzig (Neuer Europa-Verlag) 2008

46 So argumentiert auch Franz, M.: *Neurobiologische Grundlagen und Funktion des Willens,* in: Tress, W./Heinz, R.: *Willensfreiheit zwischen Philosophie, Psychoanalyse und Neurobiologie,* Göttingen (Vandenhoeck & Ruprecht) 2007, S. 60

47 Dies wurde jüngst auf dem Kongress »Update« in Wien diskutiert (29.-30.05.2008).

48 Capus, Alex im Gespräch

49 *www.trauma-informations-zentrum.de*

50 So der deutsche Kriminologe Christian Pfeiffer im Interview in: *FAZ* (Frankfurt) vom 19.12.2007, S. 38

51 Schmidt, Kitty im persönlichen Gespräch in der Wiener Psychoanalytischen Vereinigung 2003

52 Zur Definitionsfrage und historischen Herleitung siehe z.b.: Simon, F.B.: »Was ist Terrorismus? Versuch einer Definition«, in: Baecker, D./Krieg, P./Simon, F.B.: *Terror im System – Der 11. September und seine Folgen,* Heidelberg (Carl-Auer-Systeme Verlag) 2002, S. 12 ff.

53 Entsprechend argumentiert auch Priddat, B.P., in: Ebd., S. 120

54 Zu der gleichen Einschätzung gelangt Deneke, wagt aber eine ausführliche Annäherung: Deneke, F.-W.: *Psychische Struktur und Gehirn,* Stuttgart (Schattauer) 1999, S. 241

55 Moehrs, Dieter im persönlichen Gespräch

56 Siehe hierzu: *World Psychiatry, Official Journal of the World Psychiatric Association,* Mailand (Elsevier Masson), Heft Februar 2007, S. 19 ff.

57 Neben der klassischen Psychoanalyse beispielsweise die »Transference-Focused Psychotherapy« nach Kernberg: Clarkin, J./ Yeomans, F./Kernberg, O.: *Psychotherapy for Borderline Personality,* New York (Wiley) 1999

58 *www.durchboxen.de*

59 Siehe hierzu beispielsweise: *www.sequenom.com*

60 In diesem Sinne auch: Dulz, B./Jensen, M.: »Aspekte einer Traumaätiologie der Borderline-Persönlichkeitsstörung, psychoanalytisch-psychodynamische Überlegungen und empirische Daten«, in: Kernberg, O.F./Dulz, B./Sachsse, U.: *Handbuch der Borderline-Störungen,* Stuttgart (Schattauer) 2000, S. 193

61 Beispielsweise: *www.psychotraumatologie.de*

62 Ein Beispiel hierfür sind die KoKoKo-Stunden (Kooperation, Kommunikation und Konfliktlösung) im Schulschiff Bertha von Suttner in Wien, *Salzburger Nachrichten* (Salzburg) vom 30.05.2008, S. 3

63 In den USA durch Daniel Goleman, in Deutschland durch Manfred Cierpka, siehe: Bauer, J.: *Warum ich fühle, was du fühlst,* Hamburg (Hoffmann und Campe) 2005, S. 127

64 Das wäre ein Fall für meinen Milliardärsclub, *FAZ* (Frankfurt) vom 25.9.2005, S. 40

65 In diesem Sinne Sloterdijk, der außerdem Heinsohn mit den Worten zitiert: »Die nächsten zwanzig Friedensnobelpreise für Leute, denen zur gewaltlosen Auflösung dieser Spannungen etwas einfällt.« Sloterdijk, P.: *Zorn und Zeit,* Frankfurt/Main (Suhrkamp) 2006, S. 347

Literatur

Adshead, G.: »Persönlichkeitsstörung und gestörtes Elternverhalten aus Sicht der Bindungstheorie«, in: *PTT* (Persönlichkeitsstörungen Theorie und Therapie), Stuttgart (Schattauer) Heft 2/2001

Ärztemagazin 22 (29.05.)/2008, Wien

AlMunajjed, M., in: Baecker, D./Krieg, P./Simon, F.B.: ebd.

Andreasen, N.C./Black, D.W.: *Introductory Textbook of Psychiatry,* Washington D.C. (American Psychiatric Publishing) 2001

Baecker, D./Krieg, P./Simon, F.B.: *Terror im System – Der 11. September und seine Folgen,* Heidelberg (Carl-Auer-Systeme Verlag) 2002

Bauer, J.: *Das Gedächtnis des Körpers,* München (Piper) 2007

Bauer, J.: *Warum ich fühle, was du fühlst,* Hamburg (Hoffmann und Campe) 2005

Buchheim, A.: »Neurobiologie und Bindung«, in *PTT* (Persönlichkeitsstörungen Theorie und Therapie), Stuttgart (Schattauer) Heft 3/2006

Buddecke, E.: *Pathobiochemie,* Berlin (de Gruyter), 1983

Bühring, B.: »Psychotherapie von Folteropfern«, in: Ahrens, S./Schneider, W.: *Lehrbuch der psychosomatischen Medizin,* Stuttgart (Schattauer) 2002

Cantieni, B., in: *Der Standard* (Wien) vom 13./14. Januar 2007

Chamberlain, D.B., in: Janus, L./Haibach, S.: *Seelisches Erleben vor und während der Geburt,* Neu-Isenburg (LinguaMed) 1997

Ciompi, L.: *Die emotionalen Grundlagen des Denkens: Entwurf einer fraktalen Affektlogik,* Göttingen (Vandenhoeck & Ruprecht) 1997

Dawkins, R.: *Der Gotteswahn,* Berlin (Ullstein) 2007, hier: *The God Delusion,* Boston, New York (Houghton Mifflin) 2006

de Mause, L.: »Die Ursprünge des Terrorismus in der Kindheit«, in: Baecker, D./Krieg, P./Simon, F.B.: ebd.

de Mause, L.: *Das emotionale Leben der Nationen,* Klagenfurt (Drava) 2002

Deneke, F.-W.: *Psychische Struktur und Gehirn*, Stuttgart (Schattauer) 1999

Der Spiegel, 1997, Heft 22

Der Standard (Wien) vom 13.1.2007

Doell, T.: *Leben braucht Sinn!,* Overath (Brücken und Sulzer) 2005

Dornes, M.: *Die frühe Kindheit,* Frankfurt am Main (Fischer) 1997

Dulz, B./Jensen, M.: »Aspekte der Traumaätiologie der Borderline-Persönlichkeitsstörung: Psychoanalytisch-psychodynamische Überlegungen und empirische Daten«, in: Kernberg, O.F./Dulz, B./Sachsse, U.: *Handbuch der Borderline-Störungen,* Stuttgart (Schattauer) 2000

Eggers, C., in: Tress, W./Heinz, R.: ebd.

English, J., in: Janus, L./Haibach, S.: *Seelisches Erleben vor und während der Geburt,* Neu-Isenburg (LinguaMed) 1997

Erny, N.: *Willensfreiheit heute: Der neue Streit der Fakultäten,* Tress, W./Heinz, R. in: ebd.

Frankfurter Allgemeine Zeitung/FAZ (Frankfurt) vom 25.7.2007

Fielder, P./Sachsse, U.: »Traumaexposition: kontrovers?«, in: *PTT* (Persönlichkeitsstörungen Theorie und Therapie), Stuttgart (Schattauer) Heft 1/2005

Fonagy, P. u.a.: »Entwicklungspsychologische Wurzeln der Borderline-Persönlichkeitsstörung – Reflective Functioning und Bindung«, in: *PTT* (Persönlichkeitsstörungen Theorie und Therapie), Stuttgart (Schattauer) Heft 4/2001

Franz, M.: *Neurobiologische Grundlagen und Funktion des Willens,* in: Tress, W./Heinz, R.: ebd.

Freud, S.. »Das Unbehagen in der Kultur«, 1920, *Gesammelte Werke Bd. XIII,* London (Imago) 1948

Freud, S.: »Hemmung, Symptom und Angst«, 1925, *Gesammelte Werke Bd. XIV,* London (Imago) 1948

Freud, S.: »Jenseits des Lustprinzips«, 1920, *Gesammelte Werke Bd. XIII,* London (Imago) 1948

Freud, S.: »Triebe und Triebschicksale«, 1915, *Gesammelte Werke Bd. X,* London (Imago) 1946

Freud, S.: »Warum Krieg?« (Brief an Albert Einstein), 1932, *Gesammelte Werke Bd. XVI,* London (Imago) 1950

Freud, S.: »Zur Einführung des Narzissmus«, 1914, *Gesammelte Werke Bd. X,* London (Imago) 1946

Freyberger, H.J./Spitzer, C.: »Posttraumatische Belastungsstörungen«, in: Ahrens, S./Schneider, W.: *Lehrbuch der psychosomatischen Medizin,* Stuttgart (Schattauer) 2002

Fromm, E.: *Anatomie der menschlichen Destruktivität*, Stuttgart/ München (Deutsche Verlagsanstalt) 1973, hier: Reinbek bei Hamburg (Rowohlt) 2005

Gellrich, M., in: Janus, L./Haibach, S.: *Seelisches Erleben vor und während der Geburt*, Neu-Isenburg (LinguaMed) 1997

Hacker, F.: *Aggression – Die Brutalisierung der modernen Welt*, Wien (Molden) 1971

Hemingway, E.: *The Old Man and the Sea*, London (Johnathan Cape) 1952

Heute (Wien) vom 4.7.2008

Hüther, G.: *Biologie der Angst*, Göttingen (Vandenhoeck & Ruprecht) 1997

Janus, L., in: Janus, L./Haibach, S.: *Seelisches Erleben vor und während der Geburt*, Neu-Isenburg (LinguaMed) 1997

Janus, L.: *Wie die Seele entsteht*, München (DTV) 1993

Kapfhammer, H.P.: »Trauma und Dissoziation – eine neurobiologische Perspektive«, in: *PTT* (Persönlichkeitsstörungen Theorie und Therapie), Stuttgart (Schattauer) Heft Sonderband 2001

Kast, B.: *Revolution im Kopf. Die Zukunft des Gehirns*, Berlin (Berliner Taschenbuchverlag) 2003

Kernberg, O.F.: »Sanktionierte gesellschaftliche Gewalt: Eine psychoanalytische Sichtweise«, in: *PTT* (Persönlichkeitsstörungen Theorie und Therapie), Stuttgart (Schattauer) Heft 1/2000

Kernberg, O.F.: *Aggression in Personality Disorders and Perversion*, New Haven (Yale University Press) 1992

Kernberg, O.F.: *Borderline-Störungen und pathologischer Narzissmus*, Frankfurt (Suhrkamp Taschenbuch) 1990

Kernberg, O.F.: »Die narzisstische Persönlichkeitsstörung und ihre differentialdiagnostische Abgrenzung zu antisozialem Verhalten«, in: Kernberg, O.F. (Hrsg.): *Narzisstische Persönlichkeitsstörungen*, Stuttgart (Schattauer) 1996

Kirsch, I. et al.: »Initial Severity and Antidepressant Benefits: A Meta-Analysis of Data Submitted to the Food and Drug Administration«, zu finden im *Open-Access-Magazin »PLoS Medicine«* (Bd. 5, e45, DOI 10.1371/journal.pmed.0050045)

Koenigsberg, H.W./Siever, L.J.: »Die Neurobiologie der Borderline-Persönlichkeitsstörung«, in: Kernberg, O.F./Dulz, B./Sachsse, U.: *Handbuch der Borderline-Störungen*, Stuttgart (Schattauer) 2000

Köhler, T.: »Biologische Aspekte ausgewählter Persönlichkeitsstörungen«, in *PTT* (Persönlichkeitsstörungen Theorie und Therapie), Stuttgart (Schattauer) Heft 4/2000

Krejci, E.: *Psychogenese im ersten Lebensjahr,* Tübingen (edition diskord) 1999

Krieg, P.: »Ewige Gerechtigkeit oder anhaltende Freiheit? Subtext und Logik eines Konflikts«, in: Baecker, D./Krieg, P./Simon, F. B.: ebd.

Leyh, C., in: Janus, L./Haibach, S.: *Seelisches Erleben vor und während der Geburt,* Neu-Isenburg (LinguaMed) 1997

Lorenz, K.: *Das sogenannte Böse,* Wien (Borotha-Schoeler) 1963, hier: München (DTV) 1974

Lorenz, S.: *Wie das Seelenleben des Kindes schon im Mutterleib geformt wird,* Berlin (Verlag für Wissenschaft und Bildung) 1999

Ludäscher, P./Bohus, M./Schmahl, C.: »Schmerzwahrnehmung und Schmerzverarbeitung bei der Borderline-Persönlichkeitsstörung«, in: *PTT* (Persönlichkeitsstörungen Theorie und Therapie), Stuttgart (Schattauer) Heft 3/2006

Maier, M./Linz, M./Hawellek, B.: »Genetik der Persönlichkeitsstörungen«, in: *PTT* (Persönlichkeitsstörungen Theorie und Therapie), Stuttgart (Schattauer) Heft 4/2000

Maier, W. u.a.: »Molekulargenetik der Schizophrenie«, in: Rosenthal, A./Wahn, U./Wolf, H.: *Einfluss von Genomprojekt und Pharmacogenetics auf die medizinische Entwicklung,* Stuttgart (Schattauer) 2002

Mentzos, S.: *Der Krieg und seine psychosozialen Funktionen,* Göttingen (Vandenhoeck & Ruprecht), 2002

Müller, T.: *Bestie Mensch,* Reinbek bei Hamburg (Rowohlt Taschenbuch Verlag) 2006

Murken, J./Cleve, H.: *Humangenetik,* Stuttgart (Enke) 1984

Nilsonne, A.: *Sich selbst auf die Schliche kommen,* München (Kösel) 2007

Nitzschke, B: *Ich denke, also bin ich: Es,* in: Tress, W./Heinz, R.: ebd. *Oberösterreichische Nachrichten* vom 9.8.2006

Peters, D.: »Maternal Stress Increases Fetal Brain and Neonatal Cerebral Cortex 5-Hydroxy-Tryptamine Synthesis in Rats: A possible Mechanism by which Stress Influences Brain development«, in: *Pharmacology Biochemistry and Behaviour 35* (1988)

Priddat, B.P.: »Djihad als Netzwerkunternehmen eines *global tribe*: al-Qaida«, in: Baecker, D./Krieg, P./Simon, F.B.: ebd.

Rank, O.: *Das Trauma der Geburt,* Leipzig, Wien (Deuticke) 1924, Frankfurt (Fischer) 1988

Rasch, W.: »Menschenrechte als Geopolitik: Carl Schmitt und die völkerrechtliche Form der amerikanischen Hegemonie«, in: Baecker, D./Krieg, P./Simon, F.B.: ebd.

Reddemann, L./Sachsse, U.: »Trauma first!«, in: *PTT* (Persönlichkeitsstörungen Theorie und Therapie), Stuttgart (Schattauer) Heft 1/1999

Ringel, E.: *Selbstschädigung durch Neurose,* Wien (Herder) 1991

Roth, G. gemäß: Erny, N.: *Willensfreiheit heute: Der neue Streit der Fakultäten,* in: Tress, W./Heinz, R.: ebd.

Schwarzer, A.: *Eine tödliche Liebe. Petra Kelly und Gert Bastian,* Köln (Kiepenheuer & Witsch) 2001

Segal, H.: *Wahnvorstellung und künstlerische Kreativität,* Stuttgart (Klett-Cotta) 1992

Siebert, F.: *Der ärztliche Ratgeber in Bild und Wort,* München (Lehmanns) 1906

Siefer, W./Weber, C.: *Ich – Wie wir uns selbst erfinden,* Frankfurt (Campus) 2006

Simon, F.B.: »Was ist Terrorismus? Versuch einer Definition«, in: Baecker, D./Krieg, P./Simon, F.B.: ebd.

Singer, E.Y.: »Den Schmerz wegdenken«, in: *Technology Review,* Hannover (Heise), Heft 10/2006

Singer, W./Roth, G. gemäß Franz, M.: *Neurobiologische Grundlagen und Funktion des Wissens,* in: Tress, W./Heinz, R.: ebd.

Sloterdijk, P.: *Zorn und Zeit,* Frankfurt/Main (Suhrkamp) 2006

Soyka, M.: *Wenn Frauen töten,* Stuttgart (Schattauer) 2005

Spitzer, M.: *Nervensachen,* Stuttgart (Schattauer) 2003

Spitzer, M.: *Vom Sinn des Lebens,* Stuttgart (Schattauer) 2006

Strauß, B.: »Die Bedeutung der Bindungstheorie und -forschung für die Psychotherapie«, in: Ahrens, S./Schneider, W.: *Lehrbuch der psychosomatischen Medizin,* Stuttgart (Schattauer) 2002

Tress, W./Heinz, R.: *Willensfreiheit zwischen Philosophie, Psychoanalyse und Neurobiologie,* Göttingen (Vandenhoeck & Ruprecht) 2007

Volkan, V.: »Die Persönlichkeiten von Anführern und soziopoli-
tische Prozesse«, in: *PTT* (Persönlichkeitsstörungen Theorie
und Therapie), Stuttgart (Schattauer) Heft 1/2000

Volkan, V.D./Ast, G.: *Spektrum des Narzissmus,* Göttingen (Vandenhoeck & Ruprecht) 1994

Watzlawick, P.: *Vom Guten des Schlechten,* München, Zürich (Piper) 2003

Winkler-Pjrek, E.: »Ärgerattacken und Depression des Mannes«,
in: *Update in Psychiatrie und Psychotherapie Nr. 12,* April 2007

Winnicott, D.W.: *Von der Kinderheilkunde zur Psychoanalyse,*
Frankfurt (Fischer Taschenbuch) 1983

Zimbardo, P.: *The Lucifer Effect,* New York (Random House) 2007,
dtsch.: *Der Luzifer-Effekt: Die Macht der Umstände und die Psychologie des Bösen,* Heidelberg (Spektrum Akademischer Verlag) 2008

Zimbardo, P.G.: *Psychologie,* Berlin (Springer) 1995

Das Schweigen durchbrechen

Rotraut A. Perner
DARÜBER SPRICHT MAN NICHT
Tabus in der Familie
Das Schweigen durchbrechen
231 Seiten. Klappenbroschur
ISBN 3-466-30841-5

Familie hat viele Gesichter: Liebe, Vertrautheit, Wohlempfinden, Glück. Aber auch Scheidung, alltägliche Gewalt oder Beziehungsunfähigkeit. Manche dieser Gesichter gehören zu den bestehenden Klischees, andere zur Realität, wie wir sie täglich erfahren.
Rotraut A. Perner veranschaulicht die häufigsten Ursachen, warum Familie oft nicht funktioniert, und legt dabei den Schwerpunkt auf die Sprache: Richtige Kommunikation will gelernt sein. Sie zeigt uns, wie das Sprechen möglich ist, und spricht darüber, worüber »man nicht spricht«.

SACHBÜCHER UND RATGEBER
kompetent & lebendig.

www.koesel.de
Kösel-Verlag München, info@koesel.de